Minerva Shobo Librairie

就労支援で高齢者の
社会的孤立を防ぐ

社会参加の促進とQOLの向上

藤原佳典／南 潮

［編著］

ミネルヴァ書房

　　　　　　　まえがき

　筆者の所属する東京都健康長寿医療センター研究所では高齢者の社会参加・社会貢献が及ぼす多面的な効果について数々の実証研究を進めてきた。ただし，その大半は高齢者のボランティア・NPO活動といった無償の社会貢献活動に関してであった。こうした活動が地域や高齢者自身へ及ぼす好影響については，一定のエビデンスを発信することができた。
　しかし，ボランティア・NPO活動には多くの課題・限界がある。社会経済的インパクトに加えて，持続性，普及性，責任，プログラムの種類，メンバーの大半が女性である点などである。
　こうした，社会的課題に対して，有償の社会貢献活動である高齢者の「就労」に期待される部分は大きいものの学術研究は必ずしも十分とはいえない。これまでの研究の主流は労働政策や労働経済学の視点からのアプローチであり，社会福祉学，社会学，心理学，公衆衛生学をも包含する学際的なアプローチは不足している。そこで，今後の高齢者就業のあるべき方向性を理論と実践研究から提示すべく，日本学術振興会（特設分野研究）の助成のもとに2014年12月1日有識者と実務者による高齢者就労支援研究プロジェクト「ESSENCE」(Employment Support System for Enhancing Community Engagement）を立ち上げた。その後，隔月で外部講師を交えた研究会を開催し，その成果をまとめたのが本書である。
　本研究会において議論を重ねていた2015年6月に開催された日本老年学会総会において同学会は「高齢者の身体機能や知的能力は年々若返る傾向にあり，現在の高齢者は10～20年前に比べて5～10歳は若返っていると想定される。個人差はあるものの，高齢者には十分，社会活動を営む能力がある人もおり，このような人々が就労やボランティア活動など社会参加できる社会をつくること

i

が今後の超高齢社会を活力あるものにするために大切である」とのステートメントを発表した。

　人類が経験したことのない，少子超高齢化と人口減少に直面する日本において，持続可能な地域社会を実現する上で高齢者の就労を通した社会参加と社会貢献は不可避である。とはいえ，高齢者の心身機能や社会的背景は多様であり，高齢者就労を支援するシステムは必須である。日本の直面するこうした難局に向けて，「高齢者の就労支援」が何らかの処方箋にならんことを筆者一同願ってやまない。

2016年10月

編者を代表して
藤原佳典

就労支援で高齢者の社会的孤立を防ぐ
——社会参加の促進と QOL の向上——

目　次

まえがき

第Ⅰ部　社会状況の変化と高齢者就労

第1章　QOLの向上と社会的孤立予防……………………稲葉陽二　2
　　　　　──ソーシャル・キャピタルからみた高齢者就労の意義

　1　高齢者就労の現状 ………………………………………………………2
　2　ソーシャル・キャピタルとは何か …………………………………5
　3　高齢者のソーシャル・キャピタル──年齢階層別の比較 ………6
　　（1）構造的ソーシャル・キャピタル　8
　　（2）認知的ソーシャル・キャピタル　11
　　（3）年齢階層別にみた性差　13
　4　高齢者のQOL…………………………………………………………15
　　（1）身体と心の健康　15
　　（2）生活満足度と生活上の孤立への懸念　18
　5　社会的孤立予防としての高齢者就労 ………………………………19
　6　高齢者医療費と就業率 ………………………………………………20
　　（1）就労と健康の関係──徳島県上勝町の彩事業の事例から　20
　　（2）市町村別データでの検証　24
　7　医療費抑制の可能性──高齢者就労の意義 ………………………25

第2章　労働社会の変容と高齢者就労 …………………塚本成美　30

　1　経済的側面と社会的側面──高齢者就労問題の2つの側面 ……30
　2　「生きがい就業」と「第三の働き方」………………………………33
　　（1）「生きがい就業」と高齢者事業団　33
　　（2）「第三の働き方」としての高齢者就労　35
　3　労働社会の多様化と高齢者就労 ……………………………………37
　　（1）高齢者就業の変質　37

　　　　（2）非正規雇用の増加と高齢者就労　39
　　　　（3）就労形態の多様化と高齢者就労　44
　　4　公共社会の形成と高齢者就労 …………………………………46
　　　　（1）公共社会の基盤整備と社会的包摂──高齢者就労の社会的意義　46
　　　　（2）労働社会の再編と高齢者就労　48

第3章　派遣労働としての働き方 …………………………河邉彰男　56
　　　　──労働者派遣業界からみた高齢者の就労

　　1　需給調整システムにおける労働者派遣制度の特徴 ……………56
　　　　（1）有料職業紹介制度　56
　　　　（2）事業所内請負　57
　　　　（3）労働者派遣　58
　　2　増加する高齢者派遣 …………………………………………………61
　　　　（1）高齢者派遣の動向　62
　　　　（2）高齢派遣労働者増加の社会的背景　65
　　　　（3）高齢者派遣の阻害要因　66
　　　　（4）事業経営上の高齢者派遣増加の理由　68
　　　　（5）法律上の高齢者派遣増加の理由　70
　　3　人材サービス産業の多機能化と法改正──高齢派遣労働者への追い風 …71

第4章　高齢者の健康と労働能力との相関 …渡辺修一郎・鈴木宏幸　75
　　　　──身体・精神機能の推移からみる労働可能な範囲

　　1　寿命と健康寿命 ………………………………………………………75
　　　　（1）平均寿命と平均余命の推移　75
　　　　（2）健康寿命　78
　　　　（3）労働力余命　78
　　2　身体の構造と機能と加齢変化 ………………………………………79
　　　　（1）体格の推移　79
　　　　（2）身体構造の加齢変化　80
　　　　（3）身体機能の加齢変化　82

3 心理・精神機能の加齢変化 …………………………………………88
　（1）認知機能の理解と加齢変化　88
　（2）パーソナリティ特性の加齢変化　91
　（3）中高齢期の発達課題　92
4 高齢者の健康状態 ………………………………………………………93
5 高齢者自身がとらえる自己の労働能力 ……………………………95
6 高齢者の心身機能の特性をふまえた就労支援 ……………………96

第Ⅱ部　高齢者就労を支援する団体・組織

第5章　生きがい就業を支える社会システム ……………石橋智昭　100
　　　　――シルバー人材センターの貢献と課題

1 シルバー人材センターの組織的特徴 ………………………………100
　（1）法制化から30年で1,304団体――沿革と制度　100
　（2）全員による自主的運営と補助金への依存――組織運営　101
　（3）提供されるのは「臨・短・軽」――仕事の内容　102
　（4）請負・委託による就業が主流――仕事の提供方法　104
　（5）安全就業への重層的な取り組み　105
2 シルバー人材センター会員の実像 …………………………………106
　（1）会員の3分の2は男性で平均年齢は71歳――性別と年齢　106
　（2）多様な職業の出身者が入会――会員の前職　107
　（3）平均月収は3.5万円だが実際には大きな個人差　108
　（4）入会動機は「健康維持」退会理由は「本人の病気」がトップ　109
3 難局に直面するシルバー人材センター ……………………………110
　（1）事業の停滞と政策の誘導　110
　（2）派遣事業の拡大への対応　111
　（3）地域の問題解決への貢献　113
　（4）居場所としての機能をどう評価するか　114
　（5）事業運営への会員の参画　115

第6章　ボランティアと就労の境界 ……………… 佐藤　陽　120
　　──社会福祉協議会の活動から

1　高齢者に視点を置く社会福祉協議会の沿革 ………………………… 120
　　（1）社会福祉協議会の高齢者に対する取り組み　120
　　（2）地域で支え合う仕組みづくりに向けて　121
　　（3）地方自治体が期待する地域づくりに支え合い活動を活かす　121
　　（4）生きがいや社会参加の場づくりと多様な就労支援　122

2　社会福祉協議会とは ……………………………………………………… 123
　　（1）地域福祉の推進を担う組織　123
　　（2）民間の社会福祉団体として　124
　　（3）社会福祉協議会の事業　124

3　ボランティアとは ………………………………………………………… 125
　　（1）人間の生きる営みに必要なボランティア活動──期待される高齢世代　125
　　（2）ボランティア活動の語源・理念・性格　126

4　地域福祉実践を担うボランティアセンター ……………………………… 127
　　（1）ボランティアセンターの機能　127
　　（2）NPOの台頭とボランティアとの協働　128
　　（3）定年退職後のシニアライフ支援に向けて　129
　　（4）地域福祉を支えるボランティア活動　130

5　介護と福祉が期待する有償サービスとコミュニティビジネス ……… 131
　　（1）互いに支え合う視点をもつ　131
　　（2）介護保険制度導入により有償サービスが公的サービスへ　132
　　（3）ビジネス手法によるコミュニティビジネス　133

6　有償ボランティアに関する議論ととらえ方 ……………………………… 134
　　（1）在宅福祉サービスが促進される中で　134
　　（2）サービスを安定して継続的に提供するために　135
　　（3）「有償ボランティア」のとらえ方　136

7　ボランティアと就労の境界とは ………………………………………… 137

8　高齢者の社会貢献を多様な方法で支援 ………………………………… 138
　　（1）自分らしく豊かに暮らし続けるために　138

　　　　（2）高齢者の就労と社会参加に向けて　139
　　　　（3）社会貢献したい高齢者への期待　140

第7章　高齢者による就労支援　………………………田尻孝二　145
　　　──高齢者協同組合が手がけてきた高齢者就労

　1　高齢者協同組合の成り立ち　………………………………………145
　　　　（1）高齢者協同組合運動の高まり　145
　　　　（2）生活協同組合・東京高齢協の20年　145
　2　高齢者協同組合の組織概要　………………………………………147
　　　　（1）組　合　員　147
　　　　（2）高齢者協同組合の運営　151
　3　高齢者協同組合の事業活動　………………………………………154
　　　　（1）生きがい事業　154
　　　　（2）地域活動　154
　　　　（3）仕事起こし　155
　　　　（4）介護事業　156
　　　　（5）指定管理者制度による高齢者施設の管理　159
　　　　（6）全国の高齢者協同組合の生活支援事業　159
　4　生活協同組合・東京高齢協の労働環境　…………………………160
　　　　（1）高齢者の働く姿　160
　　　　（2）ケアワーカーの高齢化　163
　　　　（3）ケアワーカーの不足　164
　5　再び地域へ　…………………………………………………………165
　　　　（1）高齢者ワーカーの今後の働く場　165
　　　　（2）地域の事業がすべてをつなげる　166

第8章　能力開発から職業紹介まで　………………………渡辺吉靖　169
　　　──公益財団法人東京しごと財団における歴史と現状

　1　高齢者就業支援の成り立ち　………………………………………169
　　　　（1）東京しごと財団と東京しごとセンター　169
　　　　（2）高齢者事業団設立の経緯　170

（3）雇用就業支援の取り組み　174
　2　シニアコーナーと企業の協働……………………………………………179
　　　（1）シニアコーナー利用者の実績　180
　　　（2）相談業務とセミナーの実施──シニアコーナーの主なサービス　184
　3　高齢期の就労価値の創造……………………………………………195

第Ⅲ部　高齢者の就労支援を支える体制

第9章　高齢者の就労を支える重層的ケア……………渡辺修一郎　200
　　　──保健・医療・福祉システムの視点から

　1　高齢者の就業支援へのアプローチ………………………………200
　2　働く理由の強化………………………………………………202
　3　仕事に就けない・就かない理由の解消…………………………205
　4　離職する理由…………………………………………………208
　5　高齢労働者の労働災害の現状…………………………………211
　6　高齢労働者の安全衛生対策……………………………………212
　　　（1）作業環境管理　213
　　　（2）作業管理　217
　　　（3）健康管理　218
　　　（4）労働衛生教育・学習　224
　　　（5）労働安全衛生管理体制の強化　226
　7　多様な事業主体による重層的な就業支援………………………226

第10章　就業システムは「社会の窓口」となれるのか…南　潮　229
　　　──就業支援施設の事例から

　1　高齢者就業をめぐる状況と高齢求職者…………………………229
　2　高齢求職者のための就業支援システム…………………………231

ix

3　就業支援施設に来所する求職者への郵送式縦断追跡調査 …………233
　　　（1）郵送式縦断追跡調査の実施方法　233
　　　（2）高齢求職者の実態と求職活動の推移　234
　4　高齢求職者に対する個別相談面接の実施 ………………………………236
　　　（1）孤立傾向の高い男性のケース──61歳男性　237
　　　（2）夫婦二人暮らしのケース──58歳男性・56歳女性　238
　　　（3）生活保護受給者のケース──62歳男性　239
　　　（4）シングルマザーのケース──63歳女性　240
　　　（5）就業相談ではないニーズ──63歳女性　240
　5　働く高齢者の会 …………………………………………………………241
　6　尊厳ある選択が可能な支援体制の構築 …………………………………244

第11章　就労形態の変化と多様な支援プログラム ……倉岡正高　248
　　　──アメリカの事例から

　1　アメリカの就労支援から学ぶ ……………………………………………248
　2　アメリカの労働人口動態の変化 …………………………………………248
　　　（1）労働力人口の変化　248
　　　（2）高年齢者の労働人口動態　250
　　　（3）中高年齢者の失業者の動態　252
　3　高年齢労働者に関する政策 ………………………………………………255
　　　（1）社会保障年金　255
　　　（2）高齢者を対象とした労働政策　256
　　　（3）高齢労働者に対する公的支援　257
　4　高齢労働者を活かす職場づくり …………………………………………260
　　　（1）高齢労働者を雇用するメリット　261
　　　（2）高齢労働者のマネジメントに求められるポイント　262
　5　就労の選択肢増加の可能性 ………………………………………………264

第12章　シームレスな社会参加における就労 ……藤原佳典　266
　　　──地域包括ケア時代の働き方とは

目　次

1　地域包括ケアシステムの実現へ向けて …………………………………266
　　（1）すまいとすまい方　266
　　（2）生活支援・福祉サービス　267
　　（3）介護・医療・予防　267
　　（4）本人・家族の選択と心構え　267
2　就労についての日本人の価値観と退職後サラリーマン層の活用 ……269
3　高齢者の多重役割と社会参加・社会貢献のステージ ………………271
4　社会貢献活動の新規参画・引退——その実態と予測因子 …………274
5　社会的孤立予防の三層の防御網………………………………………275
　　（1）社会的孤立の終末像——孤立死　276
　　（2）孤立死予防の戦略　277
6　地域包括支援センターは住民団体や地域資源と連携しているか ……279
7　高齢者雇用企業に対する訪問調査 ……………………………………280
　　（1）企業からみた高齢者雇用の状況　281
　　（2）生きがいにつながる可能性——高齢者雇用企業に対する訪問調査から　281
8　地域包括ケアシステム時代における高齢者就労の方向性 ……………282

あとがき
索　引

第Ⅰ部　社会状況の変化と高齢者就労

第1章 QOLの向上と社会的孤立予防
―― ソーシャル・キャピタルからみた高齢者就労の意義

1 高齢者就労の現状[1]

　日本における高齢者就業率は，OECD加盟国の中でも最も高いグループに属している[2]。2012（平成24）年時点で，就業率は65-69歳では3人に1人（37.1%），70-74歳で4人に1人（23.0%），75歳以上でも12人に1人（8.4%）が就業している（図1-1）。経済統計では，就業者に求職中の失業者を加えたものを労働力人口とし，労働力人口で失業者数を割った数値が失業率であるが，65歳以上は2015（平成27）年平均で2.0%と，15-64歳の3.5%を大きく下回っており，求職の過程で生じる摩擦的失業を考慮すれば，ほぼ完全雇用に近い[3]。また，高齢者の国際比較でも，日本の高齢者の生活満足度は極めて高い（稲葉 2013：9）。高い就業率に低い失業率，そして高い生活満足度をみれば，高齢者の就業に関しては何の問題もないようにさえみえる。

　しかし，これは必ずしも実態を正しく反映したものではない。2014（平成26）年12月に内閣府が60歳以上の男女を対象に実施した「高齢者の日常生活に関する意識調査」[4]には，「あなたは，何歳ごろまで収入を伴う仕事をしたいですか」という設問がある。回答として「65歳くらいまで」「70歳くらいまで」「75歳くらいまで」「80歳くらいまで」「働けるうちはいつまでも」「仕事をしたいとは思わない」「その他」「わからない」の8つの選択肢が与えられている。この設問に対する回答分布は以下のようなものであった。

　　「65歳くらいまで」　　　　　16.6%
　　「70歳くらいまで」　　　　　16.6%

第1章　QOLの向上と社会的孤立予防

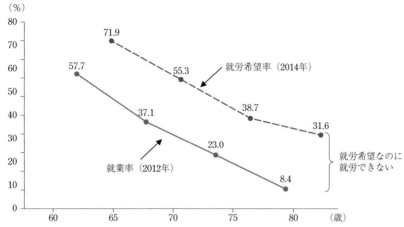

図1-1　高齢者の就業率と就労希望率

出所：就労希望率：内閣府（2015）「平成26年度高齢者の日常生活に関する意識調査」問3「あなたは，何歳ごろまで収入を伴う仕事をしたいですか。」に対する回答を基に筆者作成。65歳，70歳，75歳の各年齢まで働きたいとする者の比率に「働けるうちはいつまでも」（全体の28.9％）を加算した数値。
就業率：日本労働政策研究・研修機構（2014）「労働力需給の推計――労働力需給モデル（2013年度版）による政策シミュレーション」（資料シリーズNo.129）付表1-10。

「75歳くらいまで」	7.1％
「80歳くらいまで」	2.7％
「働けるうちはいつまでも」	28.9％
「仕事をしたいとは思わない」	10.6％
「その他」	3.2％
「わからない」	7.9％
「無回答」	6.4％
合　　計	100.0％

　この調査から，少なくとも「65歳くらいまで収入を伴う仕事をしたい」と考えている回答者の比率は「65歳くらいまで」「70歳くらいまで」「75歳くらいまで」「80歳くらいまで」「働けるうちはいつまでも」の総計71.9％ということになる。同様に，「70歳くらいまで収入を伴う仕事をしたい」と考えている回答

3

者の比率は「70歳くらいまで」「75歳くらいまで」「80歳くらいまで」「働けるうちはいつまでも」の総計55.3％，「75歳くらいまで収入を伴う仕事をしたい」と考えている回答者の比率は「75歳くらいまで」「80歳くらいまで」「働けるうちはいつまでも」の総計38.7％，「80歳くらいまで収入を伴う仕事をしたい」と考えている回答者の比率は「80歳くらいまで」「働けるうちはいつまでも」の総計31.6％ということになる。これらを実際の年齢階層別就業率と比較すると，図1-1に示されるように，高齢者の就労希望率と実際の就業率には大きな乖離がある。高齢者の就労意欲は高い。高齢者の失業率が低いのは多数の高齢者が就業を諦めて求職活動をしないからだということになる。高齢者の労働市場では，潜在的供給量はきわめて大きいと考えられる。

　経済学では，労働需要は派生需要，つまり実物の財・サービス市場の規模に規定されている。経済活動が拡大すれば労働需要も増加し，高齢者もその恩恵に与ることになる。経済学からみれば，政府の施策として高齢者就業が求められる理由は，市場が機能している限り特に存在しない。むしろ市場が機能しているのに，高齢者の就業を政府が助成すれば，労働市場を歪め，場合によっては若年層の就業の機会を奪うことになりかねない。したがって，高齢者のみに絞って就業促進策を取るには，それなりの合理性がある場合に限られる。具体的には，①情報の非対称性があり高齢者が不利な立場に置かれている場合，②高齢者雇用により正の外部性が期待される場合，③制度の不備を含む何らかの理由により，高齢者の雇用条件が，他の年齢階層よりも不利な状況に置かれている場合，などである。これらは，いずれも市場の失敗であるが，高齢者の就労を市場から離れてとらえることもできる。たとえば，高齢者の就労を貧困対策ととらえれば，経済的合理性がなくとも，社会保障の一環ないしは補完策として高齢者就労促進をとらえることができる。

　本章では，高齢者就労を市場メカニズムの中の市場の失敗と，市場メカニズムの対象外の社会保障の補完の両方の側面からとらえ，高齢者就労の意義を，前者の市場の失敗を補完するソーシャル・キャピタル（以下，社会関係資本）の視点から検討する。

図1-2　社会関係資本の定義

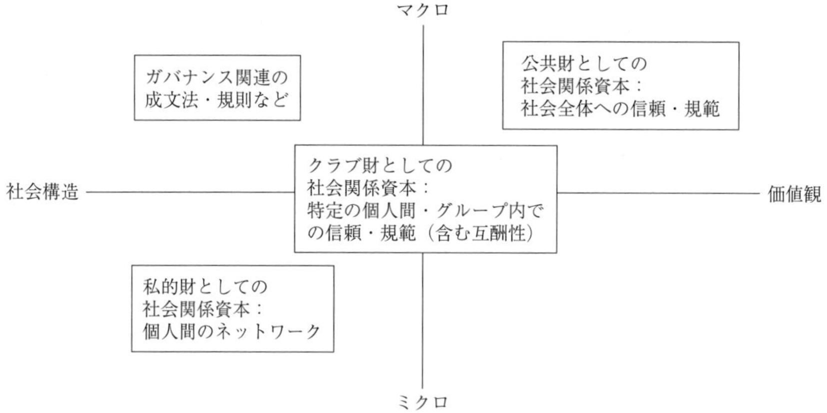

```
                           マクロ
                            │
   ┌─────────────┐          │          ┌─────────────┐
   │ガバナンス関連の│          │          │公共財としての │
   │成文法・規則など│          │          │社会関係資本： │
   └─────────────┘          │          │社会全体への信頼・規範│
                            │          └─────────────┘
                   ┌─────────────────┐
                   │クラブ財としての     │
                   │社会関係資本：       │
                   │特定の個人間・グループ内で│
                   │の信頼・規範（含む互酬性）│
                   └─────────────────┘
社会構造 ──────────────┼────────────── 価値観
                            │
   ┌─────────────┐          │
   │私的財としての │          │
   │社会関係資本： │          │
   │個人間のネットワーク│      │
   └─────────────┘          │
                            │
                           ミクロ
```

出所：稲葉（2005）。

2　ソーシャル・キャピタルとは何か

　辞書で「人間」とひくと，「本来は仏教用語として世間と同じ意味に使われたが，人界に住むもの，すなわち人を表す日常語として単数・複数の区別なく用いられるようになった。」（香原志勢『日本大百科全書』）とある。つまり，世間と人とを同時に表しているのが「人間」ということになる。社会関係資本とはまさに，この世間と人とを同時に表す「人間」を対象とした概念である。しかし，世間と人とを同時にとらえるのは難しい。社会関係資本の内容も論者によってさまざまであるが，基本的には図1-2に示すように人や組織間のネットワーク，それに伴う信頼，規範を対象にしており，社会関係資本をネットワーク，信頼，規範をすべて含めて包括的にとらえる広義の立場と，いずれかに焦点を当てて論じる狭義の立場がある。広義の立場も狭義の立場も，基本的に市場の失敗のケースを補完する働きがある。

　筆者は「心の外部性を伴う信頼，規範，ネットワーク」（稲葉 2005）と広義の定義をし，前節で触れた市場の失敗の中で外部性に焦点を当てている。外部

性とは経済学の用語で，取引の当事者以外の第三者への影響を指している。好ましいものを外部経済（正の外部経済），好ましくないものを外部不経済（負の外部経済）と呼んでいる。つまり，よい社会関係資本と悪い社会関係資本の両方の側面がある。また，世間と人を同時に扱うので，コミュニティレベル（世間）の社会関係資本と個人レベル（人）の社会関係資本とがある。コミュニティは都道府県，市町村，学校区，旧村，町丁目などの行政単位でみることができるし，個人を中心とした空間（各個人から測った距離）でもみることができるため，無数に存在する。したがって，定義の不統一に加えて，コミュニティの範囲の取り方にも議論があるので，純粋な研究課題として扱うにはとても複雑である。

それでも，社会関係資本は「人間」を扱う上で，どうしても避けて通れない側面である人と社会との関係を，歴史的・文化的経緯まで含めて見事に表しているため，大変重要な概念である。社会関係資本は，①学際的な議論を可能にして，②ミクロ（個人）とマクロ（社会・経済）を結びつけ，③時間軸（歴史的・文化的経緯）をも包含し，④現代社会の最大の課題である格差問題に対処する必要性を論じる際にも有効であるなど，人々を惹きつける魅力をもっている[6]。

また，社会関係資本が豊かな人々は健康状態を含め高いQOL（生活の質）を維持していることが多数の研究で実証されている[7]。本書は高齢者の就労を主題としており，就労は社会関係資本を維持する最も大切な方策の一つである[8]。加えて，健康との関連からいえば，就労により，豊かな社会関係資本を維持・醸成できれば，医療費を抑えられる可能性がある。以下ではまず，広義の社会関係資本について高齢者の観点からみてみよう。

3　高齢者のソーシャル・キャピタル
──年齢階層別の比較[9]

　高齢者を対象とした調査は多いが，社会関係資本に特化した調査は限られている。筆者は2010（平成22）年と2013（平成25）年の2回，郵送法による社会関係資本に特化した全国調査を実施した。本章では，まず2013年調査から年齢階

第1章 QOLの向上と社会的孤立予防

表1-1 2013年調査記述統計・回答者の属性

		N	平均・構成比(%)	標準偏差ほか	範 囲
性 別	男性	1,628	45.5		
	女性	1,947	54.5		
年 齢		3,575	53.5歳	15.8	20-79
職 業	自営業	341	9.5		
	経営者	87	2.4		
	民間・団体勤め人（正規社員）	820	22.9	最頻値	
	民間・団体勤め人（契約・派遣社員）	195	5.5		
	公務員・教員	168	4.7		
	臨時・パート勤め人	536	15.0		
	学生	61	1.7		
	無職	588	16.4		
	専業主婦・主夫	594	16.6		
	その他	94	2.6		
居住形態	持ち家	2,747	76.8		
	借家	721	20.2		
居住年数		3,484	25.5年		0-79
同居人数	単身	346	9.7		
	同居人あり	3,155	88.3		
最終学歴	小中学校	375	10.5		
	高等学校	1,438	40.2	中位値・最頻値	
	専修学校ほか	407	11.4		
	高専・短大	383	10.7		
	大学	844	23.6		
	大学院	81	2.3		
世帯年収	200万円未満	354	9.9		
	200〜400万円未満	1,051	29.4	最頻値	
	400〜600万円未満	816	22.8	中位値	
	600〜800万円未満	497	13.9		
	800〜1,000万円未満	329	9.2		
	1,000〜1,200万円未満	147	4.1		
	1,200万円以上	145	4.1		

出所：稲葉（2015：157）。

層別に調査項目についてクロス集計表を作成し（表1-1），年齢階層別の基礎データからその傾向をみる。

年齢階層は，20代（サンプル数301），30代（同516），40代（同601），50代（同605），60代（同803），70代（同620）の6階層としている[10]。

(1) 構造的ソーシャル・キャピタル

具体的な個人や団体との関わりを，構造的社会関係資本と呼んでおり，本調査には，構造的社会関係資本として以下の9つの設問がある。

① 「近所とのつきあいの程度」
② 「近所とのつきあいの頻度」
③ 「友人・知人とのつきあいの頻度」
④ 「親戚・親類とのつきあいの頻度」
⑤ 「職場の同僚とのつきあいの頻度」
⑥ 「地縁的な活動への参加頻度」
⑦ 「スポーツ・趣味・娯楽活動への参加頻度」
⑧ 「ボランティア・NPO・市民活動への参加頻度」
⑨ 「その他団体活動（商工会・業種組合，宗教，政治など）への参加頻度」

年齢階層別にこれらの項目の集計値の変化をみると，①「近所とのつきあいの程度」，②「近所とのつきあいの頻度」は，年齢階層が上がるほど上昇する。居住年数が長くなれば，近所とのつきあいもそれに比して長期となるということであろう（図1-3）。

団体参加率（⑥～⑨）も，年齢階層が上がるほど上昇する（図1-4）。4つのタイプの活動いずれについても，現役から退く60代で参加率が大きく上昇する。4つのタイプの活動のうち，「地縁的な活動」は20代では15％であるのに対し，40代で50％を超え，さらに60代になると60％を超え，「地縁的な活動」が壮年層と高齢者層に支えられている実態がわかる。同様の傾向は「ボランティア・

第1章　QOLの向上と社会的孤立予防

図1-3　年齢階層別　近所とのつきあい

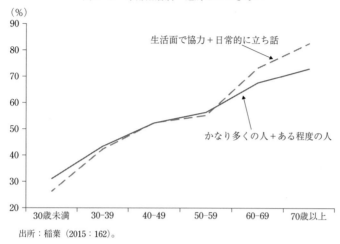

出所：稲葉（2015：162）。

図1-4　年齢階層別　団体参加率

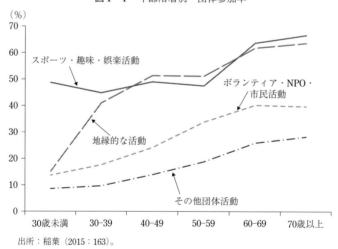

出所：稲葉（2015：163）。

9

第Ⅰ部　社会状況の変化と高齢者就労

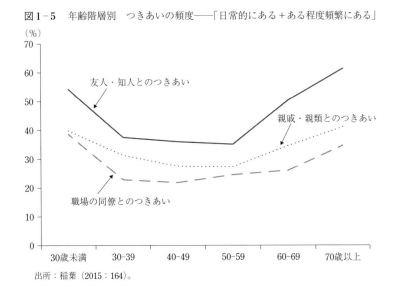

図1-5　年齢階層別　つきあいの頻度――「日常的にある＋ある程度頻繁にある」

出所：稲葉（2015：164）。

NPO・市民活動」「その他団体活動」にもみられるが，年齢階層間の差は「地縁的な活動」が一番大きい。「スポーツ・趣味・娯楽活動」は30代から50％近くの参加率があり，それが50代まで継続され，世代間の差が他の3つの活動と比して小さい。世代間の社会関係資本の醸成には，「地縁的な活動」より「スポーツ・趣味・娯楽活動」を活用した方がよいといえる。

　構造的社会関係資本の中でも，年齢階層が上昇しても参加率が上がらないものもある。③「友人・知人とのつきあいの頻度」，④「親戚・親類とのつきあいの頻度」，⑤「職場の同僚とのつきあいの頻度」は20代が高く，30代で大幅に低下し，50代まで低水準で底這いし，60代から70代にかけて上昇するＵ字型となっている（図1-5）。壮年期に入るにしたがって，職場や子育て，教育などで友人・知人，親戚・親類，職場の同僚と疎遠になるが，高齢になるにしたがい，その関係が復旧する。

（2）認知的ソーシャル・キャピタル

　構造的社会関係資本のような具体的な個人や団体との関わり等ではなく，どの程度信頼するかなどの，信頼や互酬性の認識に関わる社会関係資本を認知的社会関係資本と呼び，前述の構造的社会関係資本と区別している。本調査には，認知的社会関係資本として以下の4つの設問がある。

① 「一般的に人は信頼できると思うか」（一般的信頼）
② 特定の組織・人への信頼（特定化信頼）
③ 「人を助ければ，今度は自分が困っているときに誰かが助けてくれるように世の中はできていると思うか」（一般的互酬性）
④ 「人を助ければ，いずれその人から助けてもらえると思うか」（特定化互酬性）

　なお，②の特定化信頼については，組織に対する信頼（「市役所・町村役場等」「学校，病院等の公的機関等」「警察や交番等」「自治会等の地縁団体」「ボランティア・NPO・市民活動団体」「勤務先（会社等）」）と，人に対する信頼（「近所の人々」「家族」「親戚」「友人・知人」「職場の同僚」）に分け，より詳細に調べている。

　図1-6と図1-7に示すように，一般的信頼は20代で20％と低いが，50代で30％を超え，60代で横ばい，70代で微減する。ただし，人に対する特定化信頼の中の「友人・知人」「職場の同僚」への信頼は，年齢階層が上がるにつれて低下する。また，興味深いことに，一般的信頼とは対照的に，一般的互酬性と特定化互酬性も若年層の方が壮年層，高齢者層よりも高く，人生での経験を積むにしたがい互酬性，つまり「情けは人のためならず」という意識は失われていく。

　以上をまとめると，ネットワークや団体参加などの構造的社会関係資本については，年齢階層が上がるほどつきあいや団体参加の頻度が上がり，若年層よりも高齢者の方が厚い。しかし，信頼や互酬性などの認知的社会関係資本については，年齢階層が上がれば上がるほど高水準になるわけではない。むしろ，

第Ⅰ部　社会状況の変化と高齢者就労

図1-6　年齢階層別　一般的信頼と互酬性

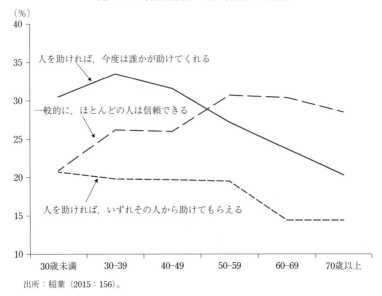

出所：稲葉（2015：156）。

図1-7　年齢階層別　特定化信頼―対人

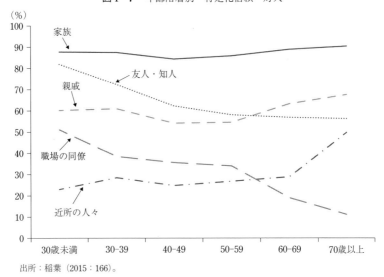

出所：稲葉（2015：166）。

若年層の方が壮年層，高齢層よりも互酬性は高い。また，社会全体に対する一般的信頼は壮年期がピークで，60代以降は低下傾向がみられる。特定化信頼も，友人・知人や職場の同僚への信頼は高齢になるほど低下する。

年齢階層が上がるにしたがい職場の同僚とのつきあいは低下し，逆に近所とのつきあいと団体参加率が上昇していく。また，壮年期を過ぎると友人・知人や親戚・親類とのつきあいが復活していく。ただし，地縁的な活動への参加率は30代ですでに4割に達しており，参加者も壮年期からの人々が多く，高齢者になってからの新規参入には壮年期から準備しておく必要があるといえる。

(3) 年齢階層別にみた性差

社会関係資本は性差が大きく，本調査でも，年齢階層別での男女間で大きな違いがみられる。構造的社会関係資本は，身近な人々とのつきあいは女性の方が密であるが，団体参加率は男性の方が高い。一方，認知的社会関係資本の性差はより複雑である。

前述のとおり，本調査では構造的社会関係資本として「近所とのつきあいの程度」や団体参加への頻度など9つの設問を設けている。このうち「近所とのつきあいの程度」「近所とのつきあいの頻度」「友人・知人とのつきあいの頻度」「親戚・親類とのつきあいの頻度」は一貫して女性の方が高い。「職場の同僚とのつきあいの頻度」は男性の方が高いが，これは年齢を増すにしたがい低下する（図1-8）。

団体参加率は，「地縁的な活動」が女性の参加率が30代で4割を超え，40代で男女ともに5割に達する。「ボランティア・NPO・市民活動への参加率」では40代までは性差は大きくないが，50代で女性が男性を上回り，60代以降では逆に男性の参加率が上回る。「スポーツ・趣味・娯楽活動への参加率」「その他団体活動への参加率」はほぼ一貫して男性の方が女性より高い（図1-9）。男性は近所づきあいのような漠然としたつきあいよりも，目的がより具体的なつきあいを好む傾向があるため，目的意識がより明確である就労は，趣味の会や地縁的な活動への団体参加よりも受け入れやすいかもしれない。

第Ⅰ部　社会状況の変化と高齢者就労

図1-8　男女別・年齢階層別にみたつきあいの頻度

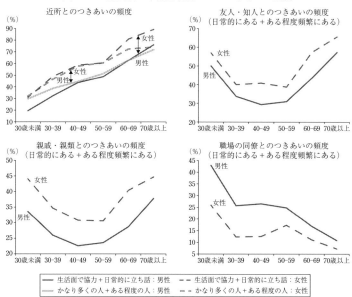

出所：稲葉（2015：170-172）。

図1-9　男女別・年齢階層別にみた団体参加率

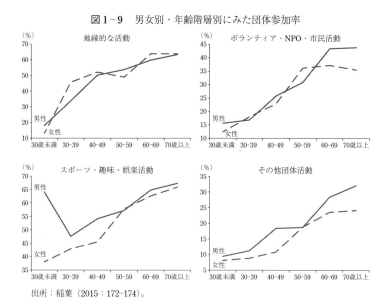

出所：稲葉（2015：172-174）。

一方，認知的社会関係資本の性差（図1-10）について，一般的信頼は，本調査では男性40代が22％ときわめて低いが，50代で回復し男女同水準となり，60代以降では逆に女性が大幅な低下をみせている。また，一般的互酬性では女性が一貫して男性よりも高いが，特定化互酬性では20代を除き，男性の方が高い。ただし，人に対する特定化信頼の中の「近所の人々」「友人・知人」では女性が男性よりも高く，「職場の同僚」への信頼は男性の方が高い。

高齢者でみると，社会全体に対する見方は，一般的信頼では男性が，一般的互酬性では女性が高い。一方，特定の組織や人に対する見方は，特定化信頼では対象に応じてまちまちだが，特定化互酬性では女性の方が低い。前節で，構造的社会関係資本が認知的社会関係資本に影響を与えるとする仮説を述べたが，もしそうなら，ここでも男性高齢者の就労が彼らの近所づきあいや団体参加を高め，その結果として心と身体の健康の改善・維持に有効であるといえる。

4　高齢者のQOL

前節で高齢者の社会関係資本をみたが，これらの社会関係資本が人々の生活の質と密接に結びついている。図1-11は，2013年調査のデータを用いて，前述の社会関係資本とQOLとの関連をみたものである。社会関係資本はQOLに大きな影響（標準化パス係数0.47）を与え，QOLは「生活満足度」「抑うつ度（K6値）」「主観的健康（Self-Rated Health，以下，SRH）」「生活上の孤立」などが大きく関連していることがわかる。[11]パス解析は変数の設定に恣意性があり，因果関係を確定したものではないが，社会関係資本のありようが，人々のQOLに大きな影響を与えることは間違いない。

（1）身体と心の健康

2013年調査は身体の健康の指標として「主観的健康」と，心の健康の指標として「K6値（0-24）」を尋ねている。主観的健康は「あまり健康ではない」と「健康ではない」との合計の比率を示している。K6値は，抑うつ度が高く

第Ⅰ部　社会状況の変化と高齢者就労

図1-10　男女別・年齢階層別にみた認知的社会関係資本の性差

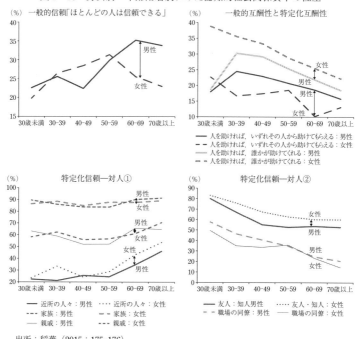

出所：稲葉（2015：175-176）。

図1-11　パス解析図

2013全国調査から見た社会関係資本（数量化値）とQOL
（chi2 = 229.7, df = 21　p. = .000, CFI = .943　RMSEA = .053）

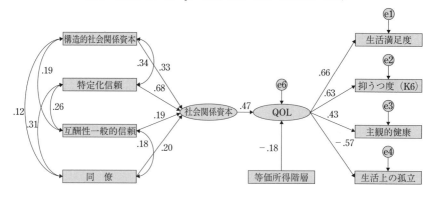

第1章　QOLの向上と社会的孤立予防

図1-12　年齢階層別　主観的健康（SRH）と心の健康（K6値）

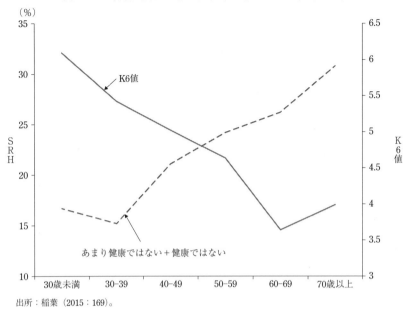

出所：稲葉（2015：169）。

なるほど数値が大きくなる。K6値は各年齢階層の平均値を示しているが，20代が一番高く，その後60代まで年齢を重ねるごとに低下しているが，主観的健康は30代を底にその後，年齢階層が上がるごとに一貫して上昇しており，70代ではほぼ3人に1人が「健康ではない」状態となっている（図1-12）。つまり，心の健康は年齢と順相関で年を取ると改善するが，身体の健康は年齢と逆相関で年を取ると悪化する。身体の健康と年齢の関係は当然であるが，心の健康と年齢の順相関は，若年層を囲む環境がいかに過酷であるかを示唆しているようにもみえる。

すでにみてきたように，近所づきあいなどの構造的社会関係資本は年齢が増すにしたがって上昇し，認知的社会関係資本，特に互酬性などは年齢が増すにしたがって低下するので，構造的社会関係資本は心の健康と，認知的社会関係資本は身体の健康と正の相関があるようにみえる。多少大胆な推論になるが，

図1-13 年齢階層別 生活満足度と全年齢階層共通の問題・心配事

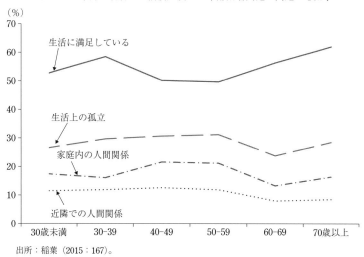

出所:稲葉 (2015:167)。

高齢者の近所づきあいや団体参加は心の健康の維持に重要であり、認知的社会関係資本の維持は身体の健康と対応しているのかもしれない。つまり、認知的社会関係資本を維持させれば身体の健康が維持できる、という仮説もありえよう(12)。この見方に立てば、高齢者の就労は心と身体の両方の健康維持にきわめて重要ということになる。

（2）生活満足度と生活上の孤立への懸念

「生活に満足している」の比率はどの年齢階層でも50％を超え、若年層でも高いが、年齢階層別では60代で50代の5割から上昇し、70代では60％を超える（図1-13）。筆者の調査の結果でみる限り、日本では、高齢になるほど生活満足度と抑うつ度が改善する。一方、「生活上の孤立」は、そもそも各年齢階層で30％前後と比較的高く、60代では25％程度へむしろ低下するが、70代で再び30％が「生活上の孤立」があるとしている。同様の傾向は「家庭内の人間関係」「近隣での人間関係」でもみられ、前者は20％前後、後者は10％前後の水準で、全年齢階層共通の問題・心配事となっている。孤立を含めた人間関係への懸念

は全年齢階層共通であり，人生を通じて変わらない悩みの種である。

5　社会的孤立予防としての高齢者の就労

　生活上の孤立への懸念は，各年齢階層共通の課題であるが，高齢者になればなるほど，経済的格差は拡大し，当事者の孤立の影響は高齢者階層で特に深刻である。[13]高齢者の就労は社会的孤立対策としても有効である。孤独（loneliness）は主観的な概念であり一人でも成立するが，孤立（isolation）は他者がいて初めて成立する概念であるからそもそも社会的なのだが，ここであえて社会的孤立とするのは，実際には他者との紐帯をもっていても，それを頼りにすることができないと感じる者が多数おり，事実上孤立している，つまり「行為者にとって頼りにできる人がいない状態」（石田 2013：38）におかれている者が多数に上るという現状認識に基づいている。ただ，頼りにするかしないかは個人の主観によるので，これは孤立と孤独の中間の概念である。

　それでは，社会的孤立におかれている人はどのくらい存在するのだろうか。石田は，2005年版の「社会階層と社会移動日本調査」（SSM）と2003年版の日本版総合的社会調査（JGSS）において「重要なことを相談できる人がいない」と答えた人の比率（前者で26.1％〔留置A票〕−28.0％〔留置B票〕，後者で8.9％）を紹介し，後者の数値から「日本では1割程度の人が「頼れる相手」もなく，孤立している」（石田 2013：42）としており，特に男性が多いことを指摘している。ちなみにアメリカでは，McPherson et al.（2006）が，前述と同じ質問に対し0人と答えた者の比率は，1985年には8.1％と2003年版のJGSSとほぼ同じ比率であったが，20年後の2004年には22.6％，ほぼ4人に1人に跳ね上がったとしている。

　筆者の調査には「重要なことを相談できる人の人数」に関する設問はないが，心配事として「生活上の孤立」という設問があり，潜在的な孤独予備軍ととらえることもできよう。前述のとおり，「生活上の孤立」は石田やMcPherson et al.の孤立よりは高く，そもそも各年齢階層で30％前後となっており，60代では

25％程度へむしろ低下するが，70代で再び30％が「生活上の孤立」があるとしている。職場との紐帯は年齢を重ねるごとに弱くなるので，高齢者の就労は「生活上の孤立」を払拭する上でも重要である。特に，社会参加において大義名分を必要とする傾向がある男性については，就労はその機会さえあれば，孤立への懸念を払拭させる重要な選択肢となる。

6　高齢者医療費と就業率

（1）就労と健康の関係──徳島県上勝町の彩事業の事例から[14]

　上勝町は徳島県の中央部のやや南東に位置し，徳島市から約40kmのところにある。徳島市から車で1時間弱の距離ではあるが，阿波勝浦町から勝浦川沿いに進むと，どんどん山並みが険しくなる。さらに進むと，川の両側に集落が勝浦川を挟んで散在している。町内は700mを超す標高差がある。

　1986年に上勝町で農業指導員であった横石知二氏が，料理のつまものとしての葉っぱと枝の出荷（彩事業）を4軒の農家の協力を得て始めた。つまものとは，文字どおり葉っぱを料理の彩りとして使うもので，春夏秋冬100種類を超える葉や花を最も美しい形で，かつ品質をそろえて，需要に応じて迅速に出荷しなければならないため，大変な努力がいる。横石氏は，つまもの市場が未成熟だった中で，農家の協力を得て，10年の悪戦苦闘ののち彩事業を軌道に乗せ，2003（平成15）年以降その売り上げは年間2億円を超えるまでになった。4名でスタートした農協の彩部会の会員は2009（平成21）年には195名となった。上勝町は彩事業の企画販売のため1999（平成11）年には第三セクターとして株式会社いろどりを設立し，事業にあたっている。横石氏は2002（平成14）年にアントレプレナー・オブ・ザ・イヤー日本大会特別賞，2003（平成15）年に日本ソフト化大賞などを次々と受賞し，地域活性化の成功例として注目され，テレビドラマ化，さらに2012年（平成24）には「人生，いろどり」と題して吉行和子，富司純子，中尾ミエ主演で映画化もされている。この彩事業を立ち上げた横石氏は，就業しているから元気なのだ，という説を展開している。つまり

第1章 QOLの向上と社会的孤立予防

「上勝町の1人当たり老人医療費が低水準にあるのは彩事業を中心とした高齢者の高就業率に起因する」という主張である。以下，少し長くなるが，横石氏の著作からの引用を紹介する。

　「『彩』のおかげで病気知らず，とまでは言い切れないが，忙しく働いているおばあちゃんたちと，病院で座っているおばあちゃんとでは，えらい違いだろう。『彩』農家の中には，大病を患っても，大きな悲しみに直面しても，葉っぱの仕事を続けることが心と体のリハビリにつながり，元気を取り戻している人も少なくない。進行性の脊髄の難病にかかってしまったある人は，それでも『彩』を生きがいにして，『運動にもなるし，できるうちはがんばりたい』と，何十種類ものつまものを出荷している。
　脳梗塞で倒れ，脚に少し麻痺が残ったというある人も『何ていうても，軽いのがええわ。きれいなものを作る仕事やけん，気持ちもええな』と，毎年のように新品種の苗木を植えてチャレンジしている。
　骨盤を悪くし，重いものが持てなくなったある人は，『病院のリハビリに行くより気が晴れる』と，草を抜いたり，葉っぱの手入れに余念がない。頭に腫瘍ができて，一時は歩くことすらできなくなった人もいる。その人は手術後，早く『彩』の仕事に戻りたい一心で短時間で退院し，静養もそこそこに仕事を始めた。それがリハビリになったのか，じきに一人で歩けるようになって医者も驚いたという。突然の病で子供が亡くなり，家にひきこもって泣き暮らしていた人もいる。心配した近所の人が，ちょっとでも『彩』をしたら気がまぎれるからと励まし，葉っぱの作業をするうちに少しずつ立ち直ることができたという。」（横石 2007：204）
　「『産業福祉』のいい点は，高齢者の出番ができて精神的に元気になるだけではありません。たとえば『彩』の仕事では，おばあちゃんたちは山から取ってきた葉っぱを品質や大きさで丁寧によりわけ，枚数を数えながらパック詰めしていきます。指先を使う仕事が脳を活性化し，認知症予防になります。畑に行き，山の斜面を上り下りすれば足腰が丈夫になり，健康

維持と寝たきり予防に役立ちます。…（中略）…すなわち，おばあちゃんたちは働いてお金を稼ぎ，忙しくて元気になるから医療費をあまり使わなくなるということです。」(横石 2009：32-33)

「高齢者が仕事を持って働くことは生きがいになり，生き生きと体を動かすことが病気の予防につながり，その結果が医療費の減少になって表れていると言えます。」(横石 2009：44)

筆者もこの横石氏の主張に興味をもち，2009（平成21）年に上勝町役場の協力を得て上勝町診療所と共同でアンケート調査を実施した。図１-14は，その結果を2010（平成22）年に筆者が実施した全国調査と比較している。「近所の人々への信頼」は上勝町の方が全国よりも大幅に高い。このほか，「親戚への信頼」「職場の同僚への信頼」も，上勝町が全国よりも高い。また，近所づきあいは程度・頻度ともに上勝町が全国を大幅に上回っている。これは「地縁的な活動」への参加と「ボランティア・NPO・市民活動」への参加でも同様である。彩事業への参加者は，全国平均と比較すると上勝町全体の傾向がより顕著である。

なお，図１-14にはないが，彩事業の参加者と非参加者では生活満足度（いずれも50歳以上で集計，非常に満足＋満足）の比率が参加者で71％，非参加者では49％と大きな差がある。主観的健康や抑うつ度でも同様に大きな差がある。集計値でみる限り，上勝町は近所の人々，親戚・親類，職場の同僚との関係が全国よりもきわめて厚い。また，近所の人々，友人・知人，職場の同僚，いずれのつきあいも全国を大きく上回り，団体参加率も「地縁的な活動」「ボランティア・NPO・市民活動」はいずれも全国平均より高い。人口2,000人弱（2009〔平成21〕年当時，現在の人口は上勝町HPによれば2016〔平成28〕年３月１日現在1,680人）のコミュニティとしては当然ではあるが，町民同士の信頼が厚く，緊密なネットワークが存在する。加えて彩事業への参加者はこの傾向が一層強い。

上勝町から提供された過去23年間の彩事業の売上高と上勝町の１人当たり老人医療費のデータをみると，両者の散布図には逆Ｕ字型の曲線が当てはまる（図１-15）。つまり，彩事業の売上高が１億5,000万円に達するまでは１人当た

第1章　QOLの向上と社会的孤立予防

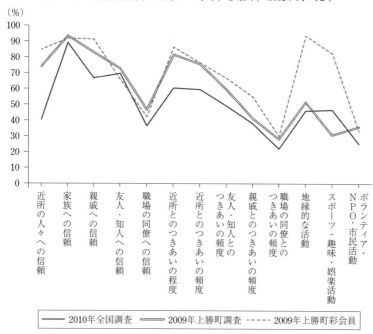

図1-14　社会関係資本の比較——水準，参加率，頻度が高い比率

凡例：2010年全国調査　2009年上勝町調査　・・・・・2009年上勝町彩会員

注：サンプル数　全国1,599，上勝町632（うち彩会員　51）
出所：稲葉（2013：464）。

り老人医療費が上昇したが，売上高が1億5,000万円を超えると1人当たり老人医療費が低減している。これで因果関係が明らかになったわけではないが，上勝町の1人当たり老人医療費の変化の7割以上が彩の売上高の変化で説明できる。ただし，彩の売上高と老人医療費はいずれも実質値ではなく名目値である。また，社会参加という社会的要因ではなく，純粋に経済的要因の結果だとみることもできる。しかし，4名からスタートした彩事業の参加者は，この間200名近くに増加しているので，彩の売上高は高齢者の彩事業への就業率と密接に関連しているといえる。横石氏の仮説，つまり社会参加が高齢者を健康にするという考えと矛盾しない結果と解釈することが可能である。

　これは当然，元気だから就業しているととらえることもできる。しかし，徳

23

第Ⅰ部　社会状況の変化と高齢者就労

図1-15　上勝町の彩事業売上高と1人当たり老人医療費

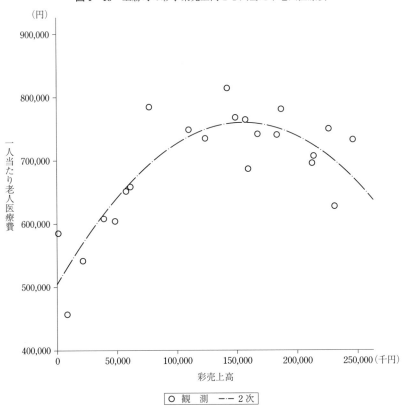

注：（1）調整済み決定係数＝0.732
　　（2）彩事業の売上高が1億5,000万円を超すと，1人当たり老人医療費が低下した。
出所：稲葉（2013：465）。

島県上勝町を訪れてみると，逆に社会参加（就業）しているから元気になるのだという考えが大変説得力をもつ。

（2）市町村別データでの検証[15]

　以上，上勝町のデータをみてきたが，市町村別に高齢者の就業率と1人当たり老人医療費の関係をみてみると，就業率が高い市町村ほど1人当たり老人医

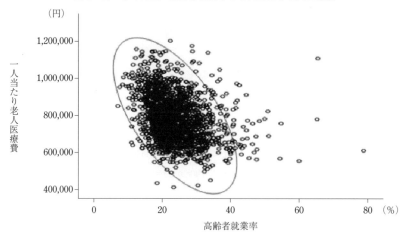

図1-16 市町村別 高齢者就業率と1人当たり老人医療費

注：（1）ピアソンの相関 －0.315＊＊
　　（2）＊＊　両側1％水準で有意
出所：稲葉・藤原（2010：47）。

療費が明らかに低い。図1-16は縦軸に1人当たり老人医療費と65歳以上の高齢者の就業率をそれぞれ市町村別にとったものである。高齢者の就業率が高い自治体ほど1人当たり老人医療費が低い。これだけでは因果関係が明らかではないが，仮に就業率が医療費を規定しているとして，これに医療サービスの自治体別供給能力（医師1人当たり人口，1病床当たり人口）を説明変数に含めて分析すると，高齢者就業率1％上昇に対し，1人当たり老人医療費6,014円の減少と対応していた（表1-2）。1人当たり老人医療費は全国平均（2005〔平成17〕年）で82万1,000円であったので，6,014円は0.7％に相当する。この数値をみる限り高齢者の就業が医療費を削減するとしても，劇的な効果があるわけではないが，限界的には大きな影響をもつ可能性が十分ある。

7　医療費抑制の可能性──高齢者就労の意義

本章では，社会関係資本の観点から高齢者の就労について考える糸口を検討

第Ⅰ部　社会状況の変化と高齢者就労

表1-2　1人当たり老人医療費（2005年）の分析

(OLS　N=1,817)

説明変数	被説明変数 市町村別1人当たり老人医療費		
医師1人当たり人口	－9.824**	－8.581*	－13.779***
一病床当たり人口	－12.132**	－13.000**	－11.095**
高齢者就業率（平均）	－6014***		
（前期）		－4410***	
（後期）			－8020***
調整済み決定係数	0.107	0.114	0.109

注：***は1％，**は5％，*は10％水準で有意
出所：稲葉・藤原（2010：48）。

した。全国社会関係資本調査による年齢階層別の違いをみると，近所づきあいなどの構造的社会関係資本は年齢が増すにしたがい上昇し，認知的社会関係資本，特に互酬性は年齢が増すにしたがい低下するので，構造的社会関係資本は心の健康と，認知的社会関係資本は身体の主観的健康と正の相関があるようにみえる。

　つまり，高齢者の近所づきあいや団体参加は心の健康の維持に，認知的社会関係資本の維持は身体の主観的健康と対応している。したがって，認知的社会関係資本が維持ないし向上すれば身体の主観的健康が維持できる，という因果関係があるのかもしれない。この機序は，日常での近所づきあいや団体参加（構造的社会関係資本）を維持することによって認知的社会関係資本も維持され，同時に，身体の主観的健康も維持されるということだろう。つまり，近所づきあいや団体参加などの構造的社会関係資本の醸成が，心の健康に資すると同時に，認知的社会関係資本も醸成し，その結果，身体の健康にも好影響を与える，という因果関係である。この見方に立てば，高齢者の就労は構造的，認知的両方の社会関係資本を維持するものとして，心と身体の両方の健康維持にきわめて重要ということになるし，医療費を抑制する可能性もある。

　以上，高齢者就労の効果を社会関係資本の観点からみてきた。本章の冒頭で，

高齢者の就労希望者は実際の就労者数を上回る，つまり高齢者階層の労働者の潜在的供給量はきわめて大きい可能性をみたが，それが需要側のニーズに適合しているかは本章では検討していない課題である。高齢者に限ったものではないが，労働者の再教育（生涯教育），同一労働・同一賃金などの実現は，特に高齢者の就労を増やす可能性がある。身体的能力の低下に悩み，情報弱者に陥りやすい高齢者にとって，労働時間を短縮した働き方を可能にする制度，高齢者向けの雇用情報などの提供も，大きな意味をもつであろう。

　高齢者の就労は単純ではない。①市場メカニズムに基づく就業と，②政府を含んだ非営利組織が提供する雇用機会を含んだ就労，さらに③生きがいを得ることを目的とした無償の団体参加があり，概念上はこれらの3分類が可能であるが，実務上は容易ではない。本章で紹介した社会関係資本調査の社会参加は，これら3分類すべてを含めて論じているが，医療費データによる実証は基本的に就業の効果についてみたものである。つまり，政府を含んだ非営利組織が提供する雇用機会についての検討は今後の課題である。

注
(1) 『広辞苑 第4版』によれば，就労は「仕事にとりかかること。また，仕事に従事していること。」（1225頁），就業は「職業・業務につくこと。」（1210頁）とある。市場メカニズムの中での，有償での労働の需給を扱う経済学では，一般に就業という表現を用いている。一方，就労は無償での労働も理論上はありうるので，有償の就業より広い概念である。本章では，市場メカニズムで対応できない分野も視野に入れているため，就業ではなく就労という表現を用いている。ただし，労働統計を引用する場合は，たとえば就業率のように就業という表現を用いている。
(2) OECD雇用統計によれば2012年の55歳から64歳の就業率はOECD平均の55.6%に対し日本は65.4%となっている（http://www.oecd-ilibrary.org/employment/employment-rate-of-older-workers_20752342-table6，2016年4月8日アクセス）。
(3) 総務省統計局「労働力調査」平成28年2月分第17表。
(4) 全国6,000人に送付し，有効回答3,813票（有効回答率64.9%）。
(5) 社会関係資本の定義については稲葉（2011）参照。
(6) 社会関係資本の意義についてのより包括的な検討については稲葉（2016）参照。
(7) 社会関係資本と健康との関連についてはカワチ（2008；2013），近藤（2005；2010；

(2013),杉澤・近藤（2015），辻（2015），Berkman & Kawachi（2000），Kawachi & Berkman（2003），Berkman, Kawachi, & Glymour（2014）などを参照。

(8) 職場の社会関係資本と健康との関連については多数の研究があるが，包括的な記述としてはオクサネンら（2013）がある。

(9) 本章の年齢階層別比較は稲葉（2015）に依拠している。また，2013年調査の質問票も稲葉（2015）に付してある。

(10) ただし，2013年調査における回答者の年齢階層別の属性は，20代から40代までは女性の比率がほぼ6割に達しており，特に近所づきあいや団体参加などの具体的な人や組織との関わりについては性差が大きいため，この年齢階層全体の姿を適切に反映していない可能性がある。また，20代はサンプル数が301と十分ではない。したがって，本章における20代から40代までの年齢階層別のデータ，特に20代の値は参考値にとどまるが，おおよその傾向は読み取ることができる。

(11) 詳細については稲葉（2016）参照。

(12) ただし，常識的にはこれは因果関係が逆で，身体の健康が維持されているから認知的社会関係資本が維持されているという見方の方が適切なのかもしれない。

(13) たとえば，厚生労働省平成23年所得再分配調査によると，等価当初所得の世帯員年齢階級別ジニ係数は，平均では0.4703であるのに対し，60-64歳0.4854，65-69歳0.603，70-74歳0.6872，75歳以上0.7276であり，年齢階級が上がるほど所得格差が拡大している。

(14) 本節は稲葉（2013）に依拠している。

(15) 本節は稲葉・藤原（2010）に依拠している。なお，市町村別の医療費データは2008年以降発表されていないため，2005年時点での分析となっている。

参考文献

石田光規（2013）「孤立する人々の特性」稲葉陽二・藤原佳典編著『ソーシャル・キャピタルで解く社会的孤立——重層的予防策とソーシャルビジネスへの展望』ミネルヴァ書房，37-55頁。

稲葉陽二（2005）「ソーシャル・キャピタルの経済的含意——心の外部性とどう向き合うか」『計画行政』28（4），17-22頁。

稲葉陽二（2011）「ソーシャル・キャピタルとは」稲葉陽二ら編『ソーシャル・キャピタルのフロンティア——その到達点と可能性』ミネルヴァ書房，1-9頁。

稲葉陽二（2013）「高齢者の社会参加で医療費低減——徳島県上勝町のケース」『保健師ジャーナル』（69）6，462-466頁。

稲葉陽二（2015）「2013年全国調査と2003年全国調査からみた社会関係資本の年齢階層別変化」『政経研究』（51）4，153-200頁。

稲葉陽二（2016）「第Ⅰ部　学術的有効性と政策的含意」稲葉陽二・吉野諒三『ソーシャル・キャピタルの世界』（叢書ソーシャル・キャピタル①）ミネルヴァ書房，8-179頁。
稲葉陽二・藤原佳典（2010）「少子高齢化時代におけるソーシャル・キャピタルの政策的意義―高齢者医療費の視点からの試論」『行動計量学』37(1)，39-52頁。
オクサネン，T. ら（2013）「職場のソーシャル・キャピタルと健康」カワチ，イチローら編，近藤克則ら監訳『ソーシャル・キャピタルと健康政策――地域で活用するために』日本評論社，33-79頁。
カワチ，イチローら（2008）『ソーシャル・キャピタルと健康』日本評論社。
カワチ，イチローら（2013）『ソーシャル・キャピタルと健康政策　地域で活用するために』日本評論社，33-79頁。
近藤克則（2005）『健康格差社会――何が心と健康を蝕むのか』医学書院。
近藤克則（2010）『「健康格差社会」を生き抜く』朝日新書。
近藤克則（2013）「ソーシャル・キャピタルと高齢者の健康」カワチ，イチロー，等々力英美編『ソーシャル・キャピタルと地域の力　沖縄から考える健康と長寿』日本評論社，29-47頁。
杉澤秀博・近藤尚己（2015）「社会関係と健康」川上憲人ら編『社会と健康』東京大学出版会，209-232頁。
辻一郎（2015）『健康長寿社会を実現する』大修館書店。
横石知二（2007）『そうだ，葉っぱを売ろう！　過疎の町，どん底からの再生』ソフトバンククリエイティブ。
横石知二（2009）『生涯現役社会のつくり方』ソフトバンククリエイティブ。
Berkman, L. & Kawachi, I. (eds.) (2000) *Social Epidemiology*.
Berkman, L., Kwachi, I. & Glymour, M. (2014) *Social Epidemiology Second Edition*, Oxford Univesity Press.
Kawachi, I. & Berkman, L. (eds.) (2003) *Neighborhoods and Health*, Oxford University Press.
McPherson, M. et al. (2006) "Social Isolation in America: Changes in Core Discussion Networks over Two Decades" *American Sociological Review* 71, pp.353-375.

（稲葉陽二）

| 第2章 | 労働社会の変容と高齢者就労 |

1 経済的側面と社会的側面
―― 高齢者就労問題の2つの側面

　日本の高齢社会の象徴的問題として，高齢者の貧困と孤立がある。日本は他国と比べて飛び抜けて高齢化率が高く高齢化の速度が速い上，今後，高齢者単身世帯の増加や，人口減少による支え手の負担増，地域の人手不足が顕著になることが予測されている。特に，加速度的な高齢化の進行の中で，高齢社会を支えるシステムの不備から生じているのが高齢者の貧困と社会的孤立の問題である。高齢者の貧困は，労働市場において競争力や適応力の弱い限界労働力である高齢者が労働からも福祉からも排除されるところから生じる問題であり，社会的孤立は地域における社会関係の崩壊からくる問題である。高齢者就労問題は，高齢者の経済的自立と社会関係形成という2つの側面から考察される必要がある。

　本章では，就労の経済的側面と社会的側面に留意しつつ労働社会（雇用労働＝賃金労働を働き方の主流とする社会）における高齢者就労の変遷を概観し，今後の方向性を考えたい。就労は経済的側面が重視されると労働的性格が強まり，高齢者の労働者性は高まる。反対に，就労の社会的側面が重視されると福祉的性格が強調され，高齢者の生きがいや社会関係に重点がおかれるようになる。労働者性は，貨幣を媒介とした単なる労働力の売買や貨幣化される労働能力の活用などによる労働力の経済的価値追求の傾向をさす。労働者性が高まれば，高齢者就労は賃金労働として市場メカニズムと緊密に連動するようになり，労働社会は強化される。しかし，高齢者就労には，地域社会との結びつきや生きがい，社会的必要の充足による社会的自治の実践といった社会的価値の追求も

重要である。

　戦後の高齢者就労対策は、失業対策事業の中で行われてきたが、1960年代半ばに転換点がおとずれる。一つは、1963（昭和38）年に「緊急失業対策法」の改正によって失業者就労事業と高齢者等就労福祉事業が分離したことである。高齢者等就労福祉事業は、「高齢または病弱等の理由から前記の失業者就労事業に吸収することが適当でない者で必要のあるものは、この事業により、軽作業に就労させるもの」である。「軽作業」とは、例えば、公園等公共的な施設の掃除、行政機関における筆耕、書類の編綴等の簡単な行政事務補助、グランドの入退場整理などであった（労働省職業安定局高齢・障害者対策部　1996：85）。もう一つは、同年、「老人福祉法」が制定されたことである。同法で、「老人は、その希望と能力とに応じ、適当な仕事に従事する機会その他社会的活動に参加する機会を与えられるものとする」（第3条2項）とされ、高齢者の社会参加活動の一つとして仕事（労働）が位置づけられた。

　これに対して、高齢者雇用に関しては、労働者の職業安定や完全雇用を目指して設置された1966（昭和41）年の「雇用対策法」において、35歳以上の中高年齢者の雇用促進のための諸規定がなされたことをもって中高年齢者雇用対策の嚆矢と考えられる。同法の高齢者雇用対策は、1971（昭和46）年の「中高年齢者等の雇用の促進に関する特別措置法」（以下、中高年雇用促進法）における45歳以上65歳未満の中高年齢者雇用促進対策に受け継がれ、以後、高齢者は原則的に失業対策事業での新規の就労ができなくなった[1]。この頃を境に65歳という年齢の境界線が引かれ、65歳未満は労働行政、65歳以上は民生行政の対象となる。

　失業対策事業は、「失業者に対し、一般雇用へ復帰するまでの一時的な就労の機会を提供するもの」（労働省職業安定局高齢・障害者対策部　1996：104）である。1963（昭和38）年の失業対策制度改革においては職業安定法の一部改正も行われ、中高年齢失業者等に対する就職促進措置も制度化された。これは、認定された失業者に対して手当を支給して生活の安定を図りつつ、職業指導、職業紹介、公共職業訓練、職場適応訓練などを実施し一定期間内の就職を期するもの

であるが，それでも就職できなかったものは失業対策事業で就労の途をひらくというものであった（労働省職業安定局高齢・障害者対策部 1996：95-96）。高度経済成長期における完全雇用政策の中で高齢者就労は雇用に結びつけられ，65歳未満の高齢者は定年延長を含めて企業内部における雇用確保が促進される。1970年代には55歳定年はほぼ浸透していたが，定年延長は人事制度改革を伴うものであり，60歳未満の定年制禁止は1994（平成6）年の「高年齢者雇用安定法」改正（1998〔平成10〕年度施行）まで，65歳までの継続雇用の義務化は2013（平成25）年の改正まで待たなければならなかった。[(2)]

　高齢者就労は，基本的に高齢者の経済生活の問題であった。第2次産業の飛躍的発展と国家政策的措置によって高齢者を含めた多くの労働者が雇用労働者として企業に吸収されていくが，[(3)]相対的に労働能力の低い高齢者は雇用率の設定や事業主に対する給付金等の支給などの「中高年雇用促進法」による諸措置をもってしても就労機会を得ることができなかった。このような限界労働力にたいしては，失業対策事業などで引き続き一般雇用以外の就業機会を提供するか，民生行政の側で，高齢者無料職業紹介や老人授産所を設けるなどして対応することになる（東京都高齢者事業団設立準備会 1974：70-74）。

　定年到達年齢から65歳未満の高齢者で一般雇用になじむ労働力に関しては労働行政が高齢者雇用対策の対象として，65歳以上の高齢者就労に関しては民生行政が福祉的就労として対応したのであるが，70年代になると65歳未満で一般雇用になじみにくい中高年齢者は，失業対策事業の縮小・打切りの流れの中で行き場を失う。この中高年齢失業者の受け皿の一つとなったのが「中高年齢就労事業団」，いわゆる高齢者事業団であった（三浦 1980：115）。高齢者事業団は，失業対策事業就労者などの一般日雇労働者を中心として結成された全日本自由労働組合が主導して1972（昭和47）年に設立された西宮高齢者事業団を皮切りに，京都，愛知，東京等で設立され，その後も労働者協同組合あるいは高齢者協同組合として現在も活動している。[(4)]また，これらの高齢者事業団の中で，東京都高齢者事業団は前述の「老人福祉法」第3条2項の精神に立脚した「生きがい就業」を標榜する団体であり（後述），現在のシルバー人材センター事

業に引き継がれている[5]。

　「老人福祉法」は高齢者の社会参加活動としての労働の意義を規定したが，高度経済成長期頃までの高齢者就労は，中高年期以降の生活不安に対する収入を目的とした経済問題であった。就労は有償労働であり経済行為であるので所得保障と結びつけて考えるのは当然であるが，1970年代半ばになると日本が高齢化社会に突入したこととも相まって，就労の社会的側面が注目されるようになる。高齢者就労の社会的側面とは，労働にさいして不可欠の協働やコミュニケーションから生じる社会関係の次元である（Lampert 1992：125）[6]。就労は有償労働であっても単に収入を得るだけの経済活動ではなく，高齢者が働くことによって共働者と協力し合い，社会に参加し，生きがいを感じて生活を充実させるとともに，地域福祉の支え手として地域の社会関係を形成する社会活動でもある。

2　「生きがい就業」と「第三の働き方」

（1）「生きがい就業」と高齢者事業団

　高齢者雇用対策に関しては定年延長やさまざまな雇用促進策がとられてきたが[7]，高齢者の就労を対象とするとき問題となるのは，市場メカニズムを前提とした雇用政策措置によっては網羅されない高齢者である。終身制や年功賃金，あるいは正規雇用が典型的であり，さらに失業対策事業が縮小されていった1970年代において，2つの全く異なるタイプの高齢者に企業における雇用以外の働き方（就業）が用意される必要があった。2つのタイプとは，相対的に労働能力が低く労働市場における競争力が弱い高齢者と，定年後に企業における従属的労働関係ではなく任意の就業で自由に働きたい健康で働く意欲のある高齢者である。前者は貧困対策の意味合いが強く，後者は生きがい対策の意味合いが強い。これらは「福祉的就労」あるいは「生きがい就業」と呼ばれた。貧困は資本主義の構造的矛盾に根源をもち，生きがいは加速度的に増大する高齢者の福祉の増進を目指すものであった。

貧困対策も生きがい対策も，労働政策から福祉政策まで網羅すべき社会政策の課題である。貧困は単なる物的欠乏を意味するのではなく，社会関係の分断をも意味するという点で社会問題である（安田・塚本 2009）。貧困対策と生きがい対策は，経済的側面においては異なる性格をもっているが，地域社会における社会関係形成と社会参加という社会的側面において同じ社会政策の課題なのである。換言すれば，いずれも地域における高齢者の社会的包摂の問題である。

1970年代における高齢者の生きがい就労としては，社会福祉協議会が厚生省の補助事業として行っていた「高齢者無料職業紹介所」がある[8]。下斗米（1978：77）によれば，これは，高齢者の生きがい対策ということにはなっていたが，求職者のほとんどは経済的理由によりフルタイム就労を求めるもので「高齢失業者のための職業紹介という性格がきわめて強い」ものであった。内容的にも労働省所管の「高齢者職業相談室」や東京都労働局の「高齢者職業相談所」と酷似しており，労働行政の延長線上にある雇用対策である。ただ，65歳という年齢区分によって労働行政ではなく民生行政の対象となっており，生きがい対策でも紹介所に来る65歳以上の求職者は，労働諸法による雇用奨励金などの助成措置も民生行政の保護助成も受けられない，いわば労働と福祉の間隙に落ち込んだ高齢者であった。

高齢者無料職業紹介所にくる高齢者が生活のための就労を求めるものであったのに対して，健康で働く意欲があり生活費を得ることよりも生きがいを求める高齢者を組織したのが東京都高齢者事業団であった[9]。東京都高齢者事業団の目的は，労働と福祉とをともに生かして高齢者の真の生きがいを求めようとするところにあった。初代会長の大河内一男は，「高齢者事業とよばれるものは，労使間の雇用関係を前提とした上での高齢者就労ではなく，あくまで地域の高齢者たちが自主的に働こうとするところの互助と共働のための就労活動であり，むしろおおよそ60歳以上の高齢者たちが，自分の長い人生の中で身につけた経験と技能と生活の智慧とでもいうべきものを地域のために提供することに，老後の積極的生きがいをみつけ出そうとする運動なのである」という（大河内

1985:xiv)。

　高齢者事業団での就業は追加的収入を得られても，生活を支えるだけの収入は得られない「臨時的かつ短期的又はその他の軽易な就業」であるが，実際には，シルバー人材センター会員の3割程度は生活のための就業を求める高齢者である（塚本 2013：214-217）。高齢者事業の理念と狙いは，「高齢者にとっては『働く』ことのうちに真の福祉と生きがいがあり，この二つのものは高齢者にとって別個のものではなく，むしろすすんで高齢者が『働く』ことのうちに生きがいと高齢者としての独立自主の気概をもつことができるようになるための環境作りであるかぎりにおいて，老人福祉は有意義なものだと考えて出発した」（大河内 1985：xviii）とある。高齢者就労における東京都高齢者事業団の意義は，労働と社会参加を結びつけたことと，就業を高齢期の地域の社会活動の一つとして位置づけたことにある。[10]

（2）「第三の働き方」としての高齢者就労

　経済的動機だけではない，社会的目的に従事して社会参加をする有償労働は，1980年代になると「第三の働き方」として高齢者就業の一つのあり方と考えられるようになる。「第三の働き方」という名称は，高年者就業対策検討会議自立・自営化委員会が名付けたものである（東京都労働経済局 1986：325）。同検討会報告書は，「第三の働き方」の特徴として，①雇用労働でも自営業でもなく賃金以外の何らかの収入を伴うこと，②収入などの経済的報酬よりも活動の理念や精神的な報酬を重視すること，③雇用労働に伴う従属関係や拘束関係からできるだけ距離をたもち，任意就労や短時間就労を志向するものが多いこと，及び④組織としての確立度や行政支援の程度などには大きな相違があることと述べ，具体的には，シルバー人材センター，ファミリーサービスクラブ，ワーカーズ・コレクティブを挙げている（高年者就業対策検討会議事務局 1986：63-65）。「第三の働き方」の実態調査を行った東京都経済局も，「第三の働き方」の領域に属する組織を，シルバー人材センター，行政主導型福祉サービス組織，民間ボランティア家事援助組織及びワーカーズ・コレクティブの4類型に分けて取

り上げ、シルバー人材センターを「第三の働き方」の典型としている（東京都労働経済局 1986：326）。

「第三の働き方」生成の背景にあるのは、日本型福祉国家の変容である。エスピン-アンデルセン（1990＝2006：ⅱ-ⅲ）によれば、日本は国家の福祉負担が少なく、福祉国家としては貧弱であり、その理由として、家族や地域のボランタリーな性格の組織が福祉供給主体として中心的な役割をはたしていること、企業が実質的で包括的な社会福祉の供給主体となっていること、低い失業率と教育の浸透により貧困や社会的排除、犯罪が深刻になっていないことを挙げている。日本の地域社会にどれだけ「ボランタリーな性格の組織」があったかは疑問であるが、現在では市民参加型組織による地域社会ニーズの充足が不可欠になっていることに疑問の余地はない。

地域における福祉的ニーズの充足に関して、1979（昭和54）年に経済企画庁が打ち出したのが「日本型福祉社会」構想である[11]。しかし、社会福祉行政は、貯蓄率の高さ、企業における人間関係の家族的性格、老親と子供の同居率の高さという特質を前提としていたにもかかわらず、そのような特質を強化する家庭基盤充実のための諸施策には積極的ではなかった（平田 1982：30）。結果として、「日本型福祉社会」構想は国家の福祉に対する責任を「私」へ肩代わりさせるものであり、福祉の商品化であるという批判がなされる（平田 1982：39-41）。「日本型福祉社会」のなかに、国家財政の逼迫に対する対応や安価な市民労働力の活用という発想があったかは不明だが、1980年代には生活スタイルの変容や多様化によって地域における労働力が不足するとともに、地域社会の変化が市民参加型組織を必要とするようになった。そこに、新しい高齢者就業の場が生じたのである。

日本型福祉国家の担い手であった企業や地域組織、家族の変化は、生活の場である地域社会の再編成を余儀なくさせる。女性の雇用労働市場への進出は家庭の保育・介護機能を低下させたし、職場と居住地が離れた雇用者が増えたことは町内会や自治会などの地域組織や地域活動の担い手不足をうみだした。同時に、家庭と地域における変化からは、保育や教育、介護、育児、家事など生

活の必要から生じる新しい需要がうまれる。これらの社会的需要の多くは行政や企業で充足できるものであるが，収益性のないサービスを企業は提供できないし，きめ細かなサービスを必要とするものに対して形式的・一般的な行政サービスは対応できない。ここに非営利の社会的労働の必要がでてくる。[12]非営利である以上，労働には収益以外の動機や刺激が必要である。

　1980年代には，経済的動機からではなく，社会参加活動をすることで「能力発揮による自己確認と第三者からの確認，サービスの受益者および活動仲間との交流に大きな意義」を見出す「第三の働き方」を求める人々が増加してきており，その中心的な部分をしめているのが高齢者であった（東京都労働経済局1986：324）。「第三の働き方」を求める高齢者と社会的需要を結びつけ，社会的労働として組織する典型的な団体のなかでも比較的整備されたものとしてシルバー人材センターがあった。「第三の働き方」は一つの就業形態であり，社会参加を主眼としつつ収入を得ることができる。社会参加は「生きがい就業」に，収入は「福祉的就労」に結びつき，地域組織は社会関係の再編と地域活性化に役立つものである。

3　労働社会の多様化と高齢者就労

（1）高齢者就業の変質

　1970年代以降の社会経済の変化は，日本の労働社会を変えた。特に，第一次石油危機以降の産業構造の変化や急速な高齢化の進展は高齢者の就労のあり方を変え，1980年代以降には，労働社会を大きく変容させるいくつかの潮流が生じる。第1に，労働市場の多様化と非典型労働の増加，第2に，ポスト工業化の進展，第3に，新しい公共社会形成の流れである。これらの諸潮流の中で，正規雇用労働以外の多様な労働形態や働き方（非典型労働）の意義が相対的に大きくなってきたこと，労働領域の周縁部にあったさまざまな社会サービス労働が賃仕事として認知されるようになり多様な労働領域が形成されてきたこと，さらに非正規低賃金労働者が増加したことなどによって，高齢者就業も，社会

性より経済性が，福祉的性格より労働としての性格が強調されるようになり，高齢者を賃金労働者として市場にとりこもうとする傾向が強くなった。

　1979（昭和54）年に発表された第4次雇用対策基本計画では，将来の若年労働人口の減少と50代後半層の人口増加が顕著であることを述べ，「労働市場においても高年齢者が急増することは避けられない」としている。それにもかかわらず，石油危機後の労働力需要は労働力人口の伸びに及ばず雇用情勢の悪化をもたらし，1970年代後半期は高年齢者の雇用問題が深刻化した。この間，構造不況業種を中心とした製造業就労者の減少，第3次産業就労者の顕著な増加など就労構造の変化が進み，今後の生活基盤整備の必要と社会福祉，医療保健，文化教養等の社会サービス分野の発展を見込んでいる。

　同基本計画では，高齢労働者の大幅な増加に対応するため60代前半層を中心に実質的な就労の場の確保に向けて，第1に，60歳以上への定年延長を含めた雇用延長，第2に，定年後の再雇用や勤務延長促進のための継続雇用奨励金等の助成措置の充実と離職者雇い入れ促進のための奨励措置の検討，第3に，常用雇用的な就労に限らず自営業主やパートタイマー等の多様な形態での就労の場の確保に努めるとしている。第3の方針を受けて，翌1980（昭和55）年に立ち上げたのが「高年齢者労働能力活用事業（シルバー人材センター）」（以下，高齢者能力活用事業）であり，これにより高齢者事業団はシルバー人材センターとして国庫補助事業となる。「高齢者能力活用事業」は，定年退職後等において雇用関係ではない何らかの就業を通じて労働能力を活用し，追加的収入を得るとともに生きがいの充実や社会参加を希望する高齢者に対して，地域社会の日常生活に関連した補助的，短期的な仕事を提供することで活力ある地域づくりに寄与することや，高齢者の「職業生活からの引退過程をできるだけ円滑に移行」することをめざす，「高齢化社会に適切に対応するための労働対策の一環をなす新たな施策」であった。

　1980年代以降，新自由主義的経済政策の世界的潮流の中で，有償労働は市場メカニズムを前提とした賃労働と同義に考えられ，高齢者就業も労働領域に位置づけられるようになる。労働政策と福祉政策の接点で設計された高齢者事業

団の「生きがい就業」も,「高齢者能力活用事業」によって労働政策の一環に組み込まれた。同事業では,「高齢者の就業機会の増大と福祉の増進を図るとともに,能力を活かした活力ある地域づくり」を謳っているが,労働社会が強化される中で,福祉の増進よりも就業機会の増大に比重がかかるようになり,高齢者の行う就業労働も非典型労働の一つとして考えなければならなくなった。

非典型労働領域の拡大は,非正規雇用労働の増大によってすすんだ。1980年代半ば以降には,非正規雇用労働が増加し,派遣など新しい形態の労働が生まれる。さらに,2000年代前半にすすんだパートタイム雇用以外の非正規雇用の増加は,労働市場の再編をうながし,労働社会は多様化する(厚生労働省編 2013:185ff.)。非正規雇用の増加はまた,低賃金の不安定・不規則労働に従事する生活困窮者を生み出した。ワーキングプアやフリーター等の非正規不安定労働者,シングルマザー,単身高齢者,障害者,ホームレス等の生活問題は新しい貧困,あるいは社会的排除の問題として認識され,新しい公共社会のあり方が議論されるようになる。

労働社会の多様化は,市場メカニズムを前提とした高齢者就労の場を増加させる一方で,高齢者就業における高齢者の労働者性は高まっていく。特に,非正規雇用の増大は,短時間勤務を希望する高齢者の賃金労働者化をうながした。市場に多様な働き場所が生まれれば,賃金労働者(あるいは,雇用労働者)という標準化された労働スタイルが高齢者にとっても現実的となり,「生きがい就業」や「第三の働き方」のような労働の社会的意義に軸足をおいた高齢者の就業領域は相対的に縮小される。

(2) 非正規雇用の増加と高齢者就労

労働社会の多様化は,職業及び職場の多様化,雇用形態の多様化,勤務形態の多様化及び就業者属性の多様化として現れる(塚本 2003:85-87)。職業及び職場の多様化は,サービス市場の限りない細分化と非営利組織の増加など企業以外での職業生活の可能性の拡大によって生じる。とりわけ,教育,福祉,医療,環境等の領域における社会サービスの増大は,公共領域の市場化と社会的

表2-1 60歳以上の就労者の多い職種（男女計，2000年）

	職種名	60歳以上就労者数（人）	年齢計に占める割合（％）
1	農耕・養蚕作業者	1,686,618	65.0
2	会社役員	455,440	37.3
3	小売店主	306,793	38.6
4	養畜作業者	79,044	36.4
5	ビル・駐車場管理	63,966	52.8
6	マンション・アパート・下宿・寄宿舎・寮管理	50,401	50.5

出所：独立行政法人労働政策研究・研修機構（2004）「中高年齢者の活躍の場についての将来展望——就業者数の将来推計と企業調査より」第3-1-4表より抜粋。

労働の増大を意味する。つまり，この領域では営利労働と社会的労働が混在することになる。

　ポスト工業化による低賃金サービス労働の増大も，高齢者就労の機会を増大させる。なかでも，体力的にきつくなく短時間勤務が可能な施設管理などは，高齢者の重要な職場となった。60歳以上の就労者が多数を占める職種を第一位から順にならべたのが表2-1である。第一次産業従事者が高齢化しているのは周知のことであるが，人数においても構成比においても上位にきているのが「ビル・駐車場管理」「マンション・アパート・下宿・寄宿舎・寮管理」等の施設管理である。これらの職種では，60歳以上の就労者が人数にして5万人，比率にして50％を超えている。1990年代には，施設管理などが典型的な高齢者就労の場として定着していたことがわかる。

　ポスト工業化の中で，社会サービス分野が細分化され職業や職場は多様化し，一般的なサービス業務が高齢者就労の場として重要な位置を占めるようになる。一方で，細分化されたサービス労働は一つの職業として認知され，個別的な労働契約は雇用や派遣，請負・委託等さまざまであるが，いずれにしても老人の福祉的な仕事としてではなく，顧客に有償でサービスを提供する賃仕事としてみられるようになってきた。その意味で，高齢者就労における高齢者の労働者性は高まってきているといえる。

職業及び職場の多様化とともに，労働社会の多様化にとって重要なのは，雇用形態と勤務形態の多様化である。雇用形態と勤務形態の多様化がもたらした非正規雇用の増大は，高齢者に就労の場を提供した。

もともと，非正規雇用増加の根底にあったのは，第1に，石油危機や環境問題などの制約的諸要因（たとえば，原材料費の高騰や廃棄コストの上昇等）から大量生産・大量販売を土台とした経済社会システムが行き詰まるようになり，経済が低成長期にはいるとともに，慢性的な高失業率と不安定雇用の時代になったことである。日本においても，1973（昭和48）年に1.3％であった完全失業率は上下しながら右肩上がりに上昇し，2000年代には2002（平成14）年6月と2003（平成15）年4月，2009（平成21）年7月に最高値の5.5％を3回記録している。現在では，失業率は3％台に落ち着いているものの，非正規の不安定就労者の比率は上昇しつづけている。

石油危機後の物価高騰という需要側の事情——需要の減退——と，生産性の後退や全般的労働コストの上昇等の供給側の事情——収益性の低下——の下で，生産と雇用の柔軟性やムダの排除が求められるようになった。生産の柔軟性は，リーン生産方式の導入などによる高度の合理化と多品種少量生産への移行によって，雇用の柔軟性は，規制緩和による雇用の多様化と流動化によって推進される（Lipietz 1997：3ff.；Rifkin 1995＝2004：91ff.）。1980年代以降，アメリカやイギリスなど市場原理主義を支柱とする新自由主義の下で行われた雇用の規制緩和による労働市場の柔軟化政策が先進諸国で大きな潮流となる一方，新しい貧困や社会的排除の問題が取り上げられ，社会的団結を基礎とする持続的経済成長が模索されるようになる（Bhalla/Lapeyre 1999＝2004＝2005：8-9）。

日本における雇用柔軟化の潮流は，バブル経済後の1995（平成7）年に出版された日経連の『新時代の「日本的経営」』が「長期蓄積能力活用型」「高度専門能力活用型」「雇用柔軟型」の3つの形態からなる雇用ポートフォリオの推進を提唱したことと相まって，1990年代末以降の労働政策の中で具体化され，現在にいたるまで非正規雇用が激増してきたことは周知の事実である。同時に，1990年代末から格差や社会的排除，新しい貧困も議論の俎上にのぼるように

なった。市場セクターにおける安定雇用の縮小と不安定雇用の拡大，さまざまな社会問題の発生という文脈の中で，欧米においても日本においても，サード・セクターにおける社会的労働が一つの働く場として，新しい事業領域として，また社会問題解決のための共助活動としての意義をもつようになる。非正規雇用や請負労働などをふくむ非典型労働は一つの働き方として社会的にひろく認知されるようになった。

　第2に，グローバル化による国際分業の再編とポスト工業化による産業構造の変化によって，構造的・摩擦的失業と非正規雇用が増加した（安田・塚本 2009：39ff.；117ff.）。

　グローバル化の進展によって，高度な技術を必要としない生産労働が安価な労働力を求めて海外移転し工場が減少することで，国内の単純労働は減少しただけではなく，海外の安い賃金，安い労働コストとの競争によって低賃金化の圧力にさらされるようになる。グローバル化による国際分業の再編はまた産業構造の転換をうながし，日本においてもサービス労働を中心としたポスト工業化が進展した。産業構造の転換は必要とされる労働能力の転換を伴う。そこに，景気の後退や不況などによって雇用が減少するためにおこる失業だけではなく，労働能力の転換がうまくはかれないで失業する構造的・摩擦的失業があわせて生じる。

　ポスト工業社会のサービス産業は，飲食サービス業（76.7％），生活関連サービス（49.0％），卸売・小売業（43.5％）等の非正規雇用依存率（括弧内の数字）の高い分野と，非正規雇用依存率の低い金融・保険業（12.2％），情報通信業（4.6％）等に二分される。[14]産業別65歳以上雇用者をみると，飲食サービス業，生活関連サービスなどはサービス業（他に分類されないもの）や不動産業，物品賃貸業などとともに相対的に多く，全産業の平均以上になっている（厚生労働省編 2013：24）。非正規雇用依存率の高い産業の中でも，特に技能を要しない従属的で定型的なサービス職種は低賃金の非正規労働が中心である。加えて，グローバル化による企業競争の激化の中で競争力の強化のために労働コストの弾力化が求められ，元々すすんでいた雇用における規制緩和に拍車をかけることにな

表 2-2　年齢階級別非正規雇用者数

		総数	15–24歳	25–34歳	35–44歳	45–54歳	55–64歳	65歳以上
就業者（万人）		6376	496	1128	1499	1394	1130	730
（役員を除く）雇用者	男女計（万人）	5293	483	1065	1329	1187	869	360
	構成比（％）		9.1	20.1	25.1	22.4	16.4	6.8
非正規雇用者	男女計（万人）	1980	231	290	393	387	412	267
	構成比（％）		11.7	14.6	19.8	19.5	20.8	13.5
	非正規雇用率（％）	37.4	47.8	27.2	29.6	32.6	47.4	74.2
雇用以外の就業者の割合（％）		17.0	2.6	5.6	11.3	14.8	23.1	50.7

注：「構成比」は総数に占める各年齢階級の割合であり，「非正規雇用率」は各年齢階級の雇用者数に占める非正規雇用の割合を，また，「雇用以外の就業者の割合」は各年齢階級の就業者に占める雇用（正規・非正規）以外の就業をしている労働者の割合を示す。
出所：総務省統計局（2016）「労働力調査（基本集計）2015（平成27）年平均（速報）結果の要約」より作成。

る。

　その結果，非正規雇用は1995（平成7）年の1,001万人から2013（平成25）年には1,906万人，平均非正規雇用率は36.7％にまで増加し，さらに2015（平成27）年平均の役員を除く雇用者数は5,293万人で，うち非正規職員／従業員数は1,980万人（37.4％）であった（表2-2）。

　非正規雇用を年齢階級別構成比でみると，55歳から64歳が20.8％，65歳以上が13.5％であわせて34.3％と約3分の1を占めているが，雇用者数が少ないこともあり構成比は飛び抜けて高いわけではない。しかし，65歳以上の高齢有業者は非正規雇用率が74.2％，雇用以外の就業者の割合が50.7％と他を圧して高い。65歳以上の就業者に関しては，雇用以外の就業と非正規雇用労働者をあわせて87.3％となる。高齢者には第一次産業従事者や会社役員，小売店主が多く（表2-1）正規雇用者が少ないので当然の結果ではあるが，これによって非正規雇用の増大が高齢者に就労の場を提供していることとともに，高齢者の多くが労働市場のメカニズムに組み込まれていることがわかる。そうなれば，高齢者に就業機会を提供する非営利の中間組織も市場競争や市場原理に強く影響され，社会的労働や「生きがい就業」の領域は縮小するか変質する。

（3）就労形態の多様化と高齢者就労

　1990年代半ばまでと，その後の15年間では，日本の労働社会の状況が一変していることには留意する必要がある。非正規雇用も追加収入や家計補助的な収入としてではなく，家計の主要収入を確保するためのものが多くなっている。「平成22年就業形態の多様化に関する総合実態調査」（以下，「就業形態調査」）をみても，「正社員以外の労働者」の49.1％は自分の収入を「生活をまかなう主な収入源」としており，2003年調査の42.8％よりも増えている。現役世代の雇用状況や収入がますます厳しくなっていく中で，労働社会には余裕がなくなり，いわば余禄的な仕事はほとんどなくなった。

　初期の時代の高齢者就業は，シルバー人材センターの就業労働にみられるように，「補助的，あるいは二次的とでもいうような性格の就業」であり，高齢者事業で働く高齢者は「雇用になじまない」人々を前提としていた（大河内1985：148；190）。しかし，雑業的職種やニッチな仕事，あるいは臨時的，短期的または軽易な仕事も，現役世代が生活のために視野に入れるようになれば，高齢者の行う非営利の社会的労働は民業圧迫や零細な民間自営業者等との競合が問題となり，公益性の高い非営利の市民組織が，高齢者のための就業開拓をしていくことはよりむずかしくなる。他方，高齢者のニーズが多様化し高度化する中で，除草や植木の剪定，施設管理等の仕事よりパソコン入力や事務労働を希望する高齢者が多くなれば，それらの仕事は企業が市場セクターにおいて事業化しているものも多く，また現役世代の需要も多いので市場競争が生じ，市民組織や生きがいを求める高齢者が参入するのはやはりむずかしい。

　高齢者就労を福祉政策として労働社会の外側に位置するものとみるのであれば，市場や企業の「社会貢献」あるいは「高齢者の福祉に資する社会的責任」としていくらかの仕事を得ることはできる。企業などと連携することはこれからの社会にとって必要なことであるが，市場原理の下では高齢者が安い労働力として利用されるようになることは避けがたい。

　非典型労働領域の拡大と就労形態の多様化によってひきおこされた労働市場の再編は，労働社会を変貌させただけではなく，労働観の変化をももたらした。

雇用労働以外の多様な労働スタイルが社会的に認められるようになった，あるいは認めざるを得なくなった。理由はさまざまだが，「就業形態調査」によれば，「正社員以外の労働者」の69.8％は「現在の就業形態を続けたい」としている。かつては，直接雇用の正規雇用労働を典型的な働き方とし，パート労働のような家計補助的な非正規雇用労働や臨時的・短期的な就労は非典型雇用として労働市場の縁辺に組み込まれ，高齢者の就業労働は，それらの縁辺労働もしくは雇用労働とは異なる別の領域の労働，つまり「福祉的就労」や「生きがい就業」として意識できた。しかし，現役勤労者の雇用状況が悪化し，家計負担者の非正規雇用が増大し，生活スタイルや労働スタイルが多様化するとともに，高齢者の就業労働と他の労働形態との境界線も不明確になってきた。くわえて，継続雇用の定着や高齢者派遣事業の拡大，NPO 等の民間団体などが増加しつつある現在，高齢期における働き方も多様になってきている。

　1970年代以降，雇用・就業構造は変化してきており，労働市場も再編成されてきた。たとえば，シルバー人材センターの就業は収入ではなく生きがいを追求するということで臨時的，短期的または軽易な作業に限定して低価格のサービスを提供している。しかし，労働市場の多様化によって臨時的で短期的な仕事や働き方を主流とする非正規低賃金雇用が増えた。社会的労働であるシルバー人材センター等の「生きがい就業」と営利労働としての非正規雇用労働とは意味内容において本質的に異なる働き方であるが，短時間労働や短期的契約，断続的・断片的就労等の形式においての類似点も多い。持続的な正規常勤雇用を典型的な働き方として考えると，それ以外の短期的な短時間労働は，有償労働であれば社会的労働も含めて非典型労働として一つのカテゴリーにまとめることができる。

　「正社員以外の労働者」の概念を手際よくまとめているのが厚生労働省の「就業形態調査」である。この調査では請負労働者はふくまれていないが，客観的に確認できる労働の条件である就労形態を，①雇用関係の有無，②正社員の所定労働時間・日数との比較，及び③雇用期間の定めの有無の３つの観点から分類し，「正社員以外の労働者」を「契約社員」「嘱託社員」「出向社員」「派遣労

第Ⅰ部　社会状況の変化と高齢者就労

表2-3　就労形態の概念区分

雇用関係の有無	指揮・命令関係	正社員の所定労働時間・日数との比較	雇用（就業）期間の定めなし	雇用（就業）期間の定めあり
雇用関係あり	事業所組織の指揮・命令下にある	正社員と同じ	出向社員・その他	契約社員 嘱託社員 臨時的雇用者（1ヶ月以内）
		正社員より短い	パートタイム労働者	
雇用関係なし		正社員と同じ	派遣労働者	
		正社員より短い		シルバー人材センターなどの雇用以外の高齢者就業
	事業所組織の指揮・命令下にない	正社員とは無関係	請負・委託労働者	

出所：厚生労働省「平成22年就業形態の多様化に関する総合実態調査の概況」（平成23年8月）3頁のイメージ図を基に筆者作成。

働者」「臨時的雇用者」「パートタイム労働者」「その他」に7区分している。[15]同調査が事業所との関係から派遣労働者を「雇用関係なし」としているのは，雇用関係＝直接雇用としているからであろうが，ここでは就労形態類型の中にシルバー人材センターなど雇用以外の高齢者就業を位置づけてみたい。もともとのイメージ図に事業所との指揮・命令関係を加えて，請負・委託労働のはいる余地をつくると表2-3のようになる。

労働が有償労働である場合は，その目的や社会的意味にかかわらず，つまり働く目的が収入にあるか生きがいにあるか，あるいは社会的労働であるか営利労働であるかにかかわらず，基本的には表2-3の就労形態のどれかに該当する。

4　公共社会の形成と高齢者就労

（1）公共社会の基盤整備と社会的包摂──高齢者就労の社会的意義

「生きがい就業」や「第三の働き方」などの新しい労働スタイルが考えられるようになってきたこと，職業や職場が多様化し働く場が増えたこと，非典型労働が増大し労働市場が多様化してきたことなどは，労働社会の変容をしめし

ている。労働が賃金労働になったのは、産業革命期に工場制度が生まれてからである。資本主義の発展とともに企業が経済の主体となるにつれて、賃金労働は雇用労働に、さらに企業における人事労務管理の発達の中で長期的な常勤雇用が考えられるようになり、長期常勤雇用を典型労働とする労働社会は確立してきた。資本主義は商品交換の調整メカニズムとしての市場の存在によって成立する。労働市場も例外ではない。しかし、販売するために生産されるものが商品であるならば、資本主義は、本来商品ではない貨幣価値のつけられない労働を商品とする擬制の上に成り立っており (Polanyi 1957＝2007：97)、しかも、自己調整的市場が社会存立の前提となることによって、「社会関係のなかに埋めこまれていた経済システムに代わって、今度は社会関係が経済システムのなかに埋めこまれてしまったのである」(Polanyi 1947＝2013：65)。自己調整的市場の確立によって経済は社会から突出し、社会をコントロールするようになった。

　資本主義的市場経済に最も適した組織体である企業が労働や勤務を標準化するにしたがって、生活過程全体は雇用労働を中心に組織化されるようになる。Kohli (2000：362-363) は、就労が時間的に構成され、展開し、同時に限界が現れる次元が生活展開過程であるという。したがって、労働の組織化は生活展開過程の組織化であり、労働政策は生活展開過程政策である。就労は企業経営の営業時間や営業組織を基準に編成されるため、日常生活は企業における時間の標準化に従属するようになる。企業行動を規定しているのは、市場原理である。個人の次元でいえば、就労局面は持続的就労過程に圧縮され、この局面はその前と後では就労から解放される。社会の次元でいえば、これは「就労能力のある年齢」にある全人口を就労へますます完全に包摂し、若年者と高齢者を就労からますます完全に排除することを意味している。

　高齢者就労とは、社会的に排除されがちな高齢者を社会に結びつけるという意味で、単なる経済機能ではなく社会的機能をもつ。高齢者就労は、政策的にみると、高齢者を雇用関係の中でなるべく長く労働市場にとどめようとする純粋の労働政策としての高齢者雇用政策と、福祉政策的視点を加味して雇用以外

の場に就業機会を見出そうとする高齢者就業政策に大別できる。高齢者就業政策は，限界労働力としての高齢者の貧困対策と健康で働く意欲のある高齢者の生きがい対策という2つの面を考えなければならない。いずれも社会参加や地域社会関係の形成などによって高齢者を社会と結びつけるものであり，経済的成果を超えた社会的効用をもつ。

　高齢者就労の社会的側面は，1980–1990年代以降，市民参加型組織による地域の社会的ニーズの充足が重視されるようになり，新しい公共社会の形成や非営利組織の意義，労働社会の終焉や労働—生活時間の再編成などが議論されるようになる中で，ますます意義を高めるようになる。高齢者就労は，高齢者を単なる賃金労働者として市場に包摂するための方策ではない。高齢者を社会に包摂するとともに，生活のための労働に多くの時間を割かなければならない現役世代に代わって，公共社会の基盤整備をするところに高齢者就労の社会的意義はある。労働社会が変われば，高齢者就労も新しい位置づけと意義を追求しなければならない。

（2）労働社会の再編と高齢者就労

　1990年代に，ICT（情報通信技術）を主軸とする技術革新によって雇用が減少する中で，フォーマルな経済における雇用労働時間の減少を指摘し，労働社会の再編を主張したのが，リフキンの「労働の終焉」論である。リフキンはアメリカの豊富な事例をとりあげ，産業革命以後の技術革新は製造業において人間労働を機械におきかえ，何百万という世界中の労働者は省力化を推し進めるテクノロジーの導入によってますます周縁へと追いやられる，という。さらに，人間労働はサービス産業においても明らかに人間が行う仕事を処理するコンピュータによるオートメーションの支配下におかれる。サービス領域におけるコンピュータ化とオートメーション化は生産性と雇用にインパクトを与え，経済状況に影響を及ぼすまでになっている（Rifkin 1995：140；143ff.）。この延長線上には，現在進行中の人工知能やロボットの開発もあり，将来的にこれらの科学技術は人間労働そのものを変えていく可能性をもっている。

第2章　労働社会の変容と高齢者就労

　市場セクターにおける勤労者の雇用の縮小と不安定化，雇用労働時間の短縮は，労働社会の再編成をうながす。リフキンが重視するのは，ポスト市場時代におけるサード・セクターの役割である。近代においては人間の価値は労働の市場価値によってはかられてきたが，現在，人間労働の商品価値は自動化される世界の中でますます重要ではなくなってきており，人間の価値と社会諸関係を規定する新しい方法が探求される必要がある。つまり，ポスト市場時代には市場志向のビジョンからサード・セクター・パースペクティブへとパラダイム転換をする必要がある，というのがリフキンの主張である（ibid.：xlviii）。
　リフキンの主張は，雇用の縮小に対する対策としてのサード・セクターの拡充という提案だが，サード・セクターの意義はそれだけにとどまらない。サード・セクターは多くの人々が最初に民主主義的参加の方法を学び，精神的次元を探求する場所と時間を提供するところでもある（ibid.：245）。サード・セクターにおける地域に基礎づけられた組織は，市場セクターと公的セクターの果たす役割が小さくなっていく中で，ますます社会的に重要になり，これまで以上に市場と公的部門の仲介的役割を果たすだけではなく，地域の必要を充たし，貧困等の社会的問題にも対応するようになる（ibid.：249）。サード・セクターと政府諸機関との連携は自給自足的で持続的なコミュニティの構築の助けとなるであろう，とリフキンはいう（ibid.：274）。サード・セクターは，地域における公共社会領域であり，サード・セクターにおける地域活動は高齢者就労の選択肢の一つとなり得る。
　同様に，労働―生活システムの再編成を通じて労働社会の再構築を提案しているのは，1997年のローマクラブ報告「雇用のジレンマと労働の未来」である。同報告によれば，活動には貨幣化される（できる）活動と貨幣化されない（できない）活動がある。貨幣化される活動でも，貨幣化が目的である活動と貨幣化が目的ではない活動がある。貨幣化することはできるが貨幣化しない活動は暗黙の交換価値に基づくもので，ほとんどの慈善的あるいはボランタリーな仕事はこれにあたる。サービス経済においては，貨幣化されない活動も諸国民の富の形成に寄与するという意味では生産活動の一形態であるし，それは貨幣化

49

される活動が機能するための本質的要素である（Giarini/Liedtke 1997＝2006：166；172）。社会の富の形成のためには，これらが適切に統合される必要がある，と同報告は主張する。

　その上で，同報告は3層の生産的活動からなる多層的労働システムを提案する（ibid.：240-241；252-254）。第1層の活動は，最低限の報酬を伴う生産活動である。個人の生活の必要を充たす給与を伴う労働は前提条件である。第2層は，社会に共通する有用な活動である。第2層の労働で生活しようとしたら，一つの職業をもつのではなくいくつかの職業を組み合わせる必要がある。貧困レベルに関しては経済の貨幣化される労働領域で対応しなければならないが，第2層の労働は追加的収入を提供できるので退職後の所得の一つとなる。第2層の労働による収入は私的な年金や貯蓄とともに公的年金を補完する社会保障システムの支柱となり得るし，すでにそのような動きはある。第3層の活動は，自己生産と報酬を伴わない自発的活動であり，市場価値をもたないか，市場価値を効果的に評価できない活動である。

　第2層と第3層は相互依存的であり，近代的サービス経済においては貨幣化されるシステムの効率的機能化と発展の主要な条件である。これらの3層の労働を若年期から高齢期（同報告書では18〜78歳）までのライフサイクルの間に生活状況に応じて組織化することも可能である。サービス経済においては慈善的あるいはボランタリーな活動であっても実際的に重要な経済的価値をもつし，近代的ポスト工業社会においては，経済活動の実質的な部分は貨幣使用をめぐって組織されつづける。

　ローマクラブ報告の3層労働，生活のための労働，社会共通の利害のための労働，及び自己のための労働は，いずれも生産的活動である。労働はパーソナリティの要素であり，自己の価値は自己評価と社会における自己の有用性に結びついており，「労働，とくに何らかの生産活動は，我々のパーソナリティと我々の自由の最も明白で根本的な表現」である（ibid.：222；243）。しかし，これは必ずしも第1層の労働に基づく必要はない。雇用労働が企業を主流とする限り，高齢者や若年者，女性は排除される可能性が高い。そうであれば，これ

らの社会集団を社会的に包摂していくためには，特に貧困や孤立の状況にある高齢者などを社会的に包摂するには，これら3層の労働による生産的な方法が最適である。特に，退職後にも社会において役に立つという感覚をもち続けたい高齢者に残されているのは，貨幣化されるシステムと貨幣化されないシステムの両方においてこれまでの自己の経験を活用することと，新しい生産活動の準備のための生涯にわたる教育である（ibid.：246-247）。

　日本の高齢者の就労意欲が高いことはよく知られている。労働政策研究・研修機構（JILPT）調査でも，60代前半層で働いている人で65歳以降「仕事はしたくない。仕事からは引退するつもり」は11.7％であった。また，70歳以降について「働かなければならない」高齢者が2割近くいることは，貨幣化される労働が高齢者就労においても意義をもちつづけるということである。半面,「少しゆっくりするつもり」「生活できるめどが立てば働かない」「仕事以外のこと」など，これまでとは異なる生活を求める高齢者が多いことも明らかである（労働政策研究・研修機構 2015：39-41）。これらの高齢者には，貨幣化できるが貨幣化を目的とはしない活動や貨幣化しない活動を用意する必要がある。

　1990年代を境に新しい公共社会を構築するために労働社会のあり方を変えていこうとする考えが欧米においてさかんに議論されるようになった。日本においても高齢者事業団の「生きがい就業」や「第三の働き方」など1970年代，1980年代には貨幣化できるが貨幣化を目的としない労働を高齢期の意義ある活動として位置づける運動がでてきた。高齢者の就業は社会との結びつきであり，高齢者が社会の傍観者としてではなく当事者として民主的市民社会を形成するために，労働は意義ある活動であると考えられたのである（大河内 1974：153-155）。新しい公共社会の構築には，地域における社会関係の形成と社会的自治が欠かせない。そして，それは同時に今後の高齢者就労の展開にとって大きな可能性をもつ領域でもある。

　労働市場の多様化やポスト工業化は多種多様な職場・職業と非典型労働として現れ，高齢者就労は市場，雇用，あるいは貨幣化を目的とする活動の中に位置づけられてきた。その意味で，高齢者就労に関する国家的政策の傾向は基本

的に，高齢者の労働者性を高める方向で動いている。しかし，社会的労働に従事しながら新しい公共社会の形成の一翼を担うような就労の場を整えること，現実的には，現役世代の働く環境整備と高齢者の生活支援等の生活環境を整備する有償労働領域を構築すること，これが社会政策としての高齢者就労政策が追求すべき方向性の一つであることも忘れてはならない。そうしてはじめて，高齢者は「生涯現役」労働者ではなく，「生涯現役」市民として「生涯現役社会」の構築を担う機会を得ることができる。

注
(1) 「中高年齢者等の雇用の促進に関する特別措置法」は，1986年に「高年齢者等の雇用の安定等に関する法律」（以下，「高齢者雇用安定法」）に改称された。
(2) 『労働白書 昭和53年版』では，全企業の77％が定年制を設けており，一律に定年年齢を定めている企業のうち41.3％が55歳で，56-59歳19.4％，60歳33.7％，61歳以上4.8％となっていることを報告している。1986年の「高齢者雇用安定法」改正では60歳定年制の努力義務が，94年の改正では65歳までの継続雇用が努力義務とされたが，この時点ではほとんどの企業が60歳定年制に移行していた（上林 2008：64）。
(3) 『労働経済の分析 平成22年版』によると，付加価値額に占める第2次産業（鉱業，建設業，製造業）の構成割合は，1955（昭和30）年の36.8％から1970（昭和45）年には46.4％まで上昇している。
(4) 高齢者協同組合については，本書第7章を参照。
(5) シルバー人材センターについては，本書第5章を参照。
(6) この部分は，H.ランパートの「社会的次元（die soziale Dimension）」の概念を援用している。ランパートは，「二人あるいはそれ以上の人間が共に経済的に基礎づけられた諸関係の中にはいる経済的活動は，そこに間主観的コミュニケーションと協働が生じるため，社会的次元をもつことになる」と言う。
(7) 高齢者雇用政策の変遷に関しては，萱沼（2010）に詳しい。
(8) 社会福祉協議会に関しては，本書第6章を参照。
(9) 高齢者事業団の事業は，現在の東京しごと財団に引き継がれている。東京しごと財団の高齢者就労支援事業に関しては，本書第8章を参照。
(10) 高齢者事業団の基礎となっているのは，「個人が広い社会に結びつくその媒体となるものは個人のその日その日の『労働』であり，彼の『仕事』であり，彼の提供するサービスであります」とする大河内一男の労働哲学である（大河内 1974：139）。

⑾　「新経済社会7ヶ年計画」には,「個人の自助努力と家庭や近隣・地域社会等の連帯を基礎としつつ,効率のよい政府が適正な公的福祉を重点的に保障するという自由経済社会のもつ創造的活力を原動力とした我が国独自の道を選択創出する,いわば日本型ともいうべき新しい福祉社会の実現」が謳われている。

⑿　「社会的労働」は,社会的需要,特に社会サービス分野の需要を充たす有償労働であり,収入(＝営利)ではなく社会的役割をはたすことを目的(＝非営利)とした労働の意味に用いている。

⒀　派遣については,本書第3章を参照。

⒁　数字は,「毎月勤労統計調査」(平成28年1月速報)による。ここでの非正規雇用は「パートタイム労働者」をさす。

⒂　総務省の「労働力調査」では,会社・団体等の役員を除く雇用者を勤務先の呼称により,「正規の職員・従業員」「パート」「アルバイト」「労働者派遣事業所の派遣社員」「契約社員」「嘱託」「その他」の7つに区分しており,「正規の職員・従業員」以外の6区分をまとめて「非正規の職員・従業員」としている。なお,表2-3において,「雇用(就業)期間の定めなし」「雇用(就業)期間の定めあり」となっているものは,「就業形態調査」では「雇用期間の定めなし」「雇用期間の定めあり」となっているが,雇用関係がない場合も含めているので,ここでは上記のようにした。また,同調査では直接雇用のみを厳密に「雇用」としているようであり,事業所とは直接的な雇用関係がない間接雇用である派遣労働者を「雇用関係なし」に分類している。

参考文献

大河内一男(1974)『余暇のすすめ』中公新書。

大河内一男(1985)『高齢化社会を生きる――大河内一男講演集』東京都高齢者事業振興財団。

萱沼美香(2010)「高齢者雇用政策の変遷と現状に関する一考察」Discussion Paper December No.48,九州産業大学産業経営研究所,1-25頁。

上林千恵子(2008)「高齢者雇用の増加と定年制の機能変化」『社会志林』54(4),63-74頁。

厚生労働省編(2010)『労働経済の分析 平成22年版』。

厚生労働省編(2013)『労働経済の分析 平成25年版』。

高年者就業対策検討会議事務局(1986)「高年者就業対策検討会議『委員会報告』」(昭和61年10月)。

下斗米傑(1978)「高齢者事業団の現状と今後の課題」『社会福祉研究』(23),鉄道弘済会社会福祉部,74-78頁。

塚本成美（2003）「雇用多様化の社会的帰結――雇用問題の経営社会学的考察」『日本経営学会誌』第10号，83-98頁。

塚本成美（2013）「シルバー人材センターにおける『生活のための就業』と就業機会の拡大――シルバー人材センターと他機関の連携可能性」『高齢者の労働移動の現状と課題――高齢期のエンプロイアビリティ向上にむけた支援と労働市場の整備に関する調査研究報告書』独立行政法人高齢・障害・求職者雇用支援機構，210-232頁。

東京都高齢者事業団設立準備会（1974）「高齢者事業団について――構想と都に対する提言」東京都高齢者事業振興財団『高齢者事業団のセンター構想――財団の基本計画』（昭和57年5月発行），63-81頁。

東京都労働経済局（1986）「東京の高齢者就業の実態と対策に関する調査」（昭和61年10月）。

平田マキ（1982）「社会福祉行政と日本型福祉社会構想」孝橋正一編著『現代「社会福祉」政策論――「日本型福祉社会」論批判』ミネルヴァ書房，22-42頁。

三浦文夫（1980）「高齢者事業団について――高齢化社会の挑戦のひとつの試み」『季刊社会保障研究』15(3)，111-123頁。

労働省編『労働白書 昭和53年版』。

労働省職業安定局高齢・障害者対策部（1996）『失業対策事業の歩み』日刊労働通信社。

労働政策研究・研修機構（2004）『中高年齢者の活躍の場についての将来展望――就業者数の将来推計と企業調査より』（労働政策研究報告書No.L-6）。

労働政策研究・研修機構（2015）『60代の雇用・生活調査』(JILPT調査シリーズNo.135, 2015年7月)

安田尚道・塚本成美（2009）『社会的排除と企業の役割――母子世帯問題の本質』同友館。

Bhalla, A. S. & Lapeyre, F.（1999＝2004）*Poverty and Exclusion in a Global World*, 2nd edition, Palgrave Macmillan, London.（＝2005，福原宏幸・中村健吾監訳『グローバル化と社会的排除』昭和堂）

Esping-Andersen, G.（1990）*The Three Worlds of Welfare Capitalism*, Polity Press.（＝2006，岡沢憲芙・宮本太郎監訳『福祉資本主義の三つの世界――比較福祉国家の理論と動態』ミネルヴァ書房）

Giarini, O. & Liedtke, P. M.（1997＝2006）*The Employment Dilemma and the Future of Work. A Report to the Club of Rome 2nd edition*, The Geneva Association, Geneva Press.

Kohli, M.（2000）"Arbeit im Lebenslauf: Alte und neue Paradoxien" in J.Kocka &

C. Offe (Hg.) *Geschichte und Zukunft der Arbeit*, Campus Verlag, Frankfurt, SS.362-382.

Lampert, H. (1992) "Die soziale Dimension gesellschaftlichen Wirtschaftens" in Anton Rauscher (Hrg.) (1998) *Die gesellschaftliche Verantwortung der Kirche*, Auer Verlag, SS.123-143.

Lipietz, A. (1997) "The Post-Fordist World : Labour Relations. International Hierarchy and Global Ecology" *Review of International Political Economy*, 4 : 1, Spring, pp.1-41.

Polanyi, K. (1947) "Our Obsolete Market Mentality" *Commentary*, vol.3. (= 2013, 玉野井芳郎・平野健一郎監訳『経済の文明史』筑摩書房。)

Polanyi, K. (1957) *The Great Transformation : The Political and Economic Origins of Our Time*, Beacon Press. (= 2007, 吉沢英成・野口建彦・長尾史郎・杉村芳美訳『大転換─市場社会の形成と崩壊』東洋経済新報社)

Rifkin, J. (1995 = 2004) *The End of Work. Technology, Jobs and Your Future : The Decline of the Global Labor Force and the Dawn of the Post-Market Era*, Jeremy P. Tarcher/Penguin, New York.

(塚本成美)

第3章 派遣労働としての働き方
―― 労働者派遣業界からみた高齢者の就労

労働者派遣を通じた高齢者の就労促進の可能性，そして高齢者派遣の現状と今後の動向を検討するのが，本章の目的である。なお，全体像の理解を第一義とすることから，あまり細部の法的な解釈に立ち入らないことを，関係者諸氏にはご了承いただきたい。

1 需給調整システムにおける労働者派遣制度の特徴

本節では，まず労働力の需給調整システムの一つとしての労働者派遣がどのような制度なのかをみていきたい。そのためには，他の代表的な需給調整システムや人材サービスと比較しながら，労働者派遣の特徴を理解してもらい，高齢者の雇用を考える上でどのような長所があるのかを整理する。以下では，有料職業紹介制度，事業内請負制度，労働者派遣制度の順にみていこう。

(1) 有料職業紹介制度

人を紹介される事業者（求人者）の立場からいえば，いわゆる「人材紹介」ともいわれる制度である。求職者の立場からみれば「職業紹介」となり，職業安定法ではこちらの名称が使われている。「有料」とあるのは，一方で「無料」があるからである。無料職業紹介を実施している代表的な機関・団体としては国が設置したハローワーク（公共職業安定所）や人材銀行を筆頭に，労働組合や各種学校がある。有料職業紹介を実施しているのは，紹介を業（営利目的）としていることから民間事業者（以下，紹介会社）となる。「有料」か「無料」かにかかわらず職業紹介事業を実施するには，厚生労働大臣の許可が必要になる。有料職業紹介は，大きく以下の3形態に分けられる。

第3章　派遣労働としての働き方

・登録型：求職者が人材紹介会社に登録して，求人案件に応じてマッチングする。
・サーチ型：求人案件に応じた人材を人材紹介会社が探（サーチ）してマッチングする（専門性の高い人材，管理職等の紹介が多い）。
・再就職支援：非自発的な退職者を受け入れて再就職のための支援をする。

　有料職業紹介とは，紹介会社が仲介して求職者と求人者を結びつける（採用・就職する）制度であり，紹介会社が求職者を採用し雇用するわけではない。求人者が採用の可否を決めて，雇用する。求人者の求める条件に対して，紹介会社が求職者の経験や能力・適性を判断して求職者に紹介しても，雇用が保証されるわけではない。
　人材紹介会社は，求職者と求人者の仲介として諸々の要素（健康面や就労意欲等を含め）を勘案する。そして，求人者にとっては募集や採用に伴うさまざまな手間が省けるし，人材紹介会社から求職者に関する諸情報の説明を受け，その判断に信用を置くことで就職手続きは円滑に進みやすくなる。しかし，自ら求職者を雇用する判断は，求人者に委ねられていることは，通常の労働者の採用と変わりはない。求人者は求職者が高齢者ということに何らかの懸念をもつとすれば，高齢者に対する採用のハードルは通常の採用行為と同様となる。

（2）事業所内請負
　「請負」[3]とは，注文主との契約に沿って事業者が仕事の完成を約し，その仕事の完成をもって報酬を受け取ることをいう。仕事の完成に対する報酬なので，一般的には成果物を収めることになる。ここでいう「事業所内請負」とは，注文主の事業所を用いて請負事業者が行う業務のことをいう。こうした業務は製造業の現場が多く，他には倉庫業や運送業でもみられる。大規模小売店では販売業を請負で行うケースもあるが，そうした場合には成果物ではなく，営業行為そのものを約することとなる。製造業であれば，工場の一部ラインを請負事業者が有償で借り，自前の労働者（直接雇用でなく労働者派遣による間接雇用でも

57

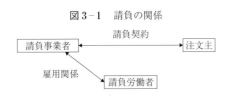

図3-1　請負の関係

よい)[4]を配置・指揮命令しながら成果物（機器部品等)[5]を生産するということになる。注文主は請負に従事する労働者（以下「請負労働者」）とは雇用関係がなく指揮命令はできない（図3-1）。

　注文主は請負事業者と請負契約[6]を締結し，業務の一切を請負事業者に任せ，請負事業者は自らの管理（指揮命令）下にて労働者を働かせる。請負事業者が請負労働者を直接指揮命令するという点では，一般の雇用と変わることはない。注文主は請負事業者に自らの事業所を貸与して，そこでの業務工程を任せて成果物を得，対価を払うというものである。請負事業者の判断で雇用することができるので，積極的に高齢者の採用を図ることも想定できるが，製造業のように身体運動を伴う業務や，販売業でも豊富な商品知識を要する業務であると，体力面や知識習得面で高齢者の採用が難しいと判断されることもある。事業内請負では，いわゆるデスクワークのように身体的な負荷が軽い業務，または経験知識を活かせる業務が少なく，高齢者の就労に間口が広いとは言いがたい傾向がある。

　なお，請負事業で働く労働者数や事業全体の規模は把握されてはいない。その理由は，請負が商取引の一つであり，許可あるいは届出事業ではないことにある。

（3）労働者派遣

　有料職業紹介においては，一般的な高齢者就労におけるハードルは解消されるとはいえず，事業内請負では業務内容の傾向が高齢者の就労のハードルを高くしていることになる。では，労働者派遣はどうであろうか。

　労働者派遣は，「職業安定法」と相まって「労働者派遣事業の適正な運営の確保及び派遣労働者の保護等に関する法律」（以下，労働者派遣法）に拠って立つ制度である。労働者派遣とは，派遣会社が派遣先となる企業や団体と労働者

図3-2 労働者派遣の関係

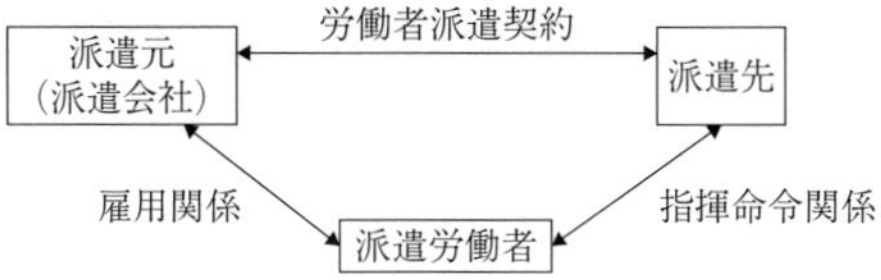

```
         労働者派遣契約
  派遣元  ────────  派遣先
 (派遣会社)            
      \            /
   雇用関係      指揮命令関係
        \        /
        派遣労働者
```

派遣契約を交わし，労働力の提供をする制度である。職業紹介同様に，厚生労働大臣の許可が必要となる。労働力の提供をするのは派遣労働者であり，派遣先の事業所において，派遣先から業務に関わる指揮命令を受けて労働に従事する。つまり，雇用に関わるところの労働の提供先と賃金支払い元が分離しており，また指揮命令と一部使用者責任が分離している関係といえる。

労働者派遣が，職業紹介と異なるのは，まず，労働力の提供を受ける側が，雇用関係を結ばなくてよいことにある。派遣先は，事業所で派遣労働者に指揮命令をして業務に従事させ，一定の範囲の管理責任（主に安全衛生面）を負うものの，派遣労働者との雇用関係がないために雇用主としての責任は基本的に派遣元（いわゆる派遣会社）が負うことになる（図3-2のように，雇用関係と指揮命令関係が分離している）。

次に，派遣先が受けるのはあくまで派遣契約に基づく労働力の提供であって，特定の労働者の受け入れではないことである。労働者を雇用する場合，試用期間の設定は可能であるものの，解雇をするないし雇用契約を打ち切ることは容易ではない。しかし，派遣先は派遣契約に基づき指揮命令をし，労働力を提供してもらうことから，契約が履行できない場合（たとえば，派遣労働者が契約上の業務ができない，またはできなくなるような阻害要因を派遣労働者がもっている等）となれば，別の労働者を派遣してもらうことが可能である（もちろん，実態の検証は必要不可欠であり，派遣先の判断が一方的に通るものではない）。

こうした形態での労働力の受け入れは，労働力を提供される側の設ける労働者受け入れのハードルを比較的低いものとする。労働者派遣でも高齢者を受け入れる場合，派遣先が受け入れ事業所内の年齢構成などで難しいと考える向きもあろうが，必要とされる能力や経験を備えた労働者が，周囲と円滑に仕事が

できるのであれば、その状況を否定的にとらえることは少ないであろう。高齢労働者の受け入れにおいて、指揮命令者よりも年齢が上であることで指示しづらくないのか、健康面で休みがちになるのではないかと感じるのはあくまでも情緒的なものにすぎない。そうした懸念を、雇用を伴わないことから労働者派遣という制度は軽減してくれる。もちろん、業務遂行能力があり、仕事場に馴染んだ高齢の派遣労働者を、派遣終了後に直接雇用してもよい。紹介予定派遣制度の活用等はその一例となる。

では、高齢者の就労における、労働者派遣と事業所内請負との違いはどこにあるだろうか。これは、労働者派遣では事業所内請負のように、事業所の一プロセスを請負契約の下に切り取るようにして就労させる必要がないことが大きい。請負では、原則そこで働く労働者の指揮命令から管理まで、請負事業者がしなければならない（図3-1では、注文主と労働者は原則何ら業務上の関係はない）。注文主は労働の提供を受けるのではなく、請負契約に則って成果物を受け取るに過ぎない。注文主の指揮命令は請負労働者に及ばない。成果物を受け取ることが前提である以上、どうしても請負がなされる業務というのは、限定的にならざるを得ない。事業所内請負において製造業務が主流である理由はそこにある。成果物ではなく、委託として業務遂行の従量制にしたところで、運送・倉庫業務やコールセンター業務などに限定されやすいし、個人業績に還元されるものであれば、販売業務や営業業務などになる。

しかし、前項で述べたように、こうした業務は、高齢者の受け入れにおいて決してハードルの低いものではない。高齢労働者には、専門性を有するか否かにかかわらず、やはりデスクワークのように、身体的な負荷の少ない業務が理想的である。販売業務やコールセンター業務は身体的な負荷は少ないであろうが、そうした業務の熟練者でも何を取り扱うかによって業務経験の汎用性はかなり限られる。身体的負荷を抑えて経験や知識を活かすのであれば、事務系や技術系の業務が理想だし、比較的経験に頼らなくてもよいならば、清掃やビル管理のような軽作業系の業務となる。これらはもっぱら指揮命令の下、個別作業となるもので、事業所内請負のように一定のルールに沿って、安全衛生に多

くの配慮を用いる業務ではない。事業所内請負にはなじまない。

　しかし，労働者派遣であれば，派遣先の指揮命令を受けて，個別に業務に従事できる。派遣先は派遣労働者を事業所に受け入れることで，派遣先在籍の労働者（以下，派遣先労働者）とともに状況に合わせて働かせることができる。技術系業務であれば派遣先労働者に技術知識の伝承も可能かもしれないし，事務系業務であれば派遣先労働者と連携しながら業務にいそしむことも可能であろう。清掃業務やビル管理業務でも，高齢労働者は派遣先の指揮命令下で裁量を慮りながら仕事をすることもできよう。

　つまり，派遣労働は事業所内請負と異なり，業務の多様性を確保しやすい。もちろん，製造業務や運送・倉庫業務でも，請負ではなく労働者派遣であれば，専門性を活かせる有資格者・経験者を，派遣先労働者との連携において柔軟に活用できることになるだろう。

　働き方の多様性ということでいえば，労働者派遣が派遣契約に基づいて行われる意義は大きい。派遣労働は派遣先の就業規則ではなく，派遣元の就業規則に基づいて行われる。一般に登録型（派遣される期間のみ，労働者は派遣元に雇用される）といわれる派遣形態においては就労条件が派遣契約に準ずる，つまり就労期間や始終時刻，休憩時間や休日などが派遣契約に基づいて決められることが多い。通常，勤務するのであれば，事業所の就業規則に決められた就業条件に縛られるが，派遣労働の場合，派遣元と派遣先が契約内容に合意できれば，多様な働き方が可能となる。就労条件に多様性がもたせられれば，高齢者に付随する諸要因（たとえば，年金受給との兼ね合いや健康問題等）を考慮した条件で働くことも比較的容易になる。そうした可能性も含めて，労働者派遣は，高齢者の就労に向いた制度だといえるかもしれない。

2　増加する高齢者派遣

　では，労働者派遣における高齢者人数の経年変化と構成，そして高齢者派遣における法的な例外措置についてみていこう。

(1) 高齢者派遣の動向

表3-1は，総務省統計局の労働力調査より，派遣労働者の総数とそのうち「55-64歳」「65歳以上」の派遣労働者数を抽出して一覧にしたものである[8]。この調査は，15歳以上より10歳間隔で四半期毎にサンプル調査として実施されている。

高齢者派遣の特徴を理解するには，①派遣労働者総数との比較，②年齢層での比較（ここでは「55-64歳」「65歳以上」との比較），③性別での比較の3点を見る必要がある。

派遣労働者総数は2002（平成14）年の43万人から増加を続け，2008（平成20）年には140万人と6年間で3倍以上，約100万人増加している。その後の景気後退を受け2012（平成24）年まで減少を続けるものの，2013（平成25）年からは再び増加している。

高齢者予備年代の「55-64歳」をみてみる。この年代は，数年後に高齢者派遣を支える年代である。2002（平成14）年の2万人以降増加を続け，2009（平成21）年以降，派遣労働者総数に連動するように減少はするものの，2008（平成20）年以降，派遣労働者総数の約1割を占め続けている。高齢者である「65歳以上」になると，2003（平成15）年以降増加し続け，2011（平成23）年を例外に減少することなく，派遣労働者総数に占める割合を増やし続けている。

2003〜2008年では，「55-64歳」の人数が「65歳以上」の人数の2倍を下回ることはなかったが，2009年以降は人数差を縮め始め，2013-2014年では「55-64歳」「65歳以上」の人数比は4：3にまでになっている。

派遣労働者総数の男女比は，2002（平成14）年で1：3であったものが，2005年には2：3になり，景気後退期の2009〜2010年に若干男性の割合が減ったものの，それ以外の年には，派遣労働者総数の増減にかかわらず，2：3の比率を保っている。

「55-64歳」の男女比は，2005〜2008，2012年には男性が女性を人数で大きく上回ったものの，それ以外の年ではそれほど差はなく，2013，2014年では男女比1：1と均衡している。「65歳以上」の男女比では，2002年以降男性は女性

第3章　派遣労働としての働き方

表3-1　派遣労働者の年間平均（1日当たりの派遣労働者数）と割合

年	派遣労働者総数*			55–64歳						65歳以上					
	全体	男性	女性	全体		男性		女性		全体		男性		女性	
2002	43	10	33	2	5%	1	10%	1	3%	2	5%	1	10%	0	0%
2003	50	13	37	4	8%	2	15%	1	3%	1	2%	1	8%	0	0%
2004	85	28	57	6	7%	3	11%	3	5%	1	1%	1	4%	0	0%
2005	106	42	64	7	7%	5	12%	3	5%	3	3%	2	5%	1	2%
2006	128	49	78	10	8%	6	12%	4	5%	4	3%	3	6%	1	1%
2007	133	54	81	11	8%	7	13%	4	5%	5	4%	4	7%	1	1%
2008	140	55	85	12	9%	7	13%	5	6%	6	4%	5	9%	2	2%
2009	108	37	72	10	9%	5	14%	5	7%	6	6%	4	11%	1	1%
2010	96	35	62	10	10%	5	14%	4	6%	6	6%	4	11%	2	3%
2011**	96	39	59	9	9%	5	13%	4	7%	5	5%	4	10%	1	2%
2012	90	36	55	10	11%	6	17%	4	7%	6	7%	4	11%	2	4%
2013	116	48	68	12	10%	6	13%	6	9%	9	8%	6	13%	3	4%
2014	119	48	71	12	10%	6	13%	6	8%	9	8%	6	13%	3	4%

注：（1）％は派遣労働者総数「全体」「男性」「女性」に占める各割合，％のない数字は人数（単位：万人）。
（2）*「労働者派遣事業所の派遣社員」が正式名称。
（3）**東日本大震災の影響で岩手県，宮城県及び福島県において調査実施が一時困難となった。2011年の数値は補完的に推計した値（2010年国勢調査基準）である。
出所：総務省統計局「長期時系列データ（詳細集計）表10【年平均結果—全国】年齢階級，雇用形態別雇用者数」（平成14-26年度）を基に筆者作成。

の2倍以上の人数となっている。2013，2014年と女性は増加しているものの，男性も増加しており，男女比2：1が保たれている。以上の内容を踏まえて，高齢者派遣の特徴をまとめると以下のようになる。

・高齢派遣労働者は増加傾向にあり，派遣労働者総数の8％，10人に1人の割合に近づきつつある。
・高齢派遣労働者数は，景気後退などに起因する派遣労働者総数減少の影響をあまり受けていない。
・高齢派遣労働者では，派遣労働者総数の男女比（2：3）を逆転する2：1となっている。

第Ⅰ部　社会状況の変化と高齢者就労

表 3-2　10年後の派遣労働者の年齢層比較

(万人)

	2002年→2012年	2003年→2013年	2004年→2014年
男　性	1→4	2→6	3→6
女　性	1→2	1→3	3→3

注：それぞれ，左の数字は「55～64歳」，右の数字は「65歳以上」，単位は万人。

・男性の高齢派遣労働者数は，男性の派遣労働者総数の13％，8人に1人以上である。一方，女性の高齢派遣労働者数は，女性の派遣労働者総数の4％，20人に1人以下である。
・「55-64歳」から「65歳以上」への年齢層の移行期に，男性の派遣労働者は派遣労働に残る可能性が高いと推定される。

　最後の特徴について説明を加えると，2002（平成14）年に2万人だった「55-64歳」の派遣労働者は，2012（平成24）年には派遣就労を辞めている（他の労働形態への移動も含め）か，派遣就労している場合「65歳以上」の層に移動していることになる。2002（平成14）年の「55-64歳」派遣労働者が，2012（平成24）年も派遣就労しているとすれば，すべて「65歳以上」派遣労働者総数6万人に含まれていることになる。同様なことを，性別でみてみると，表3-2のようになる。
　表3-2の意味することは，10年隔てた「55-64歳」と「65歳以上」の派遣労働者数を比べて，10年後の方がかなり増加していれば，派遣就労を継続している確率は高いと推定できるのではないかというものである。男性の方が，女性よりも10年間での増加人数が顕著に多いので，男性の方が「65歳以上」まで派遣就労を継続している傾向が強いと推定できる。
　一方で，この表はその10年間で派遣就労に至った高齢者がかなり増えたことも意味しており，性別で比較すると時系列で男性の高齢派遣労働者がかなり増えたことも示している。

表3-3 派遣労働の主な規制緩和

1986年	労働者派遣法施行（派遣対象業務13業務→16業務）
1996年	派遣対象業務が26業務に拡大（政令26業務）
1999年	派遣対象業務の原則自由化（上限1年間）
2000年	紹介予定派遣の解禁（解禁は1999年，2000年より施行，法制化は2004年）
2004年	物の製造業務の解禁（上限1年間）
	自由化業務の上限3年間
	政令26業務の期間を無制限
2006年	医療関連業務の一部で派遣解禁
2007年	物の製造業務の上限3年間

（2）高齢派遣労働者増加の社会的背景

　高齢者が就労するに際して，労働者派遣が他の需給調整システムと比べて有利な点があることは前述した通りである。実際に労働者派遣が社会で周知されるに従い，そうした利点が広く認識されて，高齢者がその制度を活用し始めたということが，高齢派遣労働者を増やしたということはいえるだろう。

　また一方で，表3-3のように労働者派遣法の改正などを含め，派遣可能な業務が増えたことや規制の緩和が[9]，派遣労働者総数を増やしたのと並行して高齢派遣労働者を増やしたともいえるだろう。

　そして，労働者派遣法が施行されて，すでに30年近く経過し，派遣労働者総数が増加するとともに，派遣労働者が高齢化してきたことも考えられる。前項でも若干触れたように，「45-54歳」の派遣労働者が，「55-64歳」となり，そして「65歳以上」となっていったのではないだろうか。

　また，少子高齢化が一因となっていることも想定できる。若年労働者の人口減少が高齢者にも就労の機会を増やしたことも考えられよう。

　以上4つほど大きな増加理由が考えられるが，こうした経年による状況変化だけで高齢者派遣が近年増加してきたわけではない。表3-1を見返してほしい。2002（平成14）年に労働者派遣法が施行されてすでに15年も経過しているにもかかわらず，「65歳以上」の派遣労働者数は2002-2004年でそれぞれ2万人，1万人，2万人に過ぎず，派遣労働者総数に占める割合は，2003年2％，2004年1％に過ぎない。では，この10年間で増加してきたのは，なぜなのか。この

10年ほど高齢者派遣が増加してきた理由には，高齢者特有の事業経営上の理由と法律上の理由があるので，それらについて，高齢者派遣が近年まで伸び悩んできた阻害要因を踏まえた上で，少し詳しく述べてみよう。

（3）高齢者派遣の阻害要因

高齢者を労働者派遣で活用しようという考えは，2002（平成14）年以前から明確に存在していた。

たとえば，1996（平成8）年当時，労働者派遣法により派遣対象業務が16業務に制限されている状況で，国は60歳以上に限り派遣対象業務を原則自由化することを骨子とした「高年齢者に係る労働者派遣事業の特例」[10]を創設した。対象業務を増やすことで，高齢者就労の間口を少しでも広げようとしたのである。

また，2002年以前に終身雇用制度がまだ根強く残り，男性は正社員で定年退職まで働くのが当然とされた時代，派遣会社の中には定年退職した労働者の経験・知識を活かした派遣事業を模索した（そのための子会社や事業部を立ち上げた）ところもいくつか存在した。

しかし，こうした官民による試みも，結果としてはあまり実績を残したとはいえなかった。では，当時そして現在までも一部で根強く残る，高齢者派遣浸透の阻害要因とは何なのだろうか。

1）高齢者に特化した派遣ビジネスモデル構築の遅れ

結論を先にいえば，高齢者に特化した派遣事業をしようとする場合，それより若い世代を対象とした派遣事業とは異なるビジネスモデルが必要となる。それを構築できなかったのである。専門的な経験・知識があり，有資格者であったり優れた技術があったりする高齢者はたくさん存在している。実際に，定年退職者でないと，なかなか労働市場に出てこない有資格者や経験者は多い。

では，なぜ高齢者を派遣就労に促せないのか。社会人経験数年であったり，専門的な経験・知識をもたない若年者よりも，引く手あまたであろうというのが，高齢者派遣に積極的に乗り出した派遣会社の目論見である。しかし当初，高齢者も若年者と同列に受け入れ，教育して派遣しようとしたことに問題が

あった。「どのような仕事をやってきましたか？」「今後どんな仕事に就きたいですか？」「資格や専門的な知識はお持ちですか？」と尋ね，不足している知識技能を与えるといったシステムでは高齢者の派遣は難しかったのである。

2）派遣先の高齢労働者受け入れへの抵抗感

第1節でも触れたように，指揮命令者が派遣労働者よりも若年の場合，幾ばくかの抵抗を感じるということがある。また，派遣労働者の方が，知識技能が高い場合に派遣先労働者も指揮命令しづらいということもあろう。こうした，情緒的な抵抗感が，派遣先の高齢派遣労働者の受け入れハードルを上げ，結果的には派遣元も積極的に高齢者を派遣できなかった原因となっていた。

高齢者派遣が増加するには，まずはこうした2つの阻害要因をなくさなくてはならない。そこで派遣会社が採った施策とはどのようなものであろうか。

まず，高齢者派遣のビジネスモデルとして，高齢者の派遣労働への受け入れ方を工夫した。それはキャリアカウンセリングを行うことである。それも，若年者がこれからキャリアを形成していく上でのキャリアマップづくりというよりは，今までの経験を振り返らせ，新たに働くことへの気持ちをリセットさせ，職場帰属意識の醸成，就労モチベーションの獲得などをしてもらうカウンセリングである。つまり，経験や知識を活かすことを前提に就労してもらうにしても，一旦過去の肩書きや経歴を捨てて謙虚に仕事に取り組んでもらうためのケアである。

求職中のため，派遣会社に出向く高齢者にこうしたことを実施している派遣会社は，この10年でかなり増えている。そのためには，高齢者に配慮した派遣会社内の人員配置（対等に接せられるように高齢のキャリアカウンセラーを置く等）や，カウンセリングの環境整備（面接時間をフラットに設ける，高齢派遣労働者同士が集まる機会を設ける等）をしている。キャリアカウンセリングというよりも，派遣会社と高齢者とが，お互いのことをよく理解した上で，適切な就労アドバイスができる場を設けるといった方が適切かもしれない。

こうした高齢者の受け入れは，高齢者に安心感を与え，仕事に対する謙虚さと自信を与えることとなる。

3）高齢派遣労働者受け入れの懸念の払拭

一方で，こうしたキャリアカウンセリング主体の高齢者受け入れは，派遣会社の積極的な高齢者活用を促し，結果として先に挙げたような派遣先がもちやすい情緒的な抵抗感を取り外すことも促進した。

派遣会社が，従来の労働者派遣同様に，派遣先の依頼に応じた労働者を選び派遣する点で変わりはない。知識技能はもちろんのこと，派遣労働者の希望や派遣先への適性を勘案する。しかし中には，先のような高齢者に対して抵抗感をもつ派遣先もあるだろう。となれば，派遣元もどうしても高齢者の派遣をためらいがちになるところだが，高齢者のキャリアカウンセリングが整っている状況であれば，高齢者の派遣労働へのモチベーションも把握できているので，むしろ派遣先の懸念を払い積極的に派遣できるようになる。つまり，自社のサービス提供に自信がもてるようになる。それによって，派遣先も，年齢にかかわらず派遣労働者が適切に周囲と調和して，能力を発揮してくれれば，それが派遣先にとっては有効であることを理解できるようになる。そうして高齢者派遣を受け入れて，成功した派遣先は，次回以降の派遣労働者受け入れでも，高齢者に対する抵抗感はかなり薄らぐであろう。

（4）事業経営上の高齢者派遣増加の理由

前項のような派遣会社の取り組みを背景にしても，高齢者を介してどのような労働者派遣サービスを提供していくのか，これはまた別の課題である。若年者と高齢者の別なく同様な人材サービスをしたところで，派遣労働者総数に占める高齢者派遣の割合がそう大きくなるものでもない。

少子高齢化が進めば，自ずと派遣労働に占める高齢者の割合が増えることにはなる。しかし，派遣労働者総数に占める65歳以上の割合は，雇用動向を反映はしていない。表3-4を表3-1と比べればわかるように，「65歳以上」が占める割合が派遣労働者総数と雇用者総数とでは2006（平成18）年を境に逆転し，男性では総じて派遣労働者の方が高く，女性では雇用者が高くなっている。

では，この10年間にどのようにして高齢者派遣は増加してきたのか，事業経

表3-4 雇用者総数に占める65歳以上の年間平均人数と割合

年	雇用者総数			65歳以上					
	全体	男性	女性	全体		男性		女性	
2002	5337	3165	2172	221	4%	152	5%	70	3%
2003	5343	3152	2191	233	4%	157	5%	77	4%
2004	5372	3152	2220	220	4%	144	5%	76	3%
2005	5408	3165	2243	236	4%	159	5%	78	3%
2006	5486	3194	2292	261	5%	172	5%	90	4%
2007	5572	3240	2332	288	5%	188	6%	100	4%
2008	5556	3220	2337	306	6%	198	6%	108	5%
2009	5501	3162	2341	320	6%	204	6%	116	5%
2010	5508	3148	2361	320	6%	200	6%	121	5%
2011*	5531	3163	2369	330	6%	206	7%	124	5%
2012	5522	3147	2375	353	6%	218	7%	135	6%
2013	5545	3140	2405	375	7%	233	7%	142	6%
2014	5586	3151	2436	414	7%	253	8%	161	7%

注：(1) ％のない数字は人数。単位：万人。
　　(2)「全体」「男性」「女性」の列にある％は，それぞれの派遣労働者総数に占める各年齢層の割合である。
　　(3) *東日本大震災の影響で岩手県，宮城県及び福島県において調査実施が一時困難となった。2011年の数値は補完的に推計した値（2010年国勢調査基準）である。
出所：総務省統計局「長期時系列データ（詳細集計）表10【年平均結果—全国】年齢階級，雇用形態別雇用者数」より平成14-26年度を基に筆者作成。

営上つまり労働者派遣サービスの特徴づけから検討してみたい。これには以下の3つのサービス提供モデルがある。

① 定年延長・再雇用対策としての高齢者派遣

高齢者雇用安定法による高齢者の安定した雇用の確保等を図る措置として，継続雇用制度の一環を，労働者派遣で対応するモデルである。派遣先は，従来の職場・他の部署・グループ会社とさまざまだが，いずれも定年退職者を継続雇用する上で，雇用主を派遣会社とする手法である。

② 専門特化型の高齢者派遣

希少な有資格者や高い技術保有者を定年退職者の中から確保しようとするモ

デルである。専門業務の派遣を志向するうちに高齢者派遣が多くなったケース，高齢者就労の場を確保する目的で専門特化したケース，高齢者の諸事情（体力面や老齢年金対策等）に合わせた短時間勤務型で専門性を発揮させたいケース，の3つがある。専門とされる業務は多様だが，家電量販店の販売，金融の営業，ビル設備管理，送迎運転手などの業務等，高齢者の経験を活かすような形での高齢者派遣をする派遣会社は多い。

　③　①と②の中間型の高齢者派遣

　自社の定年退職者の専門性を活かして，広く一般企業に派遣するモデルである。

　①のように定年退職後の継続雇用対策に，労働者派遣を行うということは，高齢者本人の希望に沿った就労状態も確保できることから，高齢者派遣を増加させる大きな要因となった。自社あるいはグループ会社での実績がある労働者であれば，その能力や適性を理解しやすい。

　②のように，従来から想定されていたような高齢者の知識や経験を活かそうとする労働者派遣も，キャリアカウンセリングを施した上で実施されれば，派遣元が提供できるサービスの品質を保証できることになる。

　①と②の中間型とは，自社での実績をもって派遣会社が派遣労働者の知識技能を保証し，その経験や能力を外部で発揮してもらうというもので，労働力の需給調整という点では理想的なモデルといえる。

（5）法律上の高齢者派遣増加の理由

　第2節第3項にて，国が一時期「高年齢者に係る労働者派遣事業の特例」を創設し，高齢者のみを対象とした規制緩和によって，高齢者の派遣就労を促進させる試みをしたことを紹介した。その後も労働者派遣法他が改正される中で，高齢者の就労機会を増やす目的で，高齢者派遣に例外を設けることがなされてきた。高齢者派遣に関わる例外項目としては，以下の5点が挙げられる。

第3章　派遣労働としての働き方

① 日雇派遣の禁止の例外
　高齢者は日雇派遣で働けることで，シルバー人材センターなどの「臨短軽」業務と並行して仕事に就けるようになった。特に臨時的な業務には，高齢者が学生等と同様に積極的に活用されている。
② グループ会社への派遣労働時間80％制限[11]の例外
　前項でみた継続雇用対策として，グループ派遣会社が利用される場合，この規制対象とならないことから積極的な定年退職者の派遣に踏み切れるようになっている。
③ 離職後1年以内の労働者派遣の禁止[12]の例外
　定年退職者を，元の事業主に即時派遣できることから，②と同様，継続雇用対策として派遣会社が利用される可能性が出てきた（この場合，労働者本人の同意があれば，グループ会社外の派遣会社も積極的に派遣ができることになる）。
④ 期間制限（派遣期間及び受入期間）の上限3年間の例外
　継続雇用対策として派遣就労される場合でも，同様の派遣先に同様の業務で3年以上派遣が可能となることから，安定した派遣先の確保が可能となる。
⑤ 定年後も引き続き雇用される労働者の有期労働契約の無期転換ルールの免除[13]
　また，労働契約法の特別措置によって，通算5年の有期労働を超えることとなっても，派遣会社が無期雇用に転換させる義務がなくなったため，期間の延長も含めて懸念なく派遣労働の継続を図れるようになった（ただし，派遣元が派遣先の特殊関連事業主[14]であることが必須となる）。

3　人材サービス産業の多機能化と法改正——高齢派遣労働者への追い風

　前節では，この10年増加してきた高齢者派遣の現状と，その理由と派遣会社の取り組み，そしてそれを支えた事業経営と法律的な背景について述べた。では，今後，高齢者派遣はどうなるのであろうか。以下の要因も加わり，まだしばらく増加傾向は続くであろう。

① 解消されつつある高齢者派遣の課題

定年退職後の就労には，在職老齢年金制度等の課題があったが，老齢年金支給が65歳以上に固定された現在，働くことによる金銭面での阻害要因は小さくなっている。また，一般に高齢者に懸念される健康問題についても，高齢者の方が健康状態に敏感であるという事実から，阻害要因とはならない。高齢者特化型の派遣会社では年2回の健康診断をしているところもある。

② 多機能化する人材サービス産業

派遣会社の多角化，総合人材サービス化が進む中で，紹介予定派遣で派遣先に直接雇用に至るケースもみられる。また，継続雇用制度を維持することが難しく，再就職支援サービスを利用するケースもある。

一方で，従来製造業務等に偏りがちだった事業所内請負以外で，派遣で対応していた業務をアウトソーシング事業に転換する派遣会社も多い。受託事業者が直接指揮命令できるアウトソーシングでは，人材サービス会社が年齢にかかわらず適格な人材採用が可能である。

以上のことからやはり，高齢者就労における労働者派遣活用の可能性は大きいと考えられる。具体的には以下の要因が指摘される。

・労働者派遣は労働形態の自由度（期間，日数，時間等）が高い。
・継続雇用制度の浸透により，定年制度に縛られない就労形態が広く求められている。
・高齢者において派遣労働における規制はかなり軽減されている。
・専門性の高い労働力は，高齢者層に多い。

こうした諸点が一層注目されることで，高齢者派遣はより一層社会に浸透していくことと思われる。そして，2016（平成28）年1月の時点では，「雇用保険法等の一部を改正する法律案要綱」が検討されている。その中では，都道府県知事が，シルバー人材センター等が行う業務に関し，その取り扱う範囲を拡張

することにより高齢退職者の就業機会の確保に相当程度寄与すると見込まれる業種及び職種を，市町村の区域ごとに指定することができるという内容が盛り込まれている。これにより，従来「臨時的かつ短期的又は軽易な業務」に限定されていたシルバー人材センターによる労働者派遣が拡大することが可能になる。こうした新たな法整備も，高齢者の労働者派遣の追い風となることであろう。

注
(1) 高齢者の定義としては，国連の世界保健機関（WHO）の定義に則り，65歳以上の人を対象としている。
(2) 登録型・サーチ型では，就職が決まれば求人者側が紹介手数料を払う。再就職支援では，退職者を出した企業・団体が手数料を払う（ただし，いずれでも例外はある）。
(3) たとえば「請負」と「委託」は共に，事業者が外部労働力を使って事業を行うが，以下の違いがある。
「請負」：業務の完成を目的とする。[成果物を納める。]（民法第632条）
「委託」：業務の遂行を目的とする。（民法第643条）
しかし，この区分もかなり混同されて使われることが多い。また，「請負」「委託」を含め，業務を外部業者に任せる業務を，包括的なサービスとして「アウトソーシング」と称されることがある。
(4) 派遣労働者を受け入れる場合には，請負事業者は派遣先となるので，後述のように雇用関係はなく，指揮命令関係となる。
(5) 成果物の資材も請負業者が調達する。
(6) この名称もさまざまである。
(7) 労働者派遣事業許可と有料職業紹介事業許可の双方を取得している事業が実施できる制度。6カ月を上限として，特定の労働者を労働者派遣で受け入れ，その労働者の能力・適性を判断した上で派遣先が直接雇用するかどうか判断する。この場合の派遣労働者は，直接雇用を想定して派遣されることから，通常の派遣労働では禁止されている履歴書の提出や面接等の労働者特定を目的とした行為が認められている。一方では，派遣開始時には，派遣元・派遣先・派遣労働者の3者で紹介予定派遣であることが明示・確認されていることや，直接採用時に予定される労働条件が覇権労働者に示されていることなどが必要。
(8) 「詳細集計」は2002（平成14）年以降調査されている。なお，男女の計がそのま

(9) 現在，派遣受け入れが禁止されている業務は，港湾運送業務，建設業務，警備業務を適用除外業務，弁護士や税理士等のいわゆる「士」業，医療関係業務の一部である。
(10) 1999（平成11）年の改正労働者派遣法により，派遣対象業務が原則自由化されると同時に廃止された。
(11) 派遣元はグループ会社への派遣労働時間が，総派遣労働時間の80％を超えてはならないという規制。
(12) 労働者は離職後1年以内に，元の雇用主に派遣されることはできないという規制。
(13) 2013（平成25）年4月より施行された改正労働契約法の「有期労働契約の無期転換ルール」に対して有期雇用特別措置法が2015（平成27）年4月より施行された。
(14) 以下のグループ会社を指す。
　①元の事業主の子法人等，②元の事業主の親法人等，③元の事業主の親法人等の子法人等，④元の事業主の関連法人等，⑤元の事業主の親法人等の関連法人等。

参考文献

総務省統計局「長期時系列データ（詳細集計）表10【年平均結果―全国】年齢階級，雇用形態別雇用者数」(http://www.stat.go.jp/data/roudou/longtime/03roudou.htm#hyo_9，2016年1月26日アクセス)。

（河邉彰男）

第4章 高齢者の健康と労働能力との相関
―― 身体・精神機能の推移からみる労働可能な範囲

　少子高齢化が急速に進展し「団塊の世代」が65歳に達した今日，高齢者のニーズに合った多様な就業機会をどう確保するかは，労働力の維持や社会保障財政の持続性確保のみならず，高齢者自身の健康の維持増進にとっても重要な課題となっている。高齢者の就業と健康との関連についてはこれまで数多くの研究が行われており，主に横断的研究により，高齢労働者の身体・精神機能の実態，健康の保持増進要因としての就労，労働による健康障害，健康管理のあり方などさまざまな知見が報告されている。本章では，高齢者の労働能力について，高齢者の身体・精神機能及び健康状態との関連から検討する。

1 寿命と健康寿命

(1) 平均寿命と平均余命の推移

　人間にとって最も重要な健康指標は生死である。生死に関する統計指標の一つである「平均寿命」は，その年に生まれた人が，社会情勢等の変化が無い限り平均的に何歳まで生きられるかを示す。日本の平均寿命は，明治～大正時代には男女とも40年弱でほぼ一定していたが，第2次世界大戦後延伸の一途を辿り，2014（平成26）年には，男性が80.50年，女性が86.83年と，この70年間で約30年も延伸した（図4-1）。65歳時の平均余命をみても，1947（昭和22）年の男性10.16年，女性12.22年から，2014（平成26）年には男性19.29年，女性24.18年と約10年も延伸している。

　寿命と就業との関連について，まず，就業の有無別死亡率をみると，男女とも高齢期においても有職者の方が著しく低い（図4-2）。仕事や余暇での身体活動性が低いと死亡率が高くなる（藤田・簱野 1990）ことや，社会関連性が乏

第Ⅰ部　社会状況の変化と高齢者就労

図4-1　日本人の平均寿命の推移

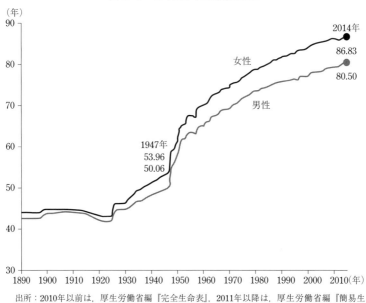

出所：2010年以前は，厚生労働省編『完全生命表』，2011年以降は，厚生労働省編『簡易生命表』。

図4-2　年齢階級別にみた性・就業状態別死亡率（2010〔平成22〕年度）

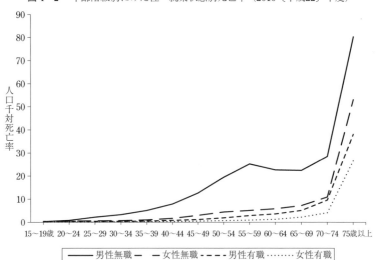

出所：厚生労働省編（2013）『平成22年度　人口動態職業・産業別統計の概況』を基に筆者作成。

第4章　高齢者の健康と労働能力との相関

図4-3　20～64歳の職業別年齢調整死亡率（人口千対）（2000〔平成12〕年度）

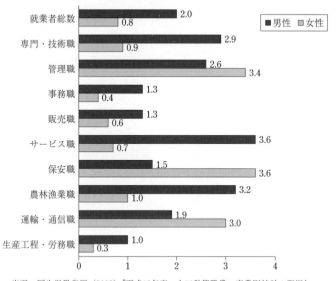

出所：厚生労働省編（2003）『平成12年度　人口動態職業・産業別統計の概況』を基に筆者作成。

しいと7年間の死亡率が高い（安梅ら 2006）ことなどが報告されており，就業による身体活動性や社会関連性の維持は寿命の延伸に寄与しているといえる。

　一方では就業内容が寿命に影響している。職業別年齢調整死亡率（人口千対）をみると，男女とも，生産工程・労務職，事務職，販売職は低く，逆に，男性では，サービス職，農林漁業職，専門・技術職，女性では，保安職，管理職，運輸・通信職が高くなっている（図4-3）。都市在宅の70歳高齢者を15年間追跡した結果では，他の関連要因を調整した後でも最長職が現業系の女性では，総死亡のリスクが1.91倍となっていた（渡辺 1996）。このように就業は，寿命に好影響を及ぼす場合と悪影響を及ぼす場合があるため，特に労働安全衛生管理対策においては，健康阻害要因を排除，是正，管理するとともに，健康を維持増進させる就業のあり方を設計する必要がある。

　寿命と退職年齢との関連をみると，日本で記録に残る定年制は，日本郵船会社の1902（明治35）年の社員休職規則にある55歳休職の規定が最古とされてお

り，当時の定年は平均寿命より10年以上多めに設定されていた。今日では2006（平成18）年4月の高年齢者雇用安定法の改正により60歳以上の高齢者の雇用確保のため，①定年の引き上げ，②継続雇用制度の導入，③定年の廃止のいずれかが義務化されており，さらに2013（平成25）年以降は高年齢者雇用確保措置の義務化対象年齢は65歳にまで引き上げられているため，退職年齢は上昇していると考えられる。労働政策研究・研修機構（2013）『労働力需給の推計』から，労働力率が50％となる年齢を平均的な退職年齢として推し測ってみると，2010（平成22）年実績で，男性が約67歳，女性が約60歳程度となっている。寿命の延伸により著しく伸びた退職から寿命を全うするまでの間をどう生きるかが，人生設計上の大きな課題となっている。

（2）健康寿命

健康上の問題で日常生活が制限されることなく生活できる期間を健康寿命という。したがって健康寿命は，就業希望者にとっては平均的な就業可能年齢ととらえることができる。2010（平成22）年の健康寿命は男性70.42年，女性73.62年である（橋本ら 2013）。2010（平成22）年の平均寿命と健康寿命の差は，男性9.13年，女性12.68年であり，これは平均的に死亡までの約10年間は日常生活に制限があることを意味する。2001（平成13）年から2010（平成22）年までの健康寿命の延びは，男性1.02年，女性0.97年であり，同期間の平均寿命の延び（男性1.57年，女性1.46年）と比べ小さくなっており，今日の国民健康づくり運動である健康日本21（第二次）においても「健康寿命の延伸と健康格差の縮小」が，生活習慣の改善や社会環境の整備によって達成すべき最終的な目標とされている。

（3）労働力余命

労働力余命とは，ある年齢で労働力に参入する人々の，その後の平均的な就業期間を意味する。1970（昭和45）年から1990（平成2）年の間，60〜64歳平均労働力余命は男女とも約10年で横ばいの状態であることが報告されている（石川 1994）。図4-4は都市部（東京都小金井市）及び農村部（秋田県大仙市南外）の

図4-4 地域・性別にみた就業維持率曲線と65歳時就業余命（中央値）

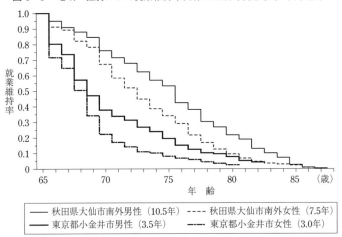

注：年齢を生存変数とした再発事象を伴う生存分析による。
出所：渡辺修一郎ら（1999：F2）を一部改変。

高齢者の就業維持率曲線と65歳時就業余命（中央値）である。農村部では男性が10.5年，女性が7.5年と長いのに対し，都市部では男性3.5年，女性3.0年と農村部の半分にも満たない。この背景としては，農村部の高齢就業者の就業形態はほとんどが自営業（農業）であるのに対し，都市部の高齢就業者は雇用者が占める割合が大きく，定年の影響を受けていることが大きい。

これまでみてきたような寿命や健康寿命の推移から，戦後のわずか数十年間で私たちは著しく長生きできるようになったが，日常生活が制限されることなく生活できる期間の伸びは寿命の延びほど著しくはないこと，さらに，就業期間は社会的な要因も関わりあまり伸びていないことがわかる。

2　身体の構造と機能と加齢変化

（1）体格の推移

生物種は遺伝情報により規定されるため，ヒトの体格には時代による大きな

変化はないのではないかと考える人もいるが，実際はそうではない。国民健康・栄養調査結果から平均身長の推移をみると，男性高齢者の平均身長は，1948(昭和23)年の155.8cm（61〜70歳）から2013（平成25）年の165.9cm（60〜69歳）（＋6.5％）へ，女性高齢者では同時期に143.2cmから153.1cm（＋6.9％）へと，男女とも65年間で約10cmも伸びている。同時期の高齢者の平均体重の推移をみると，男性では51.1kgから65.0kg（＋27.2％）へ，女性では44.0kgから53.1kg（＋20.7％）へと著しく増加している。身長の伸びに比較し体重の増加が著しい。体重（kg）を身長（m）の二乗で除して得られる体格指数（Body Mass Index：BMI）の推移をみると，60代男性では戦後増加傾向が続いており，60代女性でも，2000(平成12)年頃まで増加傾向が続いていた。体格の変化は特に男性において著しく，BMIが25以上の肥満者の割合が増加傾向にある。高齢者も例外ではなく，国民健康・栄養調査結果による60代男性の肥満者の割合は，1980（昭和55）年の14.7％から2014（平成26）年には31.2％に，70代男性の肥満者の割合も，1980（昭和55）年の11.4％から2014（平成26）年には24.7％に増加している。この背景としては，栄養状態の改善に加え，重筋労働の減少や日常生活での歩行数の減少をはじめとした身体活動量の減少が影響していることが考えられる。

（2）身体構造の加齢変化

外観では，しわやしみ（老人斑）が増加する。頭髪は減少し，白髪が相対的に増加する。

身長は40代で減少し始めるが，平均身長は時代とともに伸びているため，年齢層の違う集団の平均身長を横断的に比較すると，老化に伴う身長の短縮を過大評価してしまう。このため，老化に伴う変化をみるためには，同じ対象を継続して追跡していく縦断的研究を行う必要がある。東京都老人総合研究所(現・東京都健康長寿医療センター研究所）が，都市部に在住する70歳の高齢者を対象として15年間追跡した結果では，身長の平均短縮率は，男性で2.3％，女性で3.9％と女性の方が大きいことが示されている。図4−5は，国民健康栄養調査の対象を性・年齢区分別に分け，10年間の平均身長の変化をみたものである。同調

第4章 高齢者の健康と労働能力との相関

図4-5 性・年齢区分別にみた10年間の平均身長の変化

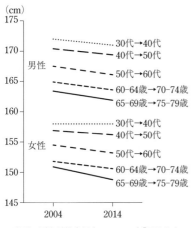

出所：厚生労働省編（2004, 2014）『国民健康・栄養調査報告』を基に筆者作成。

図4-6 性・年齢区分別にみた10年間の平均体重の変化

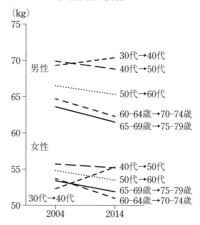

出所：図4-5と同じ。

査は同じ対象を追跡したものではないが，全国から無作為抽出された対象の平均身長であり，それぞれの群のおおよその縦断変化ととらえることができる。女性では30代から40代の10年間で平均身長は変化していないが，その後は短縮傾向にあり，65-69歳から75-79歳の10年間で平均2.1cm短縮している。老化に伴う身長の短縮の原因としては，骨量が減少し特に脊椎骨が薄くなりやすいこと，関節軟骨や椎間板が薄くなりやすいこと，円背や亀背など姿勢が彎曲し上体が前屈しやすいことなどが挙げられる。

体重の加齢変化について，国民健康栄養調査の対象を性・年齢区分別に分け，10年間の平均体重の変化をみたものを図4-6に示した。男女とも30代から40代の10年間で平均体重は増加しているが，40代以降の年齢集団では男女とも平均体重は10年間で減少しており，特に男女とも60-64歳から70-74歳の10年間の体重減少の度合いが大きい。

(3) 身体機能の加齢変化

1) 各系統の加齢変化と生じやすい病態

神経系は，大脳，脳幹，小脳，脊髄からなる中枢神経系と，自律神経系と体性神経からなる末梢神経系に分けられる。自律神経系は交感神経と副交感神経により内部環境の維持を担っており，これらの神経活動には概日リズムがみられる。交感神経系の活動が活発になる午後から夕方に血圧や体温は最も高くなる。高齢期にはこれらの概日リズムの振幅が減ることが多い。また，高齢者では早朝に血圧が上昇する早朝高血圧がみられる者も多くなる。体性神経系では，有髄線維数の減少，運動ニューロン数の減少，刺激伝導速度の低下により運動が遅延しやすい。

感覚器系では，まず，視覚の変化が生じやすく，加齢に伴い眼の水晶体（レンズ）を厚くする働きが徐々に低下し，近くのものがぼけて見えにくくなる老視が生じる。国立長寿医療研究センターが実施している「老化に関する長期縦断疫学研究」結果によると，常用視力が0.7以上ある者の割合は，5m視力では80歳以上でも6割近くに上るが，33cm視力では80歳以上では3割に満たない（図4-7）。老視は老眼鏡により矯正できるが，調節能力も低下するためピントが合う範囲が小さくなり，また，視点を変えたときにピントが合うまでの時間がかかるようになる。水晶体の混濁が進む白内障も生じやすく，特に仕事などで赤外線を浴びる機会が多い人や，糖尿病がある人に多くみられる。生活に支障を生じるような白内障は，比較的安全な手術により症状が改善される。

老化による聴力低下は左右同程度で高音域ほど強い。特に仕事などで騒音にさらされた人では聴力が低下しやすい。図4-8に年齢区分別にみた聴力を示した。固定電話機で聞こえる周波数は通常の会話で主に使われる400～3,000Hzの範囲内にあるが，70代以上になると2,000Hz以上の高音になると，ささやき声に相当する30dB程度の音が聞きづらくなることがわかる。

味覚や嗅覚の低下も生じやすい。痛み以外の感覚は，同じ刺激が続くとその刺激に慣れていく性質があり，これを順応という。嗅覚は老化により低下するのに加え，順応しやすいため，行動範囲が狭くなりやすい高齢者は特ににおい

第4章　高齢者の健康と労働能力との相関

図4-7　年齢区分別にみた常用視力0.7以上の者の割合

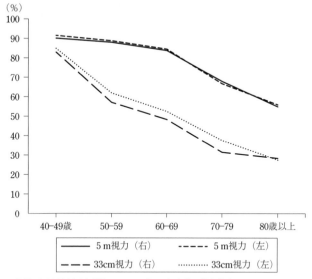

出所：国立長寿医療研究センター（2013）を基に筆者作成。

図4-8　年齢区分別にみた標準純音聴力（気導閾値）

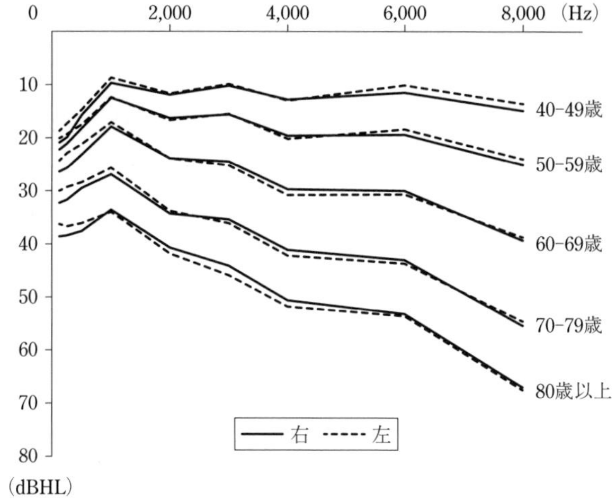

出所：図4-7と同じ。

に気づきにくくなる。また，温痛覚や触覚などの低下により，環境の変化に気づきにくくなる。

　内分泌系では，女性では閉経後に女性ホルモンのエストロゲンが著減し，更年期障害や骨密度の急激な低下が生じやすいが，加齢とともにその後も骨密度は減り続け，骨粗鬆症などの原因となる。男性では50歳頃より男性ホルモンが徐々に減少し，気分の沈み込みや男性更年期障害を生じることがある。

　血液系では，疾病への罹患や食事量の減少，骨髄細胞の減少などにより貧血を生じやすくなる。また，白血球が主体となる細胞性免疫能が低下し，結核の再燃やがんが生じやすくなる。

　運動機能には，筋力，俊敏性，パワー，スピード，バランス，持久力，柔軟性などの要素がある。これらの運動機能の要素それぞれについて，年齢との関係をみたものを図4-9-1～6に示した。年齢階層の上昇に伴う機能低下の度合いが最も大きい運動機能は，バランス機能（閉眼片足立ち時間）である。高いバランス機能が要求される高所での作業や足場の悪いところでの作業は，高齢者には適さないといえる。また，無酸素性持久力の指標である上体おこし回数や仕事率の指標である脚伸展パワー，握力も加齢による低下の度合いが比較的大きい。重量物の運搬など短時間に大きな負荷を要求される作業も，高齢者にはあまり適さないと考えられる。また，これらの運動機能は，女性の方が男性より平均的にみると著しく機能が低く，高齢期に生活機能を低下させる大きな要因となっている。筋力の低下は，呼吸機能においては，肺活量や1秒量を減少させ，さらに，運動機能を低下させやすくなる。また，痰が出しにくくなり，誤嚥しやすくなる原因ともなる。一方，全身反応時間，通常歩行速度については，加齢による機能低下の度合いや性差は比較的小さい。通常歩行速度の加齢変化については，東京都老人総合研究所が実施した「中年からの老化予防総合的長期追跡研究」により興味深い知見が得られている。図4-10に1992（平成4）年と2002（平成14）年の，性・年齢階級別通常歩行速度を示した。男女とも，どの年齢階級でも10年前に比較して高齢者の通常歩行速度は速くなってきている。この結果は，従来報告されている年齢と運動機能との関係は，時代と

第4章　高齢者の健康と労働能力との相関

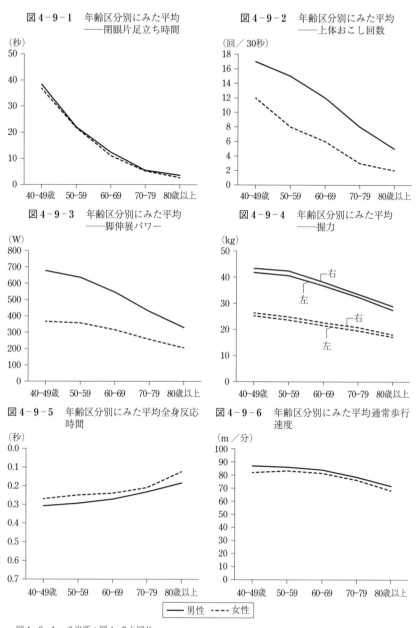

図4-9-1　年齢区分別にみた平均——閉眼片足立ち時間

図4-9-2　年齢区分別にみた平均——上体おこし回数

図4-9-3　年齢区分別にみた平均——脚伸展パワー

図4-9-4　年齢区分別にみた平均——握力

図4-9-5　年齢区分別にみた平均全身反応時間

図4-9-6　年齢区分別にみた平均通常歩行速度

図4-9-1〜6出所：図4-7と同じ。

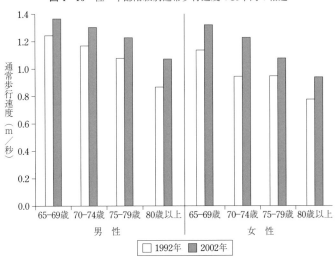

図4-10 性・年齢階級別通常歩行速度の10年間の相違

出所：鈴木（2012）。

ともに変化している可能性を示している。

循環器系では，加齢に伴い動脈硬化が進み血圧が上がりやすくなるが，拡張期血圧の上昇の度合いは比較的小さい。

その他の身体機能の老化についてみると，咀嚼力や消化吸収能，肝臓の合成能などが低下し低栄養を生じやすくなる。また，便秘しやすくなる。また，加齢に伴い腎機能も徐々に低下する。男性では前立腺が肥大し，排尿が障害されやすくなる。女性では尿道括約筋の機能低下による尿失禁が起こりやすくなる。

2）生体リズムの加齢変化

地球に住むすべての生物には生体リズムが存在している。生体リズムは，時計遺伝子によってつかさどられる内在性の体内時計と，外界の光や気温などの同調因子によって調整されている。最もよく知られている生体リズムは，約24時間の周期で生理現象が変動する概日（サーカディアン）リズムである。深部体温をはじめとして多くの生理機能の概日リズムは，加齢によりリズムの振幅が減少することが知られている。また，睡眠-覚醒のリズムにも加齢変化がみら

第4章 高齢者の健康と労働能力との相関

図4-11 加齢に伴う睡眠時間構成の変化

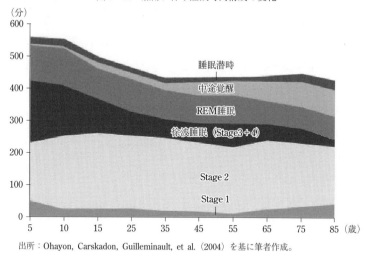

出所：Ohayon, Carskadon, Guilleminault, et al. (2004) を基に筆者作成。

れ，加齢に伴い就寝時刻，起床時刻が早くなることが知られている(白川ら 1996)。さらに，加齢に伴い睡眠の質も変化する。図4-11は加齢に伴う睡眠時間構成の変化をモデル化したものである。高齢者では，深い眠りに相当する徐波睡眠（Stage 3 と 4）が減少し，夜間の中途覚醒が増える。また，朝早く目が覚めすぎてしまい再入眠できない早朝覚醒も増えてくる。

高齢期に生じるこのような生体リズムの変化の要因として，体内時計のある視交叉上核そのものの機能低下に加え，社会的接触や運動量の減少等，概日リズムを24時間周期に調整する同調因子が減少することが考えられている。夜勤や交替制勤務では，睡眠-覚醒リズムがホルモン分泌や体温のリズムと異なった周期を示すことになるが，このように体内のリズム相互が同調しなくなる状態を内的脱同調といい，高齢者は，内的脱同調をきたしやすいとされている。また，斉藤ら (1980) は，高年齢者は夜勤後の体重回復の程度が若年者より低いことを示しており，高齢者の夜勤や交替制勤務への適応能力は若年者より低いと考えられている。しかし，三上ら (1994) が，昼夜 2 交替制で機械運転監視，軽量物運搬作業に従事する平均年齢56.3歳（標準偏差2.1歳）の 8 名（中高年

群）と平均年齢31.0歳（標準偏差7.8歳）の4名（若年群）の稼働状況と作業負担を比較した結果をみると，両群とも日勤より夜勤の負担が大きいものの，両群の作業負担に顕著な差はなく，蓄積的負担は中高年群の方がむしろ少なく，日勤・夜勤の作業稼働性も，若年群に劣っていない。労働密度その他の物的支援対応策を講じることにより，中高年者にとって作業負担の少ない夜勤や交替制勤務の職務設計を行うことが可能と考えられる。

3）疲労と加齢

加齢に伴い心身の諸機能が低下することを老化というのに対し，肉体的あるいは精神的活動の結果，一時的に作業能力が低下することを疲労という。疲労は人間が健康を維持するための防御反応としての意義もあり疲労感を伴うことが多いが，疲労感は意欲や達成感などの心理的要因に影響を受けるため，実際の疲労と疲労感とは必ずしも相関しない。高齢期には前述したような循環機能や呼吸機能を中心とした身体の諸機能が低下することにより，疲労からの回復が遅くなる。大島（1974）は，「労働に伴って生じる疲労について，一般的には，若年層では，『疲れにくく，回復しやすい』のが特徴であるのに対して，高年齢層では『疲れないように仕事をし，一度疲れるとその回復は遅い』というのがその特徴である」とし，「若年層では疲労性が低く（fatiguability が低い）抗疲労性が高い（antifatiguability が高い）のに対して，高年齢層では，疲労性が高く（fatiguability が高く），抗疲労性が低い（antifatiguability が低い）のが特徴である」と指摘している。

3　心理・精神機能の加齢変化

（1）認知機能の理解と加齢変化

社会が成熟するにしたがい，日常生活において「してはいけないこと」と「しなければならないこと」が明確となる。空腹であったとしても，商品として販売されている食料は購入しなければ食べることは許されない。食料を購入するためには金銭が必要であり，働くなどして金銭を得る必要がある。これらの理

性的な行動は社会生活において当然のように求められる。一見すると倫理観のようなものが人の行動を規定しているように思われるが，実際の人の理性的な行動は脳を中心とした知的活動によって制御されている。

　知的活動というと，学校の勉強や試験のようなイメージがあるかもしれないが，いわゆる「学力」のことだけを指すわけではない。わかりやすくいえば，頭を使って考える行為はすべて知的活動であるという事ができる。たとえば，「10時からA社で仕事の打ち合わせをする」というような行為の中では，打ち合わせの前の段階でも知的活動が求められる。10時より前にA社に到着するためには，何時に出発すれば適切かを逆算し，A社に辿り着くための経路を確認する必要がある。打ち合わせでは何を持っていけばよいかを想像し準備をする。実際にA社に向かう際には，目的地と経路を記憶しておきながら，電車であれば乗り換えや降車駅を間違えることのないよう注意しながら向かうこととなる。もしも途中で電車が止まってしまったり，道路の通行止めがあれば，その場で最善の策を思考し次の行動を取る必要がある。普段何気なく行っている「○○時に○○に行く」という簡単な行為であっても，知的活動が存分に求められることがわかる。

　知的活動の背景には，憶える，注意する，想像するなどのさまざまな機能がある。これらの知的活動を支えている脳の機能は，まとめて認知機能と呼ばれる。主要な認知機能としては，記憶機能，注意機能，言語機能，視空間認知機能，思考がある。

　記憶機能は文字通り記憶力に関する能力を指しているが，その働きとしては「憶える」と「思い出す」の2つの側面がある。記憶力の低下は一般的に「もの忘れ」という形で表現され，「あの人の名前が出てこない」「今日家を出るときに鍵をかけたかどうか覚えていない」というような形で実感される。このときとき，「思い出せない」という面が強調されているが，そもそも「覚える」ことができていたかどうかも重要となる。ただ思い出せないだけであれば，ヒントや手がかりさえあれば，思い出すことができる。しかし，思い出したかった内容を教えられてもピンとこないということであれば，覚える能力も衰えてい

る可能性がある。

　注意機能では，一つのものごとに力を注ぐ集中力だけでなく，同僚にある作業をお願いしつつ自分は他の作業に取り組むというような注意を分割する能力も含まれている。いわゆる「手際が良い」というように表現される人は，集中力や注意を分割する能力に長けていると考えられる。それとは逆に注意機能の働きが良くない場合には，作業を段取り良く行うことが難しくなるため，仕事をこなすのに要する時間が長くなってしまう。

　言語機能にも，すらすらと言葉を生み出す能力と，投げかけられた言葉を正しく理解する能力の2つの面がある。言いたいことが喉まで出かかっているけれども出てこないという現象は誰しもが経験する。そのため，言葉を生み出す能力は衰えを自覚しやすい面がある。一方，言葉を理解できないという現象では，「相手の言い方がわかりづらい」「書かれている説明が下手」というように自身の能力以外のものに原因を求めることができるため，言葉を理解する能力の衰えは見逃されることが多い。

　視空間認知機能は，正しく物体を見る能力に加えて，物や場所の空間的な配置の把握にも関連する。空間的な配置とは，職場の最寄り駅は南側にある，社長の部屋は4階の右奥にあるというような位置関係のことを指している。日常的に空間的な移動を繰り返すタクシードライバーは視空間認知機能に長けていることが考えられる。

　思考は，想像力や推測する能力に関わる機能で，自分が置かれている状況の客観的な理解や顔の表情の解釈に関連する。仕事においてはリーダーシップやプロジェクトを統括する能力と関連すると考えられる。

　認知機能は脳の働きを中心として成り立っている。脳も身体の一部であるため，当然加齢の影響を受けることとなる。特別な訓練を行わない限り，40歳になれば20歳の頃のように素早くは走れなくなり，60歳になれば40歳の時よりも走る速度が遅くなる。これと同様に，基本的には認知機能の働きも加齢に伴って徐々に衰えることとなる。20代から80代までの健常者を対象として横断的に認知機能を評価した研究では，記憶力や作業速度（注意機能）が20代をピーク

に80代にかけて直線的に低下していくことが報告されている (Park & Bischof, 2013)。一方，この研究の中でもボキャブラリーや知識など言語機能や記憶機能の一部に関わる機能については，20代から70代にかけて上昇を続け，70代をピークに80代にかけて緩やかに低下することが示されている。加齢に伴ってすべての機能が単純に低下するわけではないということが，認知機能の特殊な点といえる。低下する記憶力や作業速度と，上昇する知識を併せて考えると，認知機能に支えられている知的活動の能力としてのピークは40代から50代頃といえる。

　円滑な社会生活・職業生活は認知機能が正常に働くことによって成り立っている。認知症などの病的な認知機能の低下がない限り，高齢期を迎えて少々もの覚えが悪くなったとしても，それまでに培われた知識や知恵は決して衰えていない。このことについて現役世代は敬意を払う必要がある。また，高齢者本人も自らの知識・知恵は若年世代を上回っていることに誇りをもち，先達として自分の知識・知恵を次の世代に伝承する役割を担っていただきたい。

（2）パーソナリティ特性の加齢変化

　加齢によるパーソナリティの変化に関するわが国の調査には，70歳前後の高齢者を15年間追跡した調査がある（下仲・中里 1999）。それによると，60歳から80歳にかけては他者と円滑な関係を築こうとする調和性が上昇し，85歳以上になると上昇した調和性が維持されていることが示されている。同時に，家庭に対する肯定的なイメージも強まっており，家族との折り合いの中で調和性が高まることが伺われる。高齢期には定年退職や身体的状況の変化，生活環境の変化をきっかけとして，人とのつながりとしての社会的なネットワークが縮小していく。その中で，家族や親類との関係性が以前よりも緊密になり，家庭を肯定的なものとしてとらえ，縮小したネットワークの中で円満な関係を構築するために調和性が向上すると考えられる。

　また，この調査では，自我の強さと生存率についても関連があることが示されている。自我は，自身の身体機能に対する安定感や現実感覚，物事への対処

能力などから多面的に成り立っている。70歳から15年間の追跡の結果，自我の強さが維持されている高齢者は，低下した高齢者に比べて生存率が高いことが示された。ここで気をつけたいことは，自我が強い人の方が長生きするというわけではなく，自我が維持されていることが重要なのだというところにある。人の性格には生まれつき変わらない固定的な側面があるが，環境の変化や多くの経験によって変わっていく流動的な側面もある。加齢とともに調和性が上昇するという調査結果からも明らかなように，性格や人格は70歳以降も発達するものと考えられる。これは，生涯発達という視点からも理解できる。そうした中にあって，マイナスな体験が積み重なるなどして自我機能が低下すると，生存率にまで影響を与える恐れがある。これを裏付けるように，主観的健康感(自分の健康に対して自分自身が抱いている印象)が高い人の方が要介護状態にもなりにくく，その後の生存率も高いことが，さまざまな研究から明らかになっている。人の性格は基本的には加齢とともに成熟していくと考えられるが，それによって精神的な健康状態が低下しなくなるわけではない。むしろ，若年者よりも精神的な健康状態の影響による身体的健康の低下が生死と関連する可能性が高いため，高齢期の性格や精神面での変化には注意が必要となる。

(3) 中高齢期の発達課題

　人は生涯の中でさまざまな課題と向き合い，それを乗り越えることで成長を遂げる。発達心理学者のエリクソンは，人は誕生してから死を迎えるまで生涯にわたって人格が発達すると考え，生涯発達理論を提唱した (Erickson & Erickson 1959)。エリクソンの生涯発達理論では，乳児から高齢者に至るまでの生涯について8つの発達段階を想定し，段階ごとに重要な発達課題を設定している。0歳から1歳の乳児期の発達課題が達成されれば次の発達段階である幼児期前期に進むことができ，達成されなければ心理的に危機を迎え，人格の発達が停滞すると考えられている。

　働き盛りの終盤である中高年期の発達段階は成年期であり，発達課題は「生殖性」とされている。生殖性とは家族の中での子育てや，職場での後進の育成

を意味している。これまでの人生では関心が自己に向いていたものの，成年期に至り次の世代に関与していくこととなる。エリクソンは，次世代の価値を生み出す行為に積極的に関わる行為について，「ジェネラティビティ（Generativity)」という造語をつくり表現した。発達生涯理論に基づくと，知識・知恵を豊富にもっている高齢世代が次世代の育成を志向することは自然なことといえる。成年期において次世代の育成を達成することで，次の発達段階である老年期へと進むことが可能となる。しかしながら，次の世代の育成に関心がもてず，生殖性の発達課題に失敗してしまうと，自分本位になってしまい，心理的に停滞するという危機を迎えることになってしまう。

　生涯にわたる人格の成長という観点からは，高齢期においては後継者の育成や，自身の知識・知恵の伝承に関わるような仕事に携わることが理想といえる。定年後の再就職の結果として，全く新しい業種に就いたとしても，その仕事の中で関わる若年世代に対してわずかでも自身の経験を伝えるような場が設けられることが望まれる。

4　高齢者の健康状態

　集団の健康指標として，通常，死亡率や有病率，罹患率など，死亡や疾病の有無に関する保健統計が用いられる。高齢者は，生活習慣病に加え老化を基盤として生じる老年症候群などのさまざまな疾病を抱えている者が多い。2013(平成25）年の国民生活基礎調査結果（厚生労働省 2015）によると，病気やけが等で何らかの自覚症状がある者の割合は年齢階層が上がるとともに増加しており（図4-12），65歳以上の有訴者率（千人対）は男439.9，女486.6と高齢者の約半数がなんらかの症状を自覚している。65歳以上の自覚症状では，「腰痛」「手足の関節痛」「肩こり」「目のかすみ」「もの忘れ」等の老化に関連する症状が多くなっている。また，2014（平成26）年の患者調査結果（厚生労働省 2016）によると，成人以降の年齢階級別受療率は，80歳以上の外来を除き年齢とともに増加していく（図4-13）。全患者のうち，65歳以上が入院の約7割，外来の4割

図4-12 性・年齢階級別有訴者率（人口千対，2013年）

男		年齢		女
204.7		9歳以下		187.9
175.2		10～19		177.8
168.7		20～29		257.6
214.4		30～39		301.4
234.3		40～49		325.7
271.0		50～59		365.8
338.5		60～69		385.5
448.0		70～79		497.4
528.1		80歳以上		542.9

出所：厚生労働省（2015）を基に筆者作成。

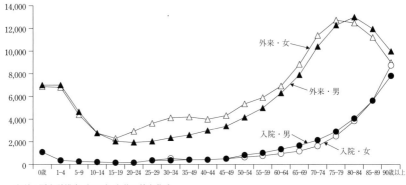

図4-13 性・年齢階級別受療率（人口10万対，2014年）

出所：厚生労働省（2016）を基に筆者作成。

を占めており，65歳以上の外来患者で多い傷病は，高血圧性疾患（患者数48.3万人），糖尿病（同13万人），心疾患（同10.3万人），悪性新生物（同10.4万人），脳血管疾患（同8.9万人）となっている。

このように，自覚症状や疾病の有無だけで高齢者の健康状態を評価すると，高齢者の多くは不健康であるとみなされてしまう。そこでWHO（世界保健機関）は，高齢者の健康指標として，死亡や疾患の有無に基づく保健指標に代えて，日常の生活を営む上で必要とされる生活機能が自立しているかどうかを用いることを提唱している（WHO 1984）。この観点から，健康上の問題で日常生活に

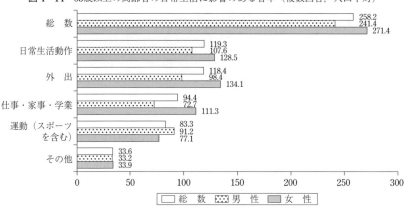

図4-14 65歳以上の高齢者の日常生活に影響のある者率(複数回答、人口千対)

出所:厚生労働省(2015)を基に筆者作成。

影響のある者の率(千人対「入院者を除く」)をみると65歳以上の高齢者では258.2と有訴者率のおよそ半分になっている。日常生活への影響を内容別にみると、高齢者で「仕事・家事・学業」に影響がある者は人口千人あたり男性72.7、女性111.3となっている(図4-14)。

5　高齢者自身がとらえる自己の労働能力

これまで高齢者の心身の機能及び健康状態を就業との関連でみてきたが、高齢者自身は自己の労働能力をどのようにとらえているのだろうか。独立行政法人労働政策研究・研修機構が2009(平成21)年に全国の55~69歳の男女を対象として実施した高年齢者の雇用・就業の実態に関する調査結果からみた、高年齢者について肉体的な面からみた就業の可能性を図4-15に示した。「フルタイムで働くことが可能」との回答は、男性では55-59歳では76.4%であるが、60-64歳では57.1%、65-69歳では28.5%と激減する。しかし、「職場・勤務の条件によっては就業可能」との回答は、男性では55-59歳では19.9%、60-64歳では35.0%、65-69歳では55.9%と逆に激増する。何らかの形で就業可能とする男性

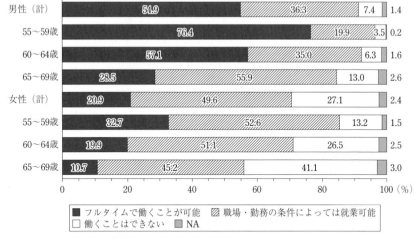

図4-15 肉体的な面からみた就業の可能性

出所：労働政策研究・研修機構（2010）を基に筆者作成。

の割合は，55-59歳では96.3％，60-64歳では92.1％，65-69歳では84.4％と大多数を占めている。一方，女性では，「働くことはできない」との回答が，55-59歳では13.2％しかないのに対し，60-64歳では26.5％，65-69歳では41.1％と直線的に増加している。この背景としては，前述した老化に伴う心身の諸機能の低下のうち，性差の大きい，体力，特に筋力の低下が大きく影響しているものと考えられる。

6　高齢者の心身機能の特性をふまえた就労支援

日本の高齢者の働くことへの意欲や自信は高い。実際，高齢者の体力や健康状態は一昔前の高齢者より向上し，また，経験や知識の積み重ねや他者との調和性など若年期より高まる要素もあり，今日の高齢者は高い労働能力を有している。就業は，身体機能や精神機能を発揮する機会の維持，自尊心の維持などの心身機能の維持増進作用に加え，生活リズムの維持，収入の維持による食生活をはじめとした生活水準の維持，ソーシャルネットワークの維持によるスト

レスコーピングや見守られ，労働衛生管理体制下での健康管理の徹底などの社会的要因を通じて高齢者の健康の維持や寿命の延伸に寄与しているものと考えられる。

　高齢者の就業にあたっては，高齢者の心身機能の特性や発達課題の観点からは，後継者の育成や，自身の知識・知恵の伝承に関わるような仕事に携わることが理想といえる。一方，老化に伴う心身機能の低下に十分配慮したリスクマネジメントが必要となる。特に高いバランス能力や筋力を要する高所作業や足場の悪い場所での作業，重量物運搬作業などの作業はなるべく避け，従事させる場合は厳重な安全対策が必要となる。また，疲労が蓄積しないよう，高齢者の体力に応じた柔軟な職務設計を行う必要がある。

注

⑴　深く吸い込んだ息を，できるだけ速く一気に吐き出す際に，初めの1秒間に出すことのできる空気の量。肺や胸郭，横隔膜の弾性，呼吸筋の強さを反映する。一秒量が低下すると，誤嚥物を喀出できにくくなり誤嚥性肺炎を起こしやすくなる。気管支喘息や気管支拡張症など空気の通り道が狭くなる呼吸器疾患があると低下する。

参考文献

・第1・2・4・5節

安梅勅江ら（2006）「高齢者の社会関連性と生命予後——社会関連性指標と7年間の死亡率の関係」『日本公衆衛生雑誌』53(9), 681-687頁。

石川晃（1994）「男女別労働力生命表——1990年」『人口問題研究』49(4), 57-70頁。

大島正光（1974）「労働と年齢」『労働の科学』29(5)。

厚生労働省（2015）「国民生活基礎調査　平成25年　第1巻　結果の概要」。

厚生労働省（2016）「患者調査　平成26年　上巻（全国編）」。

国立長寿医療研究センター（2013）「老化に関する長期縦断疫学研究（NILS-LSA）モノグラフ第7次調査（2010年7月～2012年7月）」。

斉藤一・遠藤幸男（1980）「高齢者の労働能力」『労働科学業書53』労働科学研究所。

白川修一郎ら（1996）「老年者のサーカディアンリズム」『日本薬剤師会雑誌』48(3), 341-350頁。

鈴木隆雄（2012）『超高齢社会の基礎知識』講談社。

橋本修二ら（2013）「健康寿命における将来予測」『厚生労働科学研究費補助金（循環

器疾患・糖尿病等生活習慣病対策総合研究事業）健康余命における将来予測と生活習慣病対策の費用対効果に関する研究　平成24年度総括・分担研究報告書』28-36頁。
藤田利治・簇野脩一（1990）「地域老人の生命予後関連要因についての3地域追跡研究」『日本公衆衛生雑誌』37(1)，1-8頁。
三上行生・泉総一・斎藤和雄（1994）「中高年齢者の昼夜2交代制勤務における稼働状況と作業負担」『人間工学』30(5)，305-314頁。
労働政策研究・研修機構（2010）「高年齢者の雇用・就業の実態に関する調査」。
労働政策研究・研修機構（2013）「労働力需給の推計――労働力需給モデル（2012年版）による政策シミュレーション」。
渡辺修一郎ら（1996）「都市在宅老人の15年間の生命予後の危険因子」『日本衛生学雑誌』51，439頁。
渡辺修一郎ら（1999）「都市および農村の高齢者の就業維持要因」『第25回日本保健医療社会学会大会抄録集』。
Ohayon, M., Carskadon, M. A. & Guilleminault, C. et al. (2004) "Meta-analysis of quantitative sleep parameters from childhood to old age in healthy individuals : developing normative sleep values across the human lifespan" *Sleep* 27, pp.1255-1273.
WHO (1984) The uses of epidemiology in the study of the elderly. Geneva WHO. Technical Report Series 706.

・第3節

下仲順子・中里克治（1999）「老年期における人格の縦断研究――人格の安定性と変化および生存との関係について」『教育心理学研究』47，293-304頁。
Park, D. C. & Bischof, G. N. (2013) "The aging mind : neuroplasticity in response to cognitive training" *Dialogues in Clinical Neuroscience* 15(1), pp.109-119.
Erickson, E. H. & Erickson, J. M. (1959) *Identity and the life cycle*, International Universities Press.（=2001，村瀬孝雄・近藤邦夫訳『ライフサイクル――その完結　増補版』みすず書房）

　　　　　　　　　　　（渡辺修一郎〔第1・2・4・5節〕・鈴木宏幸〔第3節〕）

第Ⅱ部　高齢者就労を支援する団体・組織

第5章	生きがい就業を支える社会システム ――シルバー人材センターの貢献と課題

1 シルバー人材センターの組織的特徴

(1) 法制化から30年で1,304団体――沿革と制度

　シルバー人材センターの前身とされる高齢者事業団が日本で初めて東京都江戸川区に創設されたのは，まだ企業の55歳定年が主流の1975(昭和50)年であった。その性格は，「高齢者が地域で，自主的に，仕事の機会を開拓，創出し，就労することを通じて生きがいを充足させること」を目指すものであった(岩田 1989：424)。こうした労働市場とは異なる就労形態は「生きがい就業」とも呼ばれ，その理念の新規性や問題点は国内外で研究されてきた(Bass 1995；Roberts 1996；塚本 2008；2011；宮地 2012)。

　その後，高齢者事業団の活動は全国に広まり，1980(昭和55)年に国庫補助が始まったことを契機に社団法人化が進み，その名称がシルバー人材センターに統一化された。1986(昭和61)年には，高年齢者等の雇用の安定等に関する法律において，シルバー人材センターに法的な根拠が与えられ，政策的な役割と行政による援助が明確に位置づけられた。

　さて，私たちがふだん目にする機会が多いのは，市区町村名を冠した「○○市シルバー人材センター」である。こうした名称を使用できるのは，市区町村の単位に1つだけであり，都道府県知事がその指定を行っている。さらに，法令においては都道府県単位で設置される「○○県シルバー人材センター連合」(※実際の登録名称は多様である)と全国組織としての「公益社団法人全国シルバー人材センター事業協会(以下，全シ協)」の設置が規定されている。したがって，シルバー人材センターの組織は市区町村，都道府県，国の3層の構造をもって

おり，その総体によってシルバー人材センター事業が推進されていることになる。

全国に広がったシルバー人材センターであるが，過疎地を中心に未設置の市区町村も残っており，現在のセンター数は1,304団体となっている（全シ協 2015a）。全国の2014（平成26）年度のシルバー人材センターの仕事の受注件数は360万件，総契約金額は3,050億円となっている。就業を支えるセンターの登録会員数は72.1万人であり，これを入会対象年齢の60歳以上人口に占める割合で表すと，その加入率は男性で2.7%，女性で1.0%に相当する（全シ協 2015a）。

（2）会員による自主的運営と補助金への依存——組織運営

シルバー人材センターの事業運営は，会員の自主性，自発性によることが原則である。また，その多くが公益社団法人であることから，全会員（社員）の出席する総会が最高の意思決定機関である。ちなみに，公益社団法人の認定を受けるためには，学術，技芸，慈善その他の公益に関する23種類の公益目的事業のいずれかを主たる目的に掲げる必要がある。シルバー人材センターの場合は，「4　高齢者の福祉の増進を目的とする事業」「5　勤労意欲のある者に対する就労の支援を目的とする事業」「19　地域社会の健全な発展を目的とする事業」によって認定を受けるケースが多い（全シ協 2013）。

シルバー人材センターの組織には，事業執行に係る審議を行う機関として「理事会」が設置され，主に会員から選任された理事がその任にあたっている。また，理事会の方針に連動した業務執行機関として「事務局」が設置されており，両者は組織運営において車の両輪の関係にある。事務局は，雇用契約によって採用された職員を配置して，発注者との請負・委任契約の締結や会計処理など日々の事業運営における基幹的な役割を担っている。したがって，これを統括する事務局長の責任は重く，また業務執行理事である常務理事を兼任する場合もあるため，その人選は事業運営に大きな影響を与える。ところが，慣例的に市区町村からの出向者やOBが数年交代で事務局長に就任するケースも多く，その見直しを求める声も上がっている。

事務局職員の人件費を含むシルバー人材センターの運営費は，①受注した仕事による事業収入，②公費による運営補助金，③会員からの年会費の3つによって賄われている。②の運営補助金は，会員数及び就業延人員によって定められた「国からの補助金」と，任意に定めた「市区町村からの補助金」の2種類が措置されている。このうち，国からの補助金は，民主党政権による2009（平成21）年及び2010（平成22）年の「事業仕分け」によって136億円から93億円へと大幅に縮減されている。補助金の大幅縮減は，事務局職員の削減や非正規化による事務局体制の弱体化へとつながっており，事業停滞の主因として現在もシルバー人材センターを苦しめている。③の会員の年会費に関する公式統計は存在しないが，全国で1,000〜3,000円の幅があるとされている。厳しい財政状況を受けて，会員の年会費の値上げを実施するセンターもみられるが，①や②と比べて運営費に占める会費収入の割合は非常に小さいため，そのインパクトは限定的である。

（3）提供されるのは「臨・短・軽」——仕事の内容

　シルバー人材センターは，生計の維持を目的とした本格的な就業ではなく，生きがいを得るための任意的な就業を目的とすることから，提供される仕事の内容は，「臨時的かつ短期的な就業」または「その他の軽易な業務」に限定されている。したがって，就業日数や一定した収入の保障はなく，関係者の間ではこうした仕事を「臨
りん
・短
たん
・軽
けい
」と称している。臨時的かつ短期的な就業とは，連続的または断続的なおおむね月10日程度以内の就業を指し，軽易な業務とは，特別の知識・技能が必要な業務（各種教授・家庭生活支援サービス，免許・資格が必要な自動車の運転・理美容，経理，翻訳等）のうち，日数の制限は設けないが1週間当たりの労働時間がおおむね20時間を超えないものを指している（厚生労働省 2004）。

　表5-1は，2014（平成26）年度の統計に基づきシルバー人材センターで提供されている仕事の内容を整理したものである（石橋 2015）。最も多いのは，公園等の除草や屋内外の清掃，梱包・運搬，皿洗い・配膳，チラシ・ビラ配りと

第5章 生きがい就業を支える社会システム

表5-1 シルバー人材センターの仕事の分類

職群		割合*	職種（主な仕事の例）
1	技術群	2.2%	A．教育指導（家庭教師，教育指導）
			B．執筆翻訳（翻訳，編集，レタリング，通訳）
			C．経理事務（一般経理事務，決算事務）
			D．特殊技術（各種自動車運転，保守点検）
			E．経営相談（財務相談，労務相談，生産・販売相談）
2	技能群	8.6%	F．技能（植木・造園工事，大工仕事，塗装仕事）
			G．製作加工（印刷製本，布・紙器関係製作加工）
3	事務群	1.4%	H．一般事務（整理事務，文書等作成事務）
			I．毛筆・筆耕事務（宛名書き，筆耕，毛筆賞状書き）
			J．調査事務（調査事務，集計事務，統計事務）
4	管理群	21.5%	K．施設管理（建物管理，駐車場管理，屋外施設管理）
			L．物品管理（商品管理，資材管理，工具管理，在庫管理）
5	折衝外交群	2.3%	M．販売集金（販売，集金）
			N．外務（配達，集配，検針）
6	一般作業群	54.8%	O．屋外作業（屋外清掃，除草，土木作業，農林水産作業）
			P．屋内作業（屋内清掃，屋内雑役作業，包装・梱包作業）
7	サービス群	9.1%	Q．社会活動（安全指導，広報関連サービス）
			R．福祉・家事援助（高齢者福祉，育児支援サービス）
			S．その他のサービス（観光レジャー，接待サービス）
8	その他	0.2%	T．その他

注：（1）表中の数字・記号は分類コード。
　　（2）* 就業延べ人員を母数とした就業人員の割合。
出所：石橋（2015）。

いった「一般作業群」の仕事で，全体の半数（54.8%）を占める。次に，建物の施錠管理や駐車場の受付，物販店での商品補充等の「管理群（21.5%）」が多く，通学路での見守りや個人家庭での家事や育児を支援する「サービス群（9.1%）」，植木の剪定や大工仕事などの「技能群（8.6%）」が続く。一方で，学校等での学習指導や企業等での経理や経営の支援業務を含む「技術群」や「事務群」はいずれも2%前後と非常に少ない。

　また，一般的には駐輪場整理等でその活動を目にすることが多いことから，

シルバー人材センターが担当するのは，公共部門の仕事がメインであると考えられがちである。しかし実際には，発注者別の契約金額は公共機関（31.5％）よりも民間（68.5％）の方が圧倒的に多い。しかも，民間の内訳の7割は一般企業からのもので，個人（家庭）の方が少ない。ただし，受注する仕事の内容は，所在地域の主要産業や大規模工場の存在等の影響を大きく受ける。また，提供される仕事の内容は性別によっても異なり，たとえば，東京都内のシルバー人材センターでは，女性は屋内清掃やラベル貼りなどの雑作業を中心とする「屋内作業」が最も多いが，男性は「施設管理」や「屋外作業」が多くを占める（針金ら 2009）。

（4）請負・委託による就業が主流——仕事の提供方法

会員に対する仕事の提供は，一般的に「請負・委託」の方式である。これは，シルバー人材センターが企業，家庭，公共団体等の発注者から請負・委託によって仕事を引き受け，希望する会員に再請負・再委託の形で提供する方法である。そのため，発注者と就業する会員との間に雇用関係はなく，会員への指揮命令権ももたない。

同様に，シルバー人材センターと会員との関係にも雇用関係や指揮命令権は介在せず，両者は仕事の遂行を定めた会員就業規約を履行する関係によって結ばれている。したがって，会員に支払われる報酬も「賃金」ではなく「配分金」という名称になっている。また，シルバー人材センターでの「請負・委託」による就業は雇用ではないため，労働者保護法の適用除外となっている。よって，配分金も地域の最低賃金の制約を受けないが，民業圧迫の恐れもあることから最低賃金を考慮した受注金額の設定に努めている。しかし，事務手数料を差し引いた会員の受け取り報酬額が最低賃金を下回るケースもあり，地域の賃金相場の引き下げにつながっているとの指摘もある（脇田 2011）。

「請負・委託」以外の就業方式として，発注者が雇用を求めている場合に会員に雇用関係の成立をあっせんする「職業紹介」と，登録会員がシルバー人材センター連合（本部）と雇用契約を結んだ上で，派遣契約を締結した企業等へ

会員を派遣する「一般労働者派遣事業(以下,派遣事業)[(4)]」が法令で認められている。後者の派遣事業は,発注者から派遣会員への直接の指揮命令が可能となるため,より多様な就業開拓が可能になると期待されている(厚生労働省 2012)。ただし,現在の派遣事業の割合は,契約金額のわずか5％未満と少なく,また派遣事業であっても扱える仕事は「臨・短・軽」の業務に限定されていることから,請負・委託を上回るような状況は起きないと考えられている。なお,現状の派遣事業の内容は,スーパー等での品出しや送迎車の運転,清掃業務が中心となっているが,この中には,従来は「請負」で受注していたが,実態的に指揮命令が発生することから「偽装請負として問題視されていた仕事」を「派遣」へ切り替えたケースも含まれている。したがって,派遣事業の受注が必ずしも新規の就業開拓であるとは限らない点に留意する必要がある。

(5) 安全就業への重層的な取り組み

シルバー人材センターの運営事業において,多くの労力が注がれているのが,安全就業への取り組みである。組織名称に多少の違いはあるが,すべてのシルバー人材センターには,安全・適正就業委員会が設置され,事故防止に向けた研修会や担当委員による就業先への巡回パトロールが計画的に実施されている。このほか,仕事の内容別に組織された「職種班」が中心となって,担当する会員間で仕事の方法や進め方が異ならないよう,自主的な研修会も随時開催されている。たとえば,長崎県長崎市シルバー人材センターでは職域別の研修会を発展させて,植木剪定班と筆耕班が独自の技能レベルの格付け制度を作り,会員には認定されたランクに見合った仕事を紹介する仕組みをつくり出している(全シ協編 2014b)。

また,就業中に発生した事故については,その報告制度が確立されている。死亡または6カ月以上の入院を伴う「重大事故」が発生した場合,設置市区町村を経由して,都道府県シルバー人材センター連合会,全シ協へと報告が上がる体制になっている。このほか,重大事故に該当しない場合でも,1カ月以上の入院及びシルバー人材センター団体傷害保険の後遺障害保険金の該当した事

故（保険給付額の30%以上）は，年度単位での報告義務が課せられ，全シ協による要因分析が行われている（全シ協 2014a）。こうして集められた事故報告の結果は，「安全就業ニュース」や「重篤事故事例集」等の媒体により，全国のシルバー人材センターに共有されるほか，安全就業基準（チェックリスト）の作成等を通じて事故防止に活用されている。

さらに，安全就業月間や安全大会の開催など安全意識の高揚に向けた啓発活動も盛んに行われている。なお，全シ協では，過去3年間の傷害事故発生状況や安全対策の実施状況などから「安全就業優良センター」を毎年選定し，全国のシルバー人材センターが集う定時総会の壇上で表彰する制度を設けている。

以上のようなシルバー人材センターにおける安全就業に対する重層的な取り組みは，高齢者であるがゆえに発生しやすい事故の防止，避けるべき危険な作業の判別など必要に迫られて構築してきたシステムなのであろう。しかし，その推進を会員の互助的な活動を中心するボトムアップ形式によって発展させてきた経験は貴重であり，今後さらに増える高齢者マンパワーの活用に際して，そのノウハウは広く活用されるべきだろう。

2　シルバー人材センター会員の実像

（1）会員の3分の2は男性で平均年齢は71歳——性別と年齢

シルバー人材センターは，地域住民に広く公開されることから，その趣旨に賛同する60歳以上(5)の住民であれば誰でも入会できる。会員には，年会費の納付や総会への出席など公益法人の構成員としての役割に加えて，提供された（請け負った）仕事の完遂に共同の責任を負うことが求められる。

シルバー人材センター会員の構成は，男性の割合が高く，それが地域密着型の他のボランティア組織やNPO団体と比較した際の特徴にもなっている。全国平均では会員の3分の2を男性が占め，男女比はこの15年間ほぼ変わっていない（全シ協 2015a）。ただし，地域によっては女性が過半を占めるセンターも存在しており，実際にはセンターによって男女比はかなり異なる。

表5-2 職業分類に基づく会員前職の分布と労働力調査との対比

職業分類 (大分類)	男性 シルバー人材センター 人数	男性 シルバー人材センター %	男性 労働力調査 (%)	女性 シルバー人材センター 人数	女性 シルバー人材センター %	女性 労働力調査 (%)
A．管理的職業従事者	563	1.8	(3.6)	183	1.1	(0.6)
B．専門的・技術的職業従事者	3,055	9.8	(15.1)	1,445	8.9	(17.4)
C．事務従事者	4,602	14.8	(14.1)	4,247	26.1	(27.6)
D．販売従事者	5,013	16.1	(13.8)	2,327	14.3	(13.9)
E．サービス職業従事者	2,230	7.2	(7.1)	3,752	23.0	(19.8)
F．保安職業従事者	854	2.7	(3.3)	39	0.2	(0.3)
G．農林漁業従事者	633	2.0	(4.1)	178	1.1	(3.1)
H．生産工程従事者	6,955	22.3	(17.9)	2,364	14.5	(9.7)
I．輸送・機械運転従事者	2,273	7.3	(6.1)	100	0.6	(0.2)
J．建設・採掘従事者	3,641	11.7	(8.3)	225	1.4	(0.2)
K．運搬・清掃・包装等従事者	1,326	4.3	(6.6)	1,435	8.8	(7.2)
合　計	31,145	100.0	(100.0)	16,295	100.0	(100.0)

出所：塚本ら（2016）。

現在の会員の平均年齢は，男性71.5歳，女性71.1歳に達している（全シ協 2015a）。これを年齢階層別でみた場合，70歳未満の割合は設立当初は6割を占めていたが，現在では4割にまで縮小している。さらに，70歳以降の分布は，70-74歳が35.0％，75-79歳が18.8％，80歳以上が6.8％となっており，75歳以上の後期高齢者層が全体の4分の1を占めるに至っている。

（2）多様な職業の出身者が入会──会員の前職

シルバー人材センター会員の出身職業に関する本格的な抽出調査は，2015（平成27）年に初めて実施された（全シ協 2015b）。これを再分析した研究論文（塚本ら 2016）によれば，男性会員は「生産工程従事者」が最多の22.3％で，次いで，「販売従事者」「事務従事者」と続き，これら3つの合計が過半数を占めている（表5-2）。一方の女性会員は，「事務従事者」が26.1％と最も多く，次い

で多い「サービス職業従事者」と合わせて約半数を占めていた。

　さらに，こうしたシルバー人材センター会員の出身職業と日本の就業者全体の職業分布である「労働力調査」を対比した結果，「生産工程従事者」と「専門的・技術的職業従事者」でやや差がみられるものの，全体の分布はほぼ近似していたことから，シルバー人材センターには偏りなく多様な職業の出身者が入会している実態を明らかにした。これまでシルバー人材センターには「ホワイトカラー出身者が入会していない」との課題が指摘されてきたが（厚生労働省 2012），同論文はそのような事実は存在しないことを実証するかたちとなった。

（3）平均月収は3.5万円だが実際には大きな個人差

　会員に対する仕事の提供は，企業や家庭等から仕事を受注した後に，会員登録時の希望職種等の情報に基づき事務局が各会員に打診する。もちろん，紹介された仕事を受けるかどうかは会員の任意である。全国統計では，会員の年間就業率は82.7％であることから，会員の8割は紹介された仕事の中から，少なくとも一度は就業していたことになる（全シ協 2015a）。

　同統計によれば，会員が受け取る配分金の全国平均は月額3万5,298円，月間就業日数は平均9.1日であると報告されている。しかし，就業するかどうかは会員が任意に選択できることから，収入額や就業日数にはかなり大きな個人差が生じているはずである。したがって，これを会員の平均像とみることはできないだろう。ただし，シルバー人材センターには「月10日程度以内の短期的な就業あるいは1週間当たり20時間以内の軽易な業務」という制約があるため，その上限は自ら限られる。

　ちなみに，就業の程度は，センターが受注した仕事の量や個人の就業意欲の影響だけでなく，会員の年齢とも強く関連している。先行研究では，75歳以上の後期高齢層の男性会員では，作業強度の低い「屋外作業」の仕事が増え，配分金の収入額も全体的に減少する傾向がみられており，年齢段階によって就業の程度は異なることが明らかにされている（針金ら 2009）。

（4）入会動機は「健康維持」退会理由は「本人の病気」がトップ

　シルバー人材センターへの入会動機は，各センターが会員登録時に行っているアンケート調査によって把握されている。全国の集計では，「健康維持・増進（39.0%）」が最も多く，次いで「生きがい・社会参加（26.8%）」「経済的理由（20.6%）」「時間的余裕（6.8%）」「仲間作り（1.9%）」「その他（4.8%）」となっている（全シ協 2015）。それに対して，企業に雇用されている65～69歳の高齢者を対象とした調査（労働政策研究・研修機構 2012）では，複数回答ではあるが「生きがい・社会参加」「健康維持・増進」「経済的理由」が50%前後でほぼ同率となっており，就業に対する意識の違いが鮮明になっている。

　ただし，シルバー人材センター会員の就業理由を扱った先行研究では，それぞれ異なった結果が報告されていること（塚本 2011；田尾ら 2001；山下 2002），また，高齢者が就業に求めるニードはステレオタイプ化された要求よりも多様で，特に経済的要因は他と重複して存在するとされていることから（岩田 1989），その解明はまだ途上にあるのだろう。

　次に，シルバー人材センターからの退会者は比較的多く，毎年新入会員とほぼ同じ割合（2割弱）で発生している。全国のシルバー人材センターから報告された退会理由は，「本人の病気（21.8%）」「会費未納（13.3%）」「加齢（11.3%）」の順で多い。このほか，仕事の提供に対する不満と考えられる「他に就職（9.8%）」「就業機会がない（4.0%）」「希望する仕事がない（5.6%）」は3つを合わせて全体の2割程度と少ない（全シ協 2015a）。この背景には，事前の説明会で就業日数や一定した収入の保障がないこと，実際に受注することの多い仕事の種類等を理解した上で入会しているため，提供（紹介）される仕事に過度の期待をもっていないことがあるのだろう。また，これら以外には，「家庭（介護等）の事情（7.4%）」「死亡・転居（6.7%）」といった会員の年齢を反映した退会理由もみられる。会員数を維持していくためには，新入会員の確保と同等に退会者の減少が重要だが，実際には加齢に起因した退会理由が多いことから，その歯止めには一定の限界があると考えられる。

　これまで，シルバー人材センターの事業運営を支える組織の概要と実際に入

会した高齢者の現状を紹介してきた。個々のセンターに目を転じれば，規模や地域特性による差異はあるものの，その組織体制や事業運営の仕組みは，ほぼ標準化されている。こうした社会システムを全国各地に普及させたシルバー人材センターの存在は大きく，今後さらにその発展が期待されている。しかしその一方で，これまでの仕組みが社会環境の変化に対応できておらず，その改革を迫る声も寄せられている。次節では，シルバー人材センターが抱える課題と今後のあり方について考えてみたい。

3　難局に直面するシルバー人材センター

（1）事業の停滞と政策の誘導

　表5-3は，シルバー人材センターの事業実績の推移を10年単位で比較したものである（石橋 2015）。国庫補助が開始した1980（昭和55）年からの30年間で，その規模が飛躍的に増大したことが確認できる。しかしながら，契約金額は2007（平成19）年をピークに減少に転じ，2014（平成26）年には微増となったものの，現在も停滞状況にある。同様に，会員数も2009（平成21）年をピークに減少に転じている。特に，団塊の世代が65歳に到達することから会員増大の好機と期待されていた2012（平成24）年以降も漸減傾向が続いていることが，危機感に拍車をかけている。全シ協では，都道府県別の目標値を設定して，会員数の100万人達成を目指しているが，その見通しは厳しいものとなっている。

　シルバー人材センター事業に対する政府の対応は，民主党政権による事業仕分けによる補助金の大幅縮減後，最近まで厳しい状況が続いていた。しかし，2015（平成27）年に「労働保険特別会計」を財源とした「高齢者活用・現役世代雇用サポート事業」が創設されたことにより，シルバー人材センターへの国庫補助は以前の水準に戻りつつある。ただし，同事業は事業主が負担する雇用保険料が財源となる「労働保険特別会計」を支出することから，企業が抱える雇用問題の解決に資することを前提としている。具体的には，人手不足の企業に高齢者人材を派遣する事業を対象としており[6]，シルバー人材センターに

第5章 生きがい就業を支える社会システム

表5-3 事業実績の推移

		1980年	1990年	2000年	2010年	2013年
団体数（カ所）		92	499	1,577	1,298	1,300
契約金額（千円）		4,155	79,913	243,472	306,633	297,891
就業延べ人員（千人／日）		1,205	19,255	51,311	70,407	68,875
会員数（千人）		46	226	642	787	729
男性の割合（％）		72.0	67.3	65.8	67.6	67.5
性別（％）	男性	72.0	67.3	65.8	67.6	67.5
	女性	28.0	32.7	34.2	32.4	32.5
年齢段階（％）	65歳未満	28.4	28.2	24.3	15.7	10.8
	65～69歳	33.6	33.5	35.4	33.3	30.6
	70～74歳	38.0[(1)]	23.4	25.7	30.8	34.6
	75歳以上		14.9	14.6	20.2	24.0

注：（1）統計資料の存在する1981（昭和56）年の結果を参照。また，集計区分により70歳以上を1つにまとめて表記した。
出所：石橋（2015）を改変。

対する補助金額も，派遣での就業延人員の目標数や実績数よって算定される。

さらに，厚生労働省はこれまで週20時間だったシルバー人材センターの就業制限を派遣・職業紹介の業務に限り40時間まで可能とする法改正（雇用保険法等の一部を改正する法律）に着手し，2016（平成28）年4月からの施行が確定した。民業圧迫を防止するため，都道府県知事による対象地域や業務範囲の指定等が設けられるものの，法改正がシルバー人材センターの仕事の選択肢を拡大させることは間違いない。このように，企業への高齢者人材の供給機能の向上によって受注増を図り，シルバー人材センターを補助金依存体質から脱却させようとする政府の方針は明らかであり，そこへ誘導するための施策の展開が今後も続くものと予想される。

（2）派遣事業の拡大への対応

事業の停滞に苦しむシルバー人材センターにとっては，その組織基盤を強化する上で，派遣事業の導入・拡大は避けられない選択だろう。ただし，これま

で会員との関係や仕事の進め方が「請負・委託」を基本に構築されてきたことを踏まえ，派遣事業へ移行した場合の影響を慎重に検討することも必要である。

なぜなら，「請負・委託」は単なる就業の一形態にとどまらず，シルバー人材センターの活動理念である「自主・自立・共働・共助」を具現化した働き方として浸透してきた歴史があるからである。「請負・委託」による仕事には，ワークシェアリングを基本に業務分掌や仕事の進め方を担当会員の話し合いによって決めていく裁量が存在する。こうした裁量は，組織が受注した仕事を共働・共助によって完遂するという連帯意識を醸成し，前述した安全就業のための会員の自主的な取り組みにつながっている。

一方の派遣事業では，先方の従業員との混在作業や直接の指揮命令が生じるため，業務遂行における裁量の範囲は狭く，会員による「共働・共助」や安全就業への自主的な取り組みを発揮する余地も限られるだろう。また，派遣元が都道府県のシルバー人材センター連合となることから，就業先での不安を対面によって十分に受け止められず，会員が孤立感を高める心配もある。したがって，派遣事業の受け入れの検討に際しては，共働・共助が機能する仕事を優先的に選定すると同時に，会員の連帯感や自律的な安全就業を支援する体制を派遣元及び登録したシルバー人材センターが共同して整備しておく必要がある。

さらに，すべてをシルバー人材センターが抱え込むのではなく，受注を見合わせた仕事を地域の他団体に紹介し，相互連携の機会に活用する発想も必要だろう。また，実態的には他の団体にも所属している会員も少なくないことから，人材の共有といった視点もこれまで以上に求められてくるだろう。小澤は，介護福祉分野の事業型 NPO ではマンパワーの主力が高齢者であることから，より多くの収入を望むシルバー人材センター会員をこれら NPO に紹介することを提言している（小澤 2015）。他にも，急斜面での除草作業や除雪作業など労働負荷が高くシルバー人材センターでは受注できない仕事の受け皿を地域に創出するため，会員有志によって新しい NPO 法人が設立されたケースもある。いずれにしても，「臨・短・軽」の仕事を中心とするシルバー人材センターのみで対応できる範囲には限界があり，地域の他団体との連携を深め，自らの役

割を客観的に把握した上で，積極的に受注すべき仕事を選択していくことが必要だろう。

（3）地域の問題解決への貢献

シルバー人材センターへの入会理由を新入会員に限った場合，「健康維持・増進」を「生きがい・社会参加」が上回る。これは，単なる"外出"や"体を使う"機会だけでなく，仕事を通じて得られる効力感（自分は役に立つと思える感情）や社会貢献の実感など心理面の満足に重点が移ってきたためと考えることができる（石橋 2015）。こうした高齢者の就業ニーズは，東京大学高齢社会総合研究機構が千葉県柏市で農業・食・子育て・生活支援・福祉の各分野における地域の課題を高齢者のマンパワー活用によって解決する社会実験からも確認できる（辻 2012）。

その意味で，高齢者組織であるシルバー人材センターが「同世代，同年代の人々が日々の生活で困っていること，不自由を感じていることをお手伝いし，支えながら地域社会に貢献できる活動を実践すること」（全シ協編 2014b）を基軸とすることは，今後も変わらないだろう。こうした中，全国のシルバー人材センターが注目しているのが，介護保険改正によって誕生した「介護予防・日常生活支援総合事業」である。同事業は，要介護状態になっても住み慣れた地域で暮らし続けることができるよう，家事や外出，サロン（集い場）等の生活支援を住民参加型の互助的な支援を整備することで飛躍的に充実させることを目指した施策である。その提供主体として，シルバー人材センターも有力な候補の一つに位置づけられている。

ここで，シルバー人材センターへの期待は，安い労働力としての側面だけでなく，高齢者をマンパワーの中心に据えるという積極的な意義にある点を見逃してはならない。すなわち，高齢者が生きがい就業として生活支援サービスの担い手になる（＝社会参加する）ことが，自身の健康維持や介護予防にも資するという福祉的側面の効用である（図5-1）（厚生労働省 2013）。そもそも，シルバー人材センター事業は「就業を通じて高齢者の社会参加や生きがいを支援す

図5-1 生活支援・介護予防サービスの充実と高齢者の社会参加

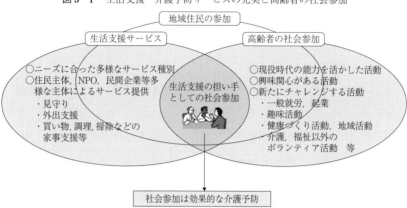

出所：厚生労働省（2013）。

ること」を目的としており，介護予防・日常生活支援総合事業はそのシンボル事業として最適といえる。ただし，生きがい就業が高齢者の健康維持や介護予防にどの程度の効果があるかはほとんど解明されていない。こうしたエビデンスの蓄積には，健康維持・増進を主目的に掲げるシルバー人材センター自身による積極的な取り組みが不可欠であり，会員の健康度を追跡する調査研究プロジェクトもスタートしている（石橋・中村 2014）。

（4）居場所としての機能をどう評価するか

先に紹介したように，シルバー人材センターの会員の3割を75歳以上の後期高齢者層が占めている。また，「高年齢者等の雇用の安定等に関する法律」の改正により65歳までの雇用の確保が進むことから，入会者の年齢も引き上げられ，会員の高齢化はさらに上昇するとみられている。これにより，体力低下を理由に「就業に参加しない（できない）会員」も増加し，その処遇が頭の痛い問題となってくる。もちろん，地域にはボランティア団体や生涯学習，サロンなど他の社会参加の機会は多く，これらをシームレスに移行できる仕組みを構築していくべきだろう。一方で，気心の知れた仲間のいる組織にできるだけ長くとどまりたいと希望する高齢者のニーズにも応える必要がある。

第5章　生きがい就業を支える社会システム

　シルバー人材センターとしての解決策の一つは，公益法人の定款に定めた「その他の社会活動」に該当する地域貢献活動の活用である。たとえば，東京都立川市シルバー人材センターの「小学校低学年児童の下校時通学路安全見守り活動」は，会員の6割近くが参加する人気の地域貢献活動として，就業が厳しくなった高齢会員が活躍する絶好の機会となっている（全シ協編 2014b）。また，大阪府河内長野市シルバー人材センターが開設した生後7カ月‐7歳の子どもを預かる「にこにこルーム」は，利用料金を1時間550円（9‐17時の1日利用は2,590円）と低額に設定したため，会員はほぼ無報酬であるが，センターの知名度向上に貢献する活動として希望者が後を絶たない（全シ協編 2015c）。他にも，東京都町田市のシルバー人材センターは，「認知症サポーター」[7]養成講座の受託を契機に，会員4名がキャラバン・メイトと呼ばれる講師の認定を取得し，現在では会員の半数近い1,415人がサポーターの証であるオレンジリングを取得するなど，地域の福祉活動に大きなインパクトを与えている。
　今後，日本では，社会参加の機会が限定される後期高齢者が急増することから，その「居場所」の創出が喫緊の課題となっている。しかしすでに，シルバー人材センターはその受け皿として一定の役割を担っており，公益法人としてこの機能を今後どう発揮していくのか，各センターの手腕が問われている。

（5）事業運営への会員の参画
　今後のシルバー人材センターは，職業紹介所と同等のキャリアカウンセリングにより現役時代の能力を発揮できる仕事とのマッチング機能を強化していくのか，あるいは地域の問題解決に資する生活支援サービスの掘り起こしに特化していくのか，戦略的な選択に直面することとなる。そして当然ながら，その意思決定も，会員の主体的な参画によって承認されなければならない。
　しかし，一部の理事会には，事務局の事業計画案を承認しているだけとの形骸化が指摘されるなど，事業運営が事務局主導である実態も否定できない。その改革の達成がすぐには困難だとしても，まずは会員が組織運営に関与する機会を増やすことに着手してみてはどうだろうか。現在の在籍会員には企業出身

者も多いことから，前職で培われたマネジメント能力や事務処理能力が発揮できる場面も少なくない。たとえば，兵庫県伊丹市シルバー人材センターでは，仕事の受注・担当会員の選定・作業報告の受付・請求事務等の事務局業務を，約30人の会員が持ち回りで担当している（全シ協編 2014b）。

　会員の主体的な参画を促すもう一つの方策は，会員の住所地から編成された「地域班」の活性化である。シルバー人材センターが成長分野として期待する生活支援サービスは，おおむね30分以内に駆けつけることのできる「日常生活圏域」をサービスの提供単位と想定しているため，地域班を実質的な活動拠点として整備していく案もあるだろう。たとえば，愛媛県今治市シルバー人材センターでは，会員理事のうち営業経験のある6名が中心となって就業機会創出委員を構成し，小学校区単位で民間企業と個人家庭をローラー作戦によって訪問し，一般家庭を含む民間受注の割合を大幅に高めている（全シ協編 2014b）。ほかにも，地域班を単位として，会員が足で集めて完成させた「地域の資源マップ」が新聞等で取り上げられ，大きく注目を集めた事例もある。

　こうした顔が見える範囲で地域の潜在的なニーズを掘り起こす作業は，わがまちの問題解決にも結びつき，会員の士気の向上に大きく貢献するだろう。また，会員の活動を地域住民が目の当たりにすることで，新しいシルバー人材センターの姿を浮かび上がらせる効果も期待できる。

　シルバー人材センターは，労働政策上のニーズであるマンパワー供給という機能を果たしつつも，地域社会への貢献を"見える化"する取り組みをさらに充実させ，高齢者を主体とする社会運動体として地域に不可欠な存在であることを自他ともに認めさせる努力が求められている。

注
(1) 東京都の高齢者事業団の設立経緯は，第8章に詳説されている。
(2) 文中に「就労」と「就業」の用語が混在しているが，シルバー人材センターにおいては，その法文である「高齢法」において「就業」という語が用いられていることを受けて，シルバー人材センターでの定款や業務報告においても「生きがい就業」あるいは「就業機会の提供」との表現が一般的である。したがって，本章では引用

第 5 章　生きがい就業を支える社会システム

部分を除いて「就業」との表現に統一している。
(3) 「都道府県知事は，定年退職者その他の高年齢退職者の希望に応じた就業で，臨時的かつ短期的なもの，またはその他の軽易な業務に係るものの機会を確保し，及びこれらの者に対して組織的に提供することにより，その就業を援助して，これらの者の能力の積極的な活用を図ることができるようにし，もって高年齢者の福祉の増進に資することを目的とする一般社団法人又は一般財団法人であって，市町村(特別区含む)の区域ごと1個に限り(場合によっては，都道府県知事が指定する2以上の市町村の区域ごと1個に限り)，都道県知事は同条に規定する業務を行う者であって，次条に規定する業務に関して次に掲げる基準に適合すると認められるものを，その申請により，市町村の区域ごとに1個に限り，同条を行うものとして指定することができる(一部，省略)。
(4) 労働者派遣の制度及び課題は，第3章に詳説されている。
(5) 60歳以上という基準は，統一した厳格な定めでなく，各センターの定款によって規定されるが，実態として60歳が標準となっている。
(6) 2016 (平成28) 年度より，事業対象が派遣以外の請負・職業紹介にも拡大された。
(7) 認知症サポーター制度は，認知症に関する正しい知識と理解を持ち，地域や職域で認知症の人や家族に対してできる範囲での手助けをする人を養成する活動である。これまで全国で701万4,288人(2015〔平成27〕年12月31日現在)のサポーターが養成されている(全国キャラバン・メイト連絡協議会 HP〔http://www.caravanmate.com/result/，2016年3月9日アクセス〕)。

参考文献

石橋智昭・中村桃美 (2014) 「介護予防プログラムへの生きがい就業の活用」『病院設備』56(4)，56-59頁。
石橋智昭 (2015) 「生きがい就業を支えるシルバー人材センターのシステム」『老年社会科学』37(1)，17-21頁。
岩田正美・山口春子 (1989) 「シルバー人材センターに見る「生きがい就労」の理想と現実」『季刊社会保障研究』24(4)，424-439頁。
小澤一貴 (2015) 「シルバー人材センターの成立と発展」『公共政策志林』第3号，47-60頁。
厚生労働省 (2004) 『高年齢者等の雇用の安定等に関する法律の一部を改正する法律の施行について』(厚生労働省職業安定局長通達)，平成16年11月4日。
厚生労働省 (2012) 「生涯現役社会の実現に向けた就労のあり方に関する検討会報告書」。
厚生労働省 (2013) 「地域包括ケア構想──5. 生活支援サービスの充実と高齢者の

社会参加」(http://www.mhlw.go.jp/seisakunitsuite/bunya/hukushi_kaigo/kaigo_koureisha/chiiki-houkatsu/dl/link5.pdf，2016年3月25日アクセス)。
全国シルバー人材センター事業協会（2013）『シルバー人材センター事業　運営の手引き　改訂第五版』。
全国シルバー人材センター事業協会（2014a）『シルバー人材センター安全・適正就業の手引　第五改訂』。
全国シルバー人材センター事業協会編（2014b）『月刊シルバー人材センター『誌上パーティー』合本版』労働行政。
全国シルバー人材センター事業協会（2015a）「平成26年度シルバー人材センター事業統計年報」。
全国シルバー人材センター事業協会（2015b）「ホワイトカラー層に係るシルバー人材センターの対応に関する調査研究」。
全国シルバー人材センター事業協会編（2015c）「子育て支援事業「にこにこルーム」がシルバーの看板事業に」『月刊シルバー人材センター』2015年2月号，労働行政，18-21頁。
田尾雅夫・石田正浩・高木浩人ら（2001）『高齢者就労の社会心理学』ナカニシヤ出版。
塚本成美（2008）「高齢者就業問題とシルバー人材センター組織の機能化」『島根県におけるエイジフリー社会に向けた雇用・社会活動に関する調査研究報告書』高齢・障害者雇用支援機構，120-151頁。
塚本成美（2011）「変革期のシルバー人材センター――社会的包摂の拠点として」『首都圏におけるエイジフリー社会構築に向けた就業・社会活動に関する調査研究報告書』高齢・障害者雇用支援機構，173-191頁。
塚本成美・中村桃美・石橋智昭（2016）「シルバー人材センター会員の前職と希望する職種の関係」『老年社会科学』38(1)，57-65頁。
辻哲夫（2012）「セカンドライフの就労モデル開発研究会　平成24年度研究開発実施報告書」科学技術振興機構・戦略的創造研究推進事業（社会技術研究開発）。
宮地克典（2012）「日本における高齢者雇用対策の一考察――氏原正治郎の所説を中心に」『経済学雑誌』112(4)，53-71頁。
針金まゆみ・石橋智昭・岡眞人・長田久雄（2009）「都市部シルバー人材センターにおける就業実態」『老年社会科学』31(1)，32-38頁。
脇田滋（2011）「生きがい就労には雇用のルールはなじまないのか」『ワークルール・エグゼンプション――守られない働き方』学習の友社，8-15頁。
山下隆資（2002）「シルバー人材センターの現状と課題」『香川大学経済論叢』74(4)，69-89頁。

労働政策研究・研修機構（2012）「高年齢者の継続雇用等，就業実態に関する調査結果報告書」。

Bass, S, A. & Oka, M.（1995）"An Older Worker Employment Model, Japan's silver human resource centers" *The gerontologist* 35(5), pp.679–682.

Roberts, G. S.（1996）"Between policy and practice, Japan's Silver Human Resource Centers as viewed from the inside" *J Aging Soc Policy* 8(2–3), pp.115–132.

（石橋智昭）

第6章　ボランティアと就労の境界
—— 社会福祉協議会の活動から

1　高齢者に視点を置く社会福祉協議会の沿革

（1）社会福祉協議会の高齢者に対する取り組み

　社会福祉協議会（以下，社協）は，地域福祉を推進する事業を多様に展開している。これまでは高齢者の就労支援はほとんどなく，福祉や介護サービス等による具体的支援が多かった。また，生きがいや社会参加の機会として，住民同士の支え合いにつながる，高齢者のボランティア活動，NPO活動，小地域福祉活動[1]への参加を促進してきた。

　1970年代，21世紀の本格的な高齢社会を前に，ホームヘルプサービスやデイサービス等，在宅福祉サービスの推進が求められた。障害や疾病のため，介護や福祉のサービスが必要な高齢者や障害者が，住み慣れた地域で暮らし続けられるように，社協は在宅福祉サービスの担い手としての役割を期待された。

　1979（昭和54）年，全国社会福祉協議会（以下，全社協）は，コミュニティケアの推進を視野に，在宅の要援護者へ個別生活支援が行えるよう，福祉ニーズの高度化，多様化に応じる「在宅福祉サービスの戦略」を示した。社協は，在宅福祉サービスの供給システムの中核にとらえられ，1983（昭和58）年，市町村社協の法制化により，在宅福祉サービスの運営主体に位置づけられた。在宅生活を支援する対人福祉サービスとして，給食サービス，入浴サービス，掃除・洗濯等の活動を住民参加で推進するようになった。

　1980年代以降，高齢者の家事援助等を「有償ボランティア」[2]と呼び，ある程度の経費や低額の謝礼が容認されるようになった。しかし，社協はボランティアの無償性を考慮し，1987（昭和62）年，全社協ボランティア活動振興センター

は,「住民参加型在宅福祉サービスの展望と課題」において,「実費弁償を超えた報酬を得る活動はボランティア活動とは呼ばない」とした。そこで,有料サービス,有償ヘルパー,会員制（互助性）の特徴をもつ在宅ケアグループを「住民参加型在宅福祉サービス団体」と呼んだ。

同時期に,高齢者福祉ニーズが高まることを見据え,ボランティア活動の促進が求められた。そして,政府は,ボランティア振興策として,社協のボランティアセンターの充実を図った。

（2）地域で支え合う仕組みづくりに向けて

超高齢社会に突入した今日,全社協は,地域で持続可能な支え合いの仕組みづくりとして,「生活支援サービス」[3]の普及・促進をしている（全社協 2010；2011；2015）。それは,近隣の自然な支え合いだけでなく,住民参加型在宅福祉サービス,食事サービス,外出支援等,見守り支援活動よりシステム化したもので,公的サービスに比べ柔軟に実施される。

このように,生活支援が必要な高齢者を元気高齢者が支える仕組みが,高齢者の介護予防,健康増進,生きがいや社会参加として今日普及してきている。

こうした中,小地域福祉活動をしてきた住民たちがNPO法人化して,介護保険だけでは担えない家事援助や外出介助等の生活支援を有償で始めるところも増えてきた。

社協は,無償のボランティア活動や小地域福祉活動を推進しながら,有償によるサービス活動を促進し,地域における多様な支え合いの仕組みづくりに取り組んでいる。

（3）地方自治体が期待する地域づくりに支え合い活動を活かす

2015（平成27）年介護保険法の改正により,全国の地方自治体は2017（平成29）年度末までに,要支援者対象の予防給付サービスの一部（訪問介護,通所介護）を地域支援事業（市町村で実施）に移行する。政府は,既存の公的サービスだけでなく,従来の小地域福祉活動を含め,ボランティア,NPO,民間企業等

の地域の多様な主体を活用して，互助（自発的に相互に支え合う）活動に期待している。

　これまで助け合い活動を実施してきた非営利14団体は，この介護保険法改正を踏まえ，2014（平成26）年，「新地域支援構想会議」を発足し，基本的な考え方をまとめた。新たな地域支援事業については，「介護サービスによる高齢者の自立支援の取り組みや家事援助にとどまらず，高齢者と地域社会との関係の回復・維持の働きかけの仕組みをいかに位置づけるかがポイント」（新地域支援構想会議 2014：5）としている。そして，そのためには，「高齢者自身の意識変革も求められ，自らの生活を豊かに，自分らしく送るために，地域とつながりを持ち，可能な範囲で助け合い活動にも参画し，いきいきとした生活にもつながる」（新地域支援構想会議 2014：5）としている。

　従来，専門職や介護保険に参入したNPO等が担ってきたサービスに，住民による有償の活動のみならず，無償の支え合い活動をサービスに加えるとしたら，自然発生的な相互扶助の大切さを損ないかねない。しかし，住民による支え合い活動が高齢化等により担い手不足になっている今日，ニーズに応えきれない現状がある。前述した「新地域支援構想会議」の見解にもあるように，高齢者を主力とする住民が，自治体サービスの一部を担いながら地域づくりにつなげていくことが必要になってきたといえる。

（4）生きがいや社会参加の場づくりと多様な就労支援

　今後，介護保険等の制度ではない，身近な相談，見守り，声かけ等の地域の支え合いを大切にしつつ，社協は地域包括支援センター等と連携して，多様な生活ニーズに応えられる無償の活動と有償サービスを促進する必要がある。

　しかし，住民参加による互助活動は，すべての地域で行われているわけではない。そこで，政府は各自治体に，こうした地域の支え合い活動を促進する担い手として「生活支援コーディネーター」を配置する。このコーディネーターは必ずしも社協に配置されるわけではないが，地域ネットワーク機能を活かせる社協にその役割が期待されている。今後，「生活支援コーディネーター」は，

元気な高齢者が生活支援サービスの担い手として活躍できる場の確保や，新たなサービスの創出に取り組み，高齢者の活躍の機会を促進する。

このような生きがいや社会参加に比重をおき，低額な有償サービスだけでなく，今日の社協は，高齢者の就労支援にも取り組み始めている。すべての社協ではないが，現役世代同様に働く希望のある高齢者に対し，就業相談や職業紹介等を行うようになった。また，地方自治体からシルバー人材センター事業を受託している社協や，シルバー人材センターと連携して就労支援をしているところもある。

社協は，各種機関・団体と連携し，多方面から高齢者の生活を支え，生きがいや社会参加による社会貢献に向けて，多様な選択肢を提供し，主体的な活動と就労の機会づくりを応援している。

2　社会福祉協議会とは

(1) 地域福祉の推進を担う組織

2000（平成12）年，社会福祉法第4条に「地域福祉の推進」が規定された。以下が条文である。

> 「地域住民，社会福祉を目的とする事業を経営する者及び社会福祉に関する活動を行う者は，相互に協力し，福祉サービスを必要とする地域住民が地域社会を構成する一員として日常生活を営み，社会，経済，文化その他あらゆる分野の活動に参加する機会が与えられるように，地域福祉の推進に努めなければならない。」

同年，厚生労働省は，社会的孤立状態にある人に対し，社会の一員として包み支え合う社会的包摂（ソーシャルインクルージョン）の理念（厚生労働省 2000）を示した。

支援を必要とする，必要としないで区別せず，「地域社会を構成する一員」

と，あらゆる人を包含する社会福祉法第4条の考え方は，ソーシャル・インクルージョンに基づいている。また，「あらゆる分野の活動に参加する機会が与えられる」は，完全参加と平等を目指した国際障害者年の哲学，ノーマライゼーションにつながる。本条「地域福祉の推進」を図ることを目的とする団体に位置づけられているのが社協である。

（2）民間の社会福祉団体として

社協は，誰もが住み慣れた地域で安心して暮らし続けられるように，「住民主体」の理念に基づき，地域の福祉課題の解決に取り組む社会福祉法人である。組織体制は，全社協1カ所，都道府県と指定都市社協67カ所，市区町村社協1,851カ所が設置されている（社会福祉の動向編集委員会 2016：94）。会員制度をもち，自主財源確保の努力をしているが，補助金や委託金等による収入が多くを占めている。特に人件費等，組織運営に関する予算は行政によるものが多いため，行政経験者や派遣職員が管理職等として事務局を運営しているところもあり，民間団体ではあるが「半官半民」の組織とみられることも少なくない。

（3）社会福祉協議会の事業

市区町村社協は，各種福祉機関・団体等と連携して，さまざまな事業に取り組んでいる。主な事業として，地域福祉活動計画の策定と推進，住民の福祉理解と参加の促進（福祉教育），ボランティア活動の推進とNPO活動の支援，当事者や社会福祉事業関係者への支援，小地域福祉活動，在宅福祉サービスの推進等がある。また，総合相談事業，日常生活自立支援事業，生活福祉資金貸付事業，法人後見人事業等の個別支援の取り組みを地域支援につないでいる。近年，社会的孤立や生活困窮の問題により，地域課題が多様化，深刻化している。そのため，2012（平成24）年，全社協は，個別ニーズへの支援を充実させる「社協生活支援活動強化方針」を示した。

社協は，地域に暮らす多様な住民の福祉ニーズに応じられるよう，さまざまな社会資源の活用，調整，開発を担う。そして，多様なネットワークと地域の

特性を活かした創意工夫により，市区町村ごとにそれぞれ独自の事業に取り組んでいる。

　地域のつながりが希薄化し，つながりの再構築が求められる今日，地域包括ケアシステムの構築に，住民の「互助」が加わったことから，多様な生活支援サービスを拡充するために，社協によるボランティア活動，NPO活動，小地域福祉活動の推進がさらに求められている。

3　ボランティアとは

（1）人間の生きる営みに必要なボランティア活動——期待される高齢世代

　人は人との関わりの中で育つといえるであろう。そして，人間らしく豊かに生きていく営みの中にボランティアがある。[6]

　人は，病気や障害等，生活環境の変化によって，これまでの生活を維持できなくなるかもしれない。こうした予期せぬ局面で個人の生活を支えるのが社会保障である。そして，それを他人事とせず，生活課題を抱える人を共感的に支援する営みとしてボランティア活動がある。

　ボランティアは，「助ける」ことと「助けられる」ことが融合し，誰が与え，誰が受け取っているのか区別することが重要でないと感じるような，不思議な魅力にあふれた関係性の発見のプロセスである（金子 1992：6）。

　1990年代から高齢者のボランティアは増えはじめ，2000年代から，高齢者はボランティアの受け手だけでなく，ボランティア活動の担い手と期待された。それを裏づけるように，1990（平成2）年，独立行政法人国際協力機構（Japan International Cooperation Agency：JICA）は，長年培った専門知識や技術を開発途上国の人達のために活かすことで，退職後の第2の人生を有意義なものにする「シニア海外ボランティア（開始時はシニア協力専門家）」を開始し，2000（平成12）年から飛躍的に増加した。

　総務省統計局「平成23年 社会生活基本調査」のボランティア活動に関する調査によれば，実際にボランティア活動をする全世代の行動者率は26.3％であ

る。65歳以上においては，女性（21.0％）に比べ，男性（26.8％）が活動しており，高齢者の社会への貢献意識は高い。『高齢社会白書 平成24年版』によれば，60歳以上の5割弱が地域活動やボランティア活動に参加しており，自治会・町内会，老人クラブ，NPO等の活動が多い（男性32.9％，女性24.0％）。活動参加においては，男女ともに，身近な場所で，時間に縛られず，金銭的負担が少なく，同世代と交流できることを望んでいる。また，NPO等の市民活動団体のスタッフは60代以上が55.7％で最も多い。

（2）ボランティア活動の語源・理念・性格

　ボランティアという言葉は外来語である。2004（平成16）年度，文部科学省委託調査「ボランティア活動を推進する社会的気運醸成に関する調査」によれば，社会的関心は約8割以上あるが，活動経験は約3割程度ということがわかった。

　2011（平成23）年度の全国ボランティア・市民活動振興センター「ボランティア活動年報2011」によれば，ボランティア・NPO・市民活動への参加割合は21.5％とあり，ボランティア活動を実際に行う人の割合は2～3割程度で一定しているとはいえ，まだ人々の日常生活につながる取り組みとはいいがたい。

　しかし，2007（平成19）年，文化庁の「国語に関する世論調査」では，ボランティアの認知度，理解度が9割以上になり，外来語として日本社会に定着してきたといえる。

　この「volunteer（ボランティア）」の起源は，英語の「will（志す，進んで～する）」にあたるラテン語の「volo（喜んで～する，～を欲する）」から派生した「voluntas（自由意志）」であり，ここに人を表す「er」を加えたものである（早瀬2015：12）。こうした語源から，ボランティアは，自ら進んで取り組む意味がある。

　人が抱える痛みや苦しみを他人事とせず，何かしなければいられなくなる，こうしたボランティア精神につながる言葉として「ボランタリズム」がある。この言葉は2つの英語で表され，1つは「voluntarism」で，人間のもつ理性や知識よりも，自発的な自由意志や自由な精神を重視する主意主義を意味する。

もう1つは,「voluntaryism」で,国家や権力から干渉されたり統制されたりしない立場を意味する（岡本 1981）。

ボランティア活動の性格は,ボランティア側から規定される「自発性・主体性」,活動の目的（内容）から規定される「福祉性・連帯性」,職業（有償）性から規定される「無償性・無給性」の3つがある（岡本 2006）。「自発性・主体性」は,ボランタリズムの理念からなる基本的な性格である。「福祉性・連帯性」は,自発性に基づく活動が人々と地域の連帯や公共の福祉の増進に寄与するものである。「無償性・無給性」は,活動に対する無報酬性についてであり,給与所得者等の職業人とは区別することを意味している。

今日は,「無償性・互酬性」がいわれるようになり,ボランティア活動を一方通行ではなく,「お互い様」という双方向性の関係を学び,双方が支え上手,支えられ上手になることが大切とされるようになってきた（全国ボランティア・市民活動振興センター 2015）。

4 地域福祉実践を担うボランティアセンター

（1）ボランティアセンターの機能

ボランティアセンターは,民間のボランティア協会,または,企業や大学に設置されているところもあるが,全国市区町村に設置されているのは社協のボランティアセンターである。社協のボランティアセンターの主な機能を5点に整理する。

- ボランティアを必要とする人・団体等のニーズ受付とボランティア派遣の需給調整機能。
- 広報やイベント,情報把握と提供等の情報提供機能。
- 啓発や活動に向けた各種ボランティア講座,体験学習プログラムづくり,新たな社会資源開発に向けた検討等の学習・研究機能。
- 個人やグループのネットワークづくり,活動場所や機材等の貸出,助成

金制度等の紹介の活動支援機能.
・行政, 学校, 企業, 商工会等の地域組織・団体等との連携協力機能.

　1985（昭和60）年,「ボラントピア事業」は, 国庫補助事業として実施され, ボランティア活動に必要な人的・物的環境を整えた. これにより, 市区町村社協はボランティア活動を促進した.
　1990年代になると, 人は心の豊かさを求め, 社会貢献意欲を高めた. 企業や労働組合での社員のボランティア活動支援, 生協や農協でのボランティアや福祉活動の促進, 学校でのボランティア体験学習, 病院や博物館でのボランティア受け入れ, さまざまな分野でボランティア活動が推進されるようになった.
　こうした背景には, 1993（平成5）年, 厚生大臣により告示された「国民の社会福祉に関する活動への参加の促進を図るための措置に関する基本的な指針（以下, 基本指針）」, それを受けて検討された全国ボランティア活動振興センターによる「ボランティア活動推進7カ年プラン」, さらにそれと整合性をとって設定された, 中央社会福祉審議会地域福祉専門分科会「ボランティア活動の中長期的な振興方策について」がある.
　「ボランティア元年」と呼ばれた1995（平成7）年, 阪神・淡路大震災で, 多様なボランティア等の救援活動による活躍が, 1998（平成10）年の特定非営利活動促進法（以下, NPO法）の制定につながった. そして, 社協のボランティアセンターは, 災害発生時に災害ボランティアセンターを開設して, 被災地の支援ニーズを把握, 支援受入等の体制を整えるようになった.

（2）NPOの台頭とボランティアとの協働

　この頃になると, 規制緩和や地方分権など, 行財政改革と社会システムの見直しの過程において, 地方自治体のサービスをNPOに委託する動きが進んだ. NPO法を所管するセンターが自治体に設置されるようになり, 自主防災会, 自主防犯, 学校支援に関する活動等, 各省庁がそれぞれの施策に関するボランティア活動を促進するようになった. そして今日, 地方自治体とNPO団体の

協働が一般化してきた。2011（平成23）年，東日本大震災が起こり，認定NPO法人の認定要件が大幅に緩和された。法改正により，寄付への税制優遇が充実し，翌年から導入され，認定NPO法人数は急増した。

　元来，NPOは，ボランティアが経営参加する組織で，ボランティア精神を基軸とするNPO団体が増え，ボランティアとともに社協は市民活動団体と協働し，必要な支援を行っている。

　NPO法制定以後，市区町村社協は徐々に，従来のボランティア活動だけでなく，NPO活動を促進できるように，「ボランティア・市民活動センター」へ名称を変更している。また，社協ではなく，NPOの市民活動拠点として，行政や民間により設立運営される「市民活動（NPO）センター」もある。2010（平成22）年，全社協の全国ボランティア活動振興センターは，「全国ボランティア・市民活動振興センター」に名称を変更した。

　NPOは，その発足のきっかけとして，社会的な課題を何とか解決したい，というボランティア精神に基づく第一歩があり，ボランティアはNPO法人の運営に必要な存在（山岡 2015）である。特に地域に根をおろす活動には，自ら課題解決に取り組もうとするボランティアと共感を高め，地域活動につなげることが重要になる。そのためには，社協が介在したNPOとボランティアの協働が欠かせない。

（3）定年退職後のシニアライフ支援に向けて

　社協のボランティアセンターは，ボランティア講座により，高齢者の生きがいや社会参加の機会として，シニアボランティア活動の促進に取り組んできた。そして，団塊世代の大量定年退職が想定された「2007年問題」を踏まえ，「地域デビュー」に向けた定年退職者等，高齢者のシニアライフ支援にも取り組むようになった。これにより，高齢者世代が充実した生活を送り，地域で豊かな人間関係を築けるよう心がけた。

　社協は，退職した高齢者を地域活動に結びつけ，多様な小地域福祉活動，ボランティア活動により，生きがいや社会参加につながるよう，情報収集と提供，

活動団体立ち上げ支援，活動しやすい環境醸成と整備を行っている。そして，就労機会を求める高齢者には，経験や能力を活かし，地域社会に貢献するための高齢者就労センターを運営するところも出てきた。

（4）地域福祉を支えるボランティア活動

　今日，生活困窮や社会的孤立の問題が深刻化し，家族及び地縁機能が低下し，これまで地域社会に自然に備わっていると思われてきた近隣の支え合いは脆弱化してきている。しかし，複雑で多様化した生活問題に対処するには，専門機関だけでなく，地域住民の主体的な支え合いによる小地域福祉活動の必要性が高まっている。

　地域福祉は，自分1人だけで解決できない生活課題を発見し，地域にともに暮らす人々が課題を共有し，解決に向けて実践することが求められる。前述したように，高齢者の地域社会における活動実績は高く，その活躍が大いに期待されている。

　小地域福祉活動は，地域福祉実践を支える「地域社会のボランティア活動」といい換えられる。その内容は，「在宅の高齢者や障害者への配食，訪問や電話による安否確認，見守り，相談，集会所等での会食，仲間づくり，情報交換，介護予防を目的とする『ふれあい・いきいきサロン』，近隣での買い物や外出支援等の互助活動，地域福祉計画等への参画，共同募金活動，子育て支援，介護教室，障害児者との地域交流，防災・防犯活動，認知症サポーター，学校支援（学校支援地域本部）」（佐藤 2010）等がある。こうした活動を，同じ生活圏域に居住する住民の間でつくられる自治会・町内会等の地縁型組織が取り組めば，小地域福祉活動への参加といえる。また，特定のテーマとして，ボランティアやNPO等の機能型組織が自発的に取り組めば，その活動といえる。

　地域福祉の推進においては，この地縁型組織と機能型組織を結びつける必要があり，その仲介役割を担うのが社協である。

　こうした小地域福祉活動といえる「地域社会のボランティア活動」は，関わる人の自己実現につながるだけでなく，住み慣れた地域で社会的関係を維持し，

地域社会における社会的なネットワークを豊かにする。この考えは，前述した「新地域支援構想会議」の考えに通底する。そして，日常生活と密接に関わる小地域福祉活動に関わり始めた人は，活動が日常化すると，ボランティアという言葉に違和感を覚え，「助け合い」や「支え合い」というようになることがある。

2015（平成27）年，全国ボランティア・市民活動振興センターは，これまでの広く社会的にボランティア活動を振興するためのプランを継承しつつ，「ボランティア・市民活動センター強化方策2015」を公表した。本方策では，後述するビジネス手法を用いたコミュニティビジネス等の活動を，広い意味で社会の課題解決に向けて取り組むボランタリーな活動の一面があるとしている。今後，社協のボランティアセンターは，営利・非営利を問わず，広く市民活動をとらえ連携していく必要があるとしている。そして，地域の支え合い関係や，つながりの再構築を基盤に，多様な主体が協働して地域の生活課題を解決していくボランティアセンターを目指すとしている。

5　介護と福祉が期待する有償サービスとコミュニティビジネス

（1）互いに支え合う視点をもつ

在宅福祉サービスは，地域福祉の中核的サービスに位置づけられ，多様なサービス供給主体の一つになり，ボランティアは，そのサービスの担い手として期待されるようになった。

ただし，ボランティア活動は，制度化されたサービスにはない柔軟で双方向性の関係である。対象を限定的にとらえることもなく，自由に時間を気にせず話をしたり，ともに行動したりする等，規定のない営みである。そのため，ボランティア活動の留意すべき点は，サービスとして不足する労働力を補う見方をしない。ボランティアは，関わる人への共感的な応答から，抱える課題を解決できるように，互いに支え合う営みであると理解することである。

しかし，生活全般を支える在宅福祉サービスは，活動の継続性を考慮すると，

無償のボランティア活動だけでは提供困難になる。そこで,「住民参加型在宅福祉サービス」が全国的に広がった。こうした流れは,急速な高齢化に必要となる福祉サービスの不足を補う,安上がりなボランティアとして住民参加を図るものと批判的な見方もあった。しかし,福祉への参加と共生の意識を醸成する機会になったともいわれている。こうした有償の活動が今後も普及される際,その営みに「互いに支え合う視点」が欠かせない。

(2) 介護保険制度導入により有償サービスが公的サービスへ

全社協は,住民参加型在宅福祉サービスの運営主体を,住民互助型,社協運営型,生協型,農協型,ワーカーズコレクティブ型等に分類している[7]。その仕組みは,非営利活動で,同じ住民として相互扶助を基盤とし,サービス利用者は利用会員,サービス協力者は協力会員等の名称で会費を払う。互いに気兼ねしない対等な会員制互助組織である。そこでは,サービス利用者と提供者は入れ替わる双方向性もある。サービス内容は,介護保険制度では担えない利用者の生活ニーズ(電球の付け替え,草むしり,話し相手,お墓参り等)に柔軟に応じ,協力者はサービスを提供して報酬を受け取る。報酬は金銭や地域通貨等さまざまである。また,利用対象を高齢者や障害者に限定せず,子育て家庭等に広げているところもある。

1998(平成10)年,特定非営利活動促進法(NPO法)が施行され,2000(平成12)年,介護保険制度が始まり,こうした有償サービスは労働市場に参入することになった。

これまで住民参加型在宅福祉サービス団体だったところは,社会福祉基礎構造改革の「多様な事業主体の参入促進」に伴い,介護保険制度のサービス提供事業者に認められ,NPO法人格を取得し,公的サービスの担い手になることが可能になった。これを契機に,活動の担い手は以下の3つの方向性を辿った。

・ボランティア活動団体として,支援の必要な人との人間的なふれあい,支え合いの気持ちを大切にボランティアで活動する(サロン,コミュニティ

カフェの居場所づくり等)。
・有償サービスの団体として，制度範囲外のニーズに対応できるよう活動する。
・専門性を高め，NPO法人として介護保険事業者になり，制度運用をチェックしながら活動し，必要に応じて改善提案できる力量を高める。

　介護保険導入後，NPO法人格を取得し，介護保険指定事業者として公的サービスの担い手になる団体は多く，福祉系NPO法人の中心的な存在になった。しかし，制度の指定基準のため，常勤雇用等で会員間の対等関係への影響，制度運営のみで柔軟なサービスがしづらくなる等，団体の特性が活かしきれないところもあった。しかし，ボランティア精神を基盤とする団体として，制度サービス対象外の個々のニーズに応え，必要なサービスを柔軟に創出し，ニーズの充足に取り組み，人間関係づくりや地域とのつながりを支援することには意義がある。

(3) ビジネス手法によるコミュニティビジネス

　2008 (平成20) 年，経済産業省「ソーシャルビジネス研究会報告書」は，多様化する社会的な課題の解決をボランティアではなく，ビジネスの視点から解決する社会性，事業性，革新性を備え，新たな産業・雇用を創出し，地域や経済の活性化に期待されるソーシャルビジネスを紹介した。その中心的担い手は，社会志向型企業と事業型NPOである。コミュニティビジネスは社会性を中心に，地域性という限定において，社会的課題を解決するソーシャルビジネスの一形態といえる。また，コミュニティビジネスは，ボランティアや地域コミュニティ活動との関係も生み出す。

　今日，地域における高齢者の買物支援や健康増進が求められており，関係省庁による対策関連事業予算を活用して，さまざまなコミュニティビジネスが取り組まれている (経済産業省関東経済産業局 2015)。それは，自治体，商工会，商店街，株式会社・有限会社，自治会，デイサービス，生協・農協が連携して，

高齢者の買物支援だけでなく，コミュニケーションの場づくり，登録制で家事援助等の支援のお礼を商工会発行の共通商品券で行う活動を生み出している。また，健康増進については，商店街の活性化につなげ，商業施設内に憩いの場や交流サロンを設け，子どもから高齢者が集えるようにしたり，簡単な運動をする場をつくったりしている。

コミュニティビジネスは，このように福祉や介護の課題解決にも取り組んでおり，その支援の担い手として期待される。

こうした多様性のある団体による機能型組織の活動を，地域に根づかせるためには，前述の有償サービスと同様に，地縁型組織の自治会・町内会，民生委員・児童委員，地区社協，ボランティア団体等との協力が欠かせない。

福祉サービスの担い手として，有償サービスやコミュニティビジネスが，地域で継続的に安定して推進されるためには，地域の多様なボランティアと地縁型組織との良好な関係づくりを意識して取り組むことが大切になる。

6　有償ボランティアに関する議論ととらえ方

(1) 在宅福祉サービスが促進される中で

前述した「基本指針」により，「有償ボランティア」が肯定され，地域で互いに支え合い交流する，福祉マインドに基づくコミュニティづくりが推奨されるようになった。そして，社協にも「有償ボランティア」という名称を使用するところが出てきた。

2011（平成23）年，財団法人経済広報センター「ボランティア活動に関する意識・実態調査報告書」によれば，94％が「有償ボランティア」を認めるようになった。

戦後復興期の救貧活動として認知されていったボランティアは，対象とする相手から対価を得ることは考慮せず，活動は無償とされてきた。世界においても，救貧活動は社会活動の一つとして普及され，無償性・無給性は一般的なとらえ方であった。

しかし，誰もが迎える高齢期は，所得の多寡に関係なく要介護状態になることが多く，低所得者以外の支援も増えてきた。つまり，これまでの「困っている特別な存在」に対する救貧的な支援ではなく，高齢になれば誰でも生活支援が必要になると認識されるようになった。そして，社会保障の充実とともに，無償の支援では「恩恵」のイメージが強く，多少の見返りを支払って支援を受ける方が，気が楽ととらえる意識変化があった。

前述してきた介護保険法改正に伴う互助活動の有償サービス化やコミュニティビジネス等，無償の支え合い活動とともに，ボランティアと就労の境界にある「有償ボランティア」という言葉が一般化した今日，このとらえ方を改めて整理する。

（2）サービスを安定して継続的に提供するために

ボランティア活動は，余暇の時間を工夫して取り組めるものならば何の問題もない。しかし，常時，人の生きる営みに欠かせない支援提供が求められる身体介護や家事援助のサービスは，そうもいかない。安定した日常的支援サービスを提供するためには，運営に必要なスタッフの専従化，事務局整備の資金が必要になる。無償のボランティアだけでは，安定的に責任感をもって活動するための人数確保は困難である。そこで，活動をサービスとして有償にせざるを得ず，サービス受給者にも一定の経費負担が求められた。ところが，サービス利用者も，高価で家政婦等は雇えないが，安価で支援を受けられるなら助かるという声もあった。

こうした動向を，無償性を基本に取り組んできた従来の各種ボランティア団体は批判した。また，ボランティアセンターでは，無償と有償を混在する相談が増え，コーディネーターの対応に混乱が生じた。批判的意見は，「無償の活動を意味するボランティアに有償という言葉をつなぐ矛盾」「行政の下請けとして補完される」「介護労働等の低賃金化を助長する」等があった。また，肯定的な意見としては，「従来の制度枠におさまらない生活ニーズについて，利用者が費用負担するもので，助け合いの理念に共感し相場と比べ低い謝礼のボ

ランティア精神でやっているから適切」(早瀬 2015：29) 等の意見もあった。
　この1980年代から1990年代に，「時間預託」[8]「ボラバイト」[9]「プロボノ」[10]等の新たな活動が始まった。そして，2000 (平成12) 年，『国民生活白書』は，多様なボランティア活動を生み出すと「有償ボランティア」を評した。
　公的サービスが対応しないニーズに応じ，利用者の生活を安定させ，継続的に支援するため，厳しい財政事情で人材確保に苦慮する自治体，社会福祉施設，市民活動団体等は「有償ボランティア」を活用するようになった。

(3)「有償ボランティア」のとらえ方

　ボランティア精神で共感し，一般的な賃金の相場からすれば低額で取り組む活動はあってもよい。しかし，見返りを求めない無償の行為として取り組んできたボランティアからは，「有償ボランティア」という言葉は誤解を招くと対立した。しかし，前述したように，社会福祉施設や地方自治体等はその存在を必要としている。活動する人も，ボランティアより大切な役割を任され，責任の証として謝礼を受けとめているようにもみられる。このように，他人の指揮命令下によるものでなく，自主的主体的に取り組むボランティア活動における有償と無償の線引きは非常に難しい。
　日本ボランティアコーディネーター協会は，「経費負担と対価に関する諸段階」(早瀬 2015：31) として，無償と有償の活動を段階的に整理している (表6－1)。
　表6－1のAからCまでの「②実費弁償の範囲での経費保障」までは，無償の活動とされるとしている。DとEについては，臨時的に実費弁償に代わるものであり，有償とはみなさないとしている。しかし，「③活動に応じた対価の授受」のFの状態が日常的に続けられるとすれば，Gとともに「有償ボランティア」活動を指すとしている。また，Fの状態がシステム化すれば，労働者保護規定における「労働者」に近づき，「有償ボランティア」という言葉を利用した体のいい低賃金労働になりかねない (早瀬 2015：32) と指摘している。
　日本ボランティアコーディネーター協会は，表6－1のAからEまでをボラ

第6章　ボランティアと就労の境界

表6-1　経費負担と対価に関する諸段階

```
A  交通費など活動に伴う実費を含め，すべて自己負担。
   〈↑①完全な手弁当〉
B  交通費などの実費は受け取るが，食費など活動しなくても支払う費用は自己負担。
C  活動中の食費は外食となる分，経費がかさむので，活動先から出してもらう。
   〈↑②実費弁償の範囲での経費保障〉
D  お歳暮の品や施設の自主製品などを，ご挨拶や感謝の気持ちとして受け取る。
E  活動時に提供されたユニフォームのTシャツなどを記念品としてもらう。
   〈↓③活動に応じた対価の授受〉
F  交通費などの実費弁償に加えて，最低賃金よりも低い対価（謝礼）を受け取る。
G  特殊な技能などを，最低賃金を上回るが「相場よりも低い」謝礼で提供する。
   〈↓④一般の仕事〉
H  相場に応じた報酬を受け取る。
```

出所：早瀬（2015：31）。

ンティア活動と呼び，F，Gの行為はボランティアとは呼ばずに「有償スタッフ」と呼ぶべきとした（早瀬 2015：33）。筆者も同協会の見解を支持し，「有償ボランティア」の使用は避け，「有償サービス」を使用した方がよいと考える。

7　ボランティアと就労の境界とは

　他人のための「贈与」から返礼を伴う「贈与」へ，つまり「交換」に変化しながら，「互酬性」という言葉とともに「有償ボランティア」が始まり，NPOとしてさらに広がりをみせてきた（仁平 2011）。
　NPOもボランティアも，共に利益を得るための活動ではなく，非営利活動であることは共通している。
　介護保険制度により，サービスの一部が介護報酬の対象となり，専門性を高めNPO法人として介護保険事業者の指定を受け，制度運用をチェックしながら活動する団体が増加した。NPOとしての使命感をもち，その達成に向けて継続的に活動するためには，前述してきたように，メンバー全員が無給で余暇活動の域で取り組むのは限界がある。しかし，安定的に専門性を携えて活動を充実させていくために，有償による専従スタッフを雇い，運営体制を整え，システム化していくと，労働者ととらえられてもおかしくない。

労働者か否かの見極めは，労働基準法に基づき，使用従属性の有無で判断される。他人の指揮監督下にあり，他人に従属し，使用者の指示に対して諾否の自由はなく，業務の内容・遂行方法の指揮を受け，自らの判断で代替者や補助者を使えない等の中で，労務を提供しているかどうかが判断基準となる（早瀬2015：32）。この場合は労働者となり，介護保険法で訪問介護業務に取り組むNPOの訪問介護員は，労働基準法第9条の労働者に該当する（厚生労働省労働基準局 2004）。

　労働市場の相場の賃金で働く有給の労働者ではなく，一般的な労働市場より「有償ボランティア」という能動的な言葉によって低賃金で働く環境は，最低賃金法等に反する不当労働を正当化しかねない側面もある。

　ボランティアは，労働力としての社会資源とみられるかもしれないが，不足する労働力を補うということでは決してない。ボランティアは，自由な活動が保証され，さまざまな社会問題に関心をもち，共感に基づき，その問題解決に向けて，自ら主体的に取り組む能動的なエネルギーで社会変革に臨む存在である。

　つまり，指示されて臨むのではなく，自らの意志で取り組み，自由に企画運営し，さまざまな人が関わることが保障されている。じりつ（自立・自律）して活動する人は，労働者とはみなされない。ここがボランティアと就労との境界を表している。

8　高齢者の社会貢献を多様な方法で支援

（1）自分らしく豊かに暮らし続けるために

　日本は，75歳以上の後期高齢者が増加する超高齢社会を迎えている。核家族化とともに単身世帯が増え，これまで家族が担ってきた生活支援や介護を社会全体で取り組む必要性が高まっている。国は，住まい，医療，介護，予防，生活支援が日常生活の場で一体的に提供できる「地域包括ケアシステム」の構築に取り組んでいる。この仕組みは，高齢者が尊厳を保ちながら，介護が必要に

なっても，住み慣れた地域で自分らしく暮らし続けられる社会づくりを目指している。この考え方は地域福祉の考えに通底する。

当初，高齢者は，福祉や介護のサービスを必要とする対象者としてとらえられてきた。しかし，『高齢社会白書 平成23年版』が，社会活動（ボランティア）の促進と，高齢者自身が地域の支え手になる必要性を示した。

今日，社会のために役立ちたいと思う60代は68.7％いる（内閣府 2015）。高年齢者雇用安定法改正により，2013（平成25）年度から高年齢者雇用確保措置が義務化され，近年，60代前半の就業率は上昇している。これからは，「高齢社会対策大綱」（2012〔平成24〕年）が記した，高齢者が支えられる側から支える側になるよう意識変革と行動を促進し，要介護状態になっても地域で互いに支え合える仕組みづくりをしていく必要がある。

医療や介護サービスの受益者という客体だけでなく，高齢期を自分らしく豊かに暮らし続けられるよう，趣味や学習，ボランティアや就労により，主体的に生活を充実させることが欠かせない。特に経済の活性化や介護労働力の確保が求められる今日，生きがいや社会参加による社会貢献の機会として，高齢者の就労促進が求められている。

（2）高齢者の就労と社会参加に向けて

2013（平成25）年，厚生労働省「生涯現役社会の実現に向けた就労のあり方に関する検討会報告書」は，高齢者が就労等を通じて地域社会で「居場所」や「出番」を得て，知識や経験を活かし地域社会の「支え手」になり，生涯現役社会の実現に向けた就労・社会参加を提示している。今日，働く意欲のある高齢者は，これまで培った経験と能力を活かし，生きがいをもって社会参加することで健康を維持し介護予防する。これにより，生涯現役で活躍し続けられる社会環境が築かれる。しかし，高齢者の健康状態，職業経験，介護の有無等の家庭環境，経済状況等の個人差は大きいため，就労と社会参加のあり方は多様である。

経済的な面からは，企業等での継続雇用，起業，NPOの立ち上げ支援，シ

ルバー人材センターによる就業，一般労働者派遣事業，無料職業紹介事業，介護職就労等がある。

　また，ボランティア精神を内包しつつ，地域が抱える課題をビジネス手法で解決し，活動の利益を地域に還元してコミュニティを活性化させる活動を持続可能にする仕組みとして，採算を踏まえたコミュニティビジネスがある。

　その他，生きがいや社会参加の場として，ボランティアやNPO活動，民生委員・児童委員や自治会・町内会，地区社協等による小地域福祉活動[11]，高齢者大学をはじめとするさまざまな生涯学習の機会がある。

　そして，労働と無償ボランティアの中間に位置づく「有償ボランティア」と一般的にいわれる有償サービスがある。

（3）社会貢献したい高齢者への期待

　超高齢社会を迎えた今日，高齢者の個別生活ニーズに応える生活支援サービスの充実は急務とされている。今回の介護保険法改正によって，要支援者への対応は，「介護予防・日常生活支援総合事業」として市区町村の役割になる。市区町村は，住民主体の多様なサービスの充実により，要支援者の状態等に応じた住民主体のサービス利用を促進するとしている。住民が主体となり，生活支援サービス等の充実に向けて取り組むことが期待されている。

　住民参加型在宅福祉サービス等の有償サービスは，介護保険制度の中に組み込まれる可能性がある。今後，これまで専門職が担い，要支援者に提供されたサービスの一部が，住民によるサービスとして提供されることが求められる。そして，高齢者自身も生きがいや社会参加として，有償サービスを含むボランティアや生活支援サービス等の地域社会の活動へ参画することが求められる。

　しかし，住民参加型在宅福祉サービスの担い手不足の傾向は68.6％（全社協2016）である。今日の経済状況を考慮すると，多くの世代は収入を基準に仕事を選ぶであろう。また，こうした生活支援サービスを有償サービスとして，金銭等を介在させてきたことで，利用者も互酬性よりも消費者目線で，安価な労働力ととらえかねない。もちろん，従来からの無償のボランティアや小地域福

祉活動の実践はある。しかし，互いに支え合う社会貢献として，感謝の気持ちによる相互扶助の考えだけでは，今後，こうした生活支援サービスの担い手は集まらなくなる可能性もある。こうした課題が，今日のボランティアと就労の境界にはある。

これから社協は，こうした有償サービスや，それを含む生活支援サービスを促進し，コミュニティビジネスを含む多様な主体が協働して，地域の生活課題を解決していくボランティアセンターを目指す。その際，ボランティアコーディネーター[12]は，多様性を認めつつ，従来のボランティア精神に基づく活動と，その精神をもちつつ有償サービス等の就労に近い活動と，福祉や介護の労働とを整理しながら支援することが求められる。

多くの社協は，住民参加型在宅福祉サービス，高齢者の就労支援に関する業務をボランティアセンターではなく，他の部署が担っていることが多い。社協は，組織全体でボランティアと就労に関する認識を共有化した上で，各担当が協力し，高齢者が生きがいや社会参加による社会貢献の機会として，ボランティアと就労の相談に応えていく必要がある。

有償サービスについては，支え合いを基本に，サービスの調整担当者の資質を高め，会員相互が対等な関係であることを理解し合える学習機会をつくることで，問題解決の一助になるかもしれない。

コミュニティビジネスに対しては，地域住民によるボランティア精神で，協力できる小地域福祉活動等と連携できるように調整して地域福祉につなぐ。

一定の収入を得たいと就労を希望する人には，必要に応じて他機関と連携して適切な支援をする。

今日，社会に貢献したいという高齢者は多く，介護や福祉を必要としない元気高齢者も多い。現在のボランティアグループの多くが，高齢化による担い手不足を指摘するが，高齢者同士の支え合いにおいて，元気高齢者の活躍の可能性は高い。ボランティア活動を日常生活に取り入れ，自ら無理せず楽しみながら始めることで，地域社会とのつながりが築かれ，生きがいと健康維持につながる。また，金銭を介在させて働くことで，適度な緊張感と社会的な評価を自

覚できるととらえる人は，有償サービスや就労として各種事業等に取り組む。

　超高齢社会を迎えた日本は，元気なうちは誰もが働き，支援が必要になってもできることは自分でして，共に支え合う社会を築くことが必要となる。働き方は，有償もあるが，無償によるボランティアや小地域福祉活動等多様である。住民一人ひとりが，自主的で自由な活動と，互酬性に基づく有償サービスと，制度に基づく仕事との境界を見極め，自分自身が希望する居場所を見つけ，主体的に行動を選択することが望ましい。こうした一歩は，必ず新たな出会いを育み，そこから新たな活動や労働の機会を生み出すだろう。そして，こうした支援に寄り添う組織として，社協は今後ますます期待される。

注
(1) 互いの顔が見える日常生活圏を基本に，子育て・障害・高齢により，支えが必要な人を含め地域住民を対象に，近所の見守り，声かけ，サロン，配食，家事援助，災害時要援護者支援等の活動がある。地域の実情に合わせ，活動内容と方法を自由に考え，住民が協力し合い進められる支え合い活動。
(2) 本章では，労働の対価ではなく，支援の受益者から謝礼が払われるボランティア活動ととらえる。
(3) 本文明記以外に，居場所づくり（サロン等），宅老所等と，新たなニーズに対応するタイプ，教育や観光，地域産業の活性化等と協働するタイプのサービス・活動にも期待されている（全社協　2015：28-29）。
(4) 本章は，2008（平成20）年，厚生労働省「これからの地域福祉のあり方に関する研究会」における「新たな支え合い」に依拠し，「支え合い活動」を使用している。しかし，14団体（公益財団法人さわやか福祉財団，認定特定非営利活動法人市民福祉団体全国協議会，住民参加型在宅福祉サービス団体全国連絡会，特定非営利活動法人全国移動サービスネットワーク，社会福祉法人全国社会福祉協議会，全国農業協同組合中央会，一般社団法人全国老人給食協力会，公益財団法人全国老人クラブ連合会，宅老所・グループホーム全国ネットワーク，特定非営利活動法人地域ケア政策ネットワーク，一般財団法人長寿社会開発センター，認定特定非営利活動法人日本NPOセンター，日本生活協同組合連合会，一般社団法人シルバーサービス振興会）から構成される新地域支援構想会議は，「助け合い活動」と呼んでいる。
(5) 板橋区，葛飾区，大田区，品川区，日野市，稲城市の社協は，アクティブシニア就業支援センターとして実施している。

(6) 木原は,「豊かさのダイヤグラム」として,人間が豊かに生きていくための構成要件として,「お金・仕事, 健康, 趣味・学習, 家族・夫婦, 友達, ボランティア」を整理している (木原 1993:11-14)。
(7) 2014 (平成26) 年調査によれば,組織運営形態としては,住民互助型44.6%, 社協運営型37.1%で全体の8割を占めている。生協型3.4%, ワーカーズコレクティブ型5.0%, 農協型1.6%, 行政関与型0.3%, 施設運営型0.0%, ファミリーサービスクラブ3.7%, その他4.4% (全国社会福祉協議会 2016:17)。
(8) 会員間の支え合いによるサービス提供の時間を点数にして預託し,自分が必要になった時に貯めた点数でサービスを利用する仕組み。
(9) ボランティアとアルバイトの造語で,それらの中間的な働き方で,農家や旅館等の繁忙期に短期的な取り組みとしてみられる。
(10) 弁護士等が自らのもつ専門的知識や技能を活かして市民活動を支援する社会貢献活動。
(11) 小・中学校区を圏域とする,地域の福祉等の各種団体による住民福祉組織。
(12) ボランティア活動希望者とボランティアを必要とする人・団体等を,共感に基づき対等に結びつける等の役割を担う者。

参考文献

岡本栄一 (1981)「ボランティア活動をどうとらえるか」大阪ボランティア協会編『ボランティア 参加する福祉』ミネルヴァ書房, 25-26頁。
岡本栄一 (2006)「ボランティア活動の性格」日本地域福祉学会編『新版地域福祉事典』中央法規出版, 386-387頁。
金子郁容 (1992)『ボランティア——もうひとつの情報社会』岩波書店。
木原孝久 (1993)『豊かな人生づくりとボランティア』笹川平和財団。
厚生労働省 (2000)「社会的な援護を要する人々に対する社会福祉のあり方に関する検討会報告書」。
厚生労働省労働基準局 (2004)「訪問介護労働者の法定労働条件の確保について」(平成16年8月27日付, 基発第0827001号)。
経済産業省関東経済産業局コミュニティビジネス推進チーム (2015)「コミュニティビジネス事例集2015健康・高齢生活支援サービスに関する先進事例」1-26頁, まとめ。
佐藤陽 (2010)「地域社会のボランティア」柴田謙治・原田正樹・名賀亨編『ボランティア論——「広がり」から「深まり」へ』みらい, 95-96頁。
社会福祉の動向編集委員会 (2016)『社会福祉の動向2016』中央法規出版。
新地域支援構想会議 (2014)『新地域支援構想』。

内閣府（2015）「社会意識に関する世論調査（平成27年1月調査）社会への貢献意識」『世論調査』。

全国社会福祉協議会（2010）『生活支援サービス立ち上げマニュアル①——住民参加型在宅福祉サービス』。

全国社会福祉協議会（2011）『「生活支援サービス」が支える地域の暮らし——地域に根ざした地域包括ケアづくり』。

全国ボランティア・市民活動振興センター（2015）『市区町村社会福祉協議会ボランティア・市民活動センター強化方策2015』。

全国社会福祉協議会（2015）『助け合いによる生活支援を広げるために——住民主体の地域づくり』（シリーズ住民主体の生活支援サービスマニュアル①）28-36頁。

全国社会福祉協議会（2016）「平成26年度住民参加型在宅福祉サービス団体活動実態調査報告書」。

仁平典宏（2011）『「ボランティア」の誕生と終焉——〈贈与のパラドックス〉の知識社会学』名古屋大学出版会。

早瀬昇（2015）「『ボランティア』の語源と，そのキー概念」日本ボランティアコーディネーター協会編『ボランティアコーディネーション力——市民の社会参加を支えるチカラ』中央法規出版。

山岡義典（2015）「NPO法人制度がボランティア活動にもたらしたもの」『月刊福祉』12月号，全国社会福祉協議会，22-26頁。

（佐藤　陽）

第7章 高齢者による就労支援
—— 高齢者協同組合が手がけてきた高齢者就労

1　高齢者協同組合の成り立ち

(1) 高齢者協同組合運動の高まり

1990年代，労働者協同組合（以下，労協）の主導で，全国に高齢者協同組合（以下，高齢協）をつくる動きが高まった。

1995（平成7）年，最初の高齢協が三重に任意団体で設立された。その後，各地の高齢協は，事業内容や運営の考え方など多様性をもちながら，それぞれが発展を遂げた。

2001（平成13）年に全国の17の高齢協が集まり，日本高齢者生活協同組合連合会（以下，高齢協連合会）を結成した。2015（平成27）年現在，加盟数22，組合員総数約4万8,000人である。事業高は約73億7,000万円に上り，訪問介護と通所介護等の福祉事業が90％を占める。国の施策である地域包括ケア推進の流れを受け，小規模多機能型居宅介護に挑戦する高齢協が増えている。事業の規模は福岡が突出し事業高約15億円に上る。

(2) 生活協同組合・東京高齢協の20年

現在の生活協同組合・東京高齢協（以下，東京高齢協）は，介護福祉を中心に事業を展開している。設立当初，組合は活動を維持する収益事業をもたなかったが，介護事業が順調に発展して3年で財政的に成り立つようになった。しかし，母体の労協から離れ，自立した運営をするまでには，さらに長い時間を要した。この20年の間に高齢協の活動や事業は大きく変化した。それが組合員の構成や運営形態にも反映している。

1）任意団体の時代（1996〜1998年）

　1996（平成8）年9月14日，日比谷公会堂で東京高齢者協同組合の創立大会が開催された。設立趣旨に謳われた「高齢者による，生きがい，福祉，仕事起こし」は多くの高齢者を惹きつけた。男性は「仕事」，女性は「生きがい」を加入理由に挙げる人が多い。

> 「1，『ねたきりにならない，させない』を合言葉に，誰もが人間として尊厳を保持して生涯を過ごせるよう，励まし合い助け合う仲間づくりをすすめましょう。
> 1，自分たちが本当に必要とし，高齢社会が求める社会サービスを，非営利・協同の市民事業として地域におこし，社会に役立つ仕事や活動に高齢者が参加する機会を広げましょう。
> 1，これら高齢者の生きがい，福祉，仕事おこしの協同組合は，社会全体の元気と活力を高め，国や自治体の高齢社会行政に寄与するものと信じます。」（東京高齢者協同組合　1996a：9）

　任意団体の時代は，さながら文化活動時代の観がある。収益を生む事業はなく，1997（平成9）年の収支実績は386万円の赤字となっている。組合に初めて収益をもたらしたのは，介護保険前夜のヘルパー養成講座である。この講座実施の担い手たちが，その後の高齢協の事業や運営をリードしていく。

2）生協法人格の取得と介護保険事業への参入（1999〜2007年）

　介護保険制度の開始に合わせて，高齢協は任意団体から生活協同組合（以下，生協）となった。介護サービスの事業化が準備され，福祉事業所を各地に設立した。ホームヘルパー養成講座は規模を拡大し，修了生の組合加入も進んだ。

　介護事業は訪問介護を主に業績を伸ばし，2002（平成14）年には事業高4億5,000万円，2004（平成16）年には5億円を超えるが，その後は減少に転じる。

　この時期は，労協による運営から自立する過渡期であり，新しい分野に積極的に乗り出すことができなかった。介護事業所で働く組合員が増加し，組合員

の意識や年齢構成に大きな変化が生じてきた。

3）介護事業所の統廃合と事業の多様化（2008年〜）

　事業所を基盤とする安定した本部体制が確立した。しかし，介護事業の事業高は減少傾向が続く。経営の悪化した小規模事業所を整理し収支の改善と組合の一体化が進んだが，介護事業全体の不振は変わらず，2015（平成27）年の事業高は2億5,000万円である。

　一方で，指定管理者制度による公共施設の管理が新たな事業として加わる。2006（平成18）年春，練馬区で指定管理者制度による敬老館運営を始めた。2009（平成21）年からは，新宿区の同様の事業を受託し一挙に規模が拡大した。2015（平成27）年には，新宿区と練馬区で6カ所の施設を運営し，事業高は1億1,000万円に上る。

2　高齢者協同組合の組織概要

（1）組 合 員

　組織の姿が最も端的に表れるのは，組合員である。組合員数，加入脱退者数の推移から高齢協の変遷がうかがえる。

1）1996（平成8）年の組合員

　図7-1は1996（平成8）年創立時の年齢分布である。組合員数824人（男性434人，女性390人），平均年齢は63歳だった。男性のモードは60代，定年退職を迎える年齢である。アンケートにも就労希望の声が多い。一方，女性たちは50〜60代の子育てを終えた世代で，生きがい文化活動に関心が高かった。発足当初の高齢協には，組合員が実際に活動する文化事業，また現在の財政の柱である福祉事業が存在していない。図はきれいな正規分布を示している。

　創立時の組合員はあらゆる活動の素をつくったが，現在まで残留しているのは4割弱である。高齢化が進み休眠する者が多い。

2）加入者の推移

　図7-2は1996（平成8）年から2015（平成27）年までの組合加入者数の推移

第Ⅱ部　高齢者就労を支援する団体・組織

図7-1　創立時（1996年）の組合員の年齢分布

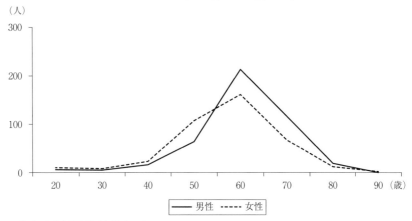

出所：東京高齢協統計資料（2015）。

図7-2　組合加入者の推移（1996-2015年）

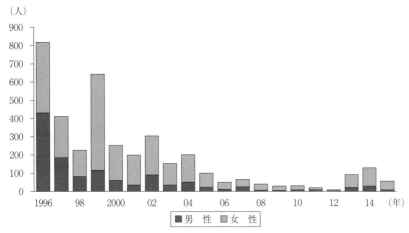

出所：図7-1と同じ。

である。

　任意団体の時代，高齢協の活動は社会的に注目された。葬送を考える講演会，大きなコンサートやファッションショーを開催するたびに組合員数を増やした。加入者の入口はイベント参加やマスコミの紹介記事であり，高齢協の理念よりむしろ具体的な活動に興味があった。加入者は女性が多く，社会的活動に関心が深い。経済的にも余暇にも恵まれた階層である。

　1999（平成11）年からホームヘルパー講座が本格化し，翌年には介護事業所が開設された。この時期からホームヘルパー資格を取得して働きたいという加入者が多くなる。女性の比率は益々高くなる。2000（平成12）年，加入者の平均年齢は53歳であり，設立時の組合員平均年齢より10歳若い。

　介護事業が軌道に乗る頃から，大がかりな文化活動が行われなくなり加入者も激減していく。2011（平成23）年の加入者は，ほとんどが行政委託の施設職員であり，平均年齢は52歳である。

　2013（平成23）年以降，高齢者のサロン活動への取り組みが始まった。介護保険利用者の組合員化も進められ加入者が増加した。

3）2015（平成27）年時点の組合員

　高齢協の組合員数は1,894人，図7－3が組合員分布図である。創立時と比べ女性が大幅に増加したことがわかる。全組合員の平均年齢は71歳，創立時より8歳高くなった。

　女性は文化活動をする組合員と職員に大別され，職員はさらにケアワーカーと施設職員に分かれている。これらの集団の年齢層は異なっているため，分布曲線で60代から70代にかけて平坦な頂ができている。

　新規加入の少ない男性の分布グラフは創立時と比べて形がつぶれ，モードは80代になっている。高齢化の進んだ彼らが主体的な活動者として組合にとどまるのは難しい。高齢協の新しい利用事業の創出が必要である。

4）組合員活動の合流

　「介護事業」と「文化事業」の組合員には相違点が多い。互いに生活の基盤も価値観も異なる。両者は接点をもたずに長い間独自に活動を続けてきた。

第Ⅱ部　高齢者就労を支援する団体・組織

図7-3　組合員分布図（2015年）

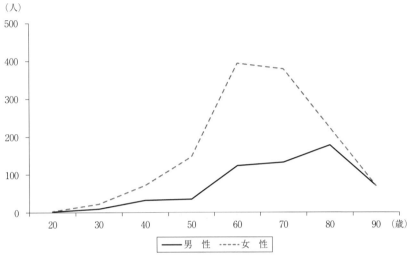

出所：図7-1と同じ。

　ケアワーカーのほとんどは，徒歩や自転車で通勤できる地域に住む。組合より事業所の一員という意識が強く，組合の本部は遠い存在である。文化系の演奏会やファッションショーのイベントに参加する余裕はない。むしろ，収益を上げない文化事業に対して注ぐ目は厳しかった。

　一方で，生きがい文化のサークル活動には都内全域から会員が集まる。地域との関係は薄く，自身の参加している活動以外に興味を示さないでいた。

　今，接点のなかった事業や活動をつなげる役割を果たしているのが，行政委託の施設職員である。最初から組合員の自覚がある訳ではないが，地域の高齢者の生きがい活動の支援は高齢協の理念に通じる。「文化事業」の組合員が公共施設のボランティアとして，高齢者の生きがい活動を支援する場面が増えてきた。サークルを中心とした組合の定例文化イベントには，施設職員の多数が参加している。

　これらの施設が，社会資源の一つとして地域ケアシステムの一翼を担い，職員は近隣の機関との連携事業を経験する。職員の介護事業所での研修やデイ

サービスでのボランティアが，組合活動の一体化の取り組みとして行われた。ケアワーカーとの合同の勉強会も重ね，各部門の職員が交流を深めるとともに，組合全体の視点をもつようになった。

（2）高齢者協同組合の運営
1）労協と生協
　高齢協を全国に設立する運動の背景には，労協内の高齢化した組合員の受け皿をつくりたいという事情もあった。高齢協は「高齢者による高齢者のための組織」にみえるが当初は労協の一部であったといってよい。

　したがって，当初の高齢協は労協的な組織形態であり，「主体的に活動する組合員」を中心に据えていた。その上に生協の法人格が載った。整合しない部分があるのは否めない。

　全国の高齢協では「労協」と「生協」双方の特徴を併せもつ「複合協同組合」を目指す動きが出ている。

> 　「私たち高齢協は，『利用する組合員（地域組合員）』も『働く組合員（職員組合員）』も，共に出資し経営に参画する協同組合員です。」（高齢協連合会総会　2015：6）

　高齢協は介護保険開始時に生協となり，同時に労協からの自立が始まった。しかし，高齢者ばかりの組織では経営ができない。初期の理念「高齢者による高齢者のための」に代えて，自らを全世代による「高齢者のための」協同組合と位置づけるようになる。介護事業の分野が拡大し若いワーカーの確保に迫られると，「ふくし生協」という通称を名乗る高齢協も出てきた。

2）初期の生協運営
　東京においても設立後の数年は組織運営や事業の立ち上げなどが，労協の手によって進められていた。
　生協法人となる契機は，介護保険制度の開始である。指定訪問介護事業所の

認可を受けるためには法人格が必要である。当時，厚生省が事業者の幅広い参入を目論んで，生協に対し介護保険の利用については「員外利用」を容認する方針を打ち出した。[(1)]

　1999（平成11）年3月，任意団体東京高齢者協同組合は，生活協同組合・東京高齢協となった。生協発足時，主要な役員は労協，生協OB等であり，本部は労協出向者を中心に構成されていた。立ち上げリーダーである地域の組合員が現場の管理者に就き，一定の管理費と引き換えに半独立的な事業所運営を行っていた。組合の管理は外形的に整えられたに過ぎない。

　生協の発足直後，法人の会計一元化や預貯金の管理などの会計原則が事業所に示されている。しかし，国民健康保険団体連合会（以下，国保連）からの介護給付費は，それぞれの事業所口座に振り込まれ，本部は資金を一元的に管理することができなかった。そのため，「資金が事業所に留まり法人の運転資金がショートする恐れ」「私的な収支や契約が混在する」などの状況が生まれた。

　2001（平成13）年の地域懇談会で，本部は「地域の現預金の一元管理・通帳の一本化」「本部管理費の負担」を要請している。それに対して地域から「本部は地域に何をしてくれるのか」「本部も事業を行うべきだ」「運営をガラス張りにせよ」などの意見が出ている。間接部門の価値を認めようとしない地域事業所もあり，法人内の経営合意が形成されていなかった。

　結局，国保連の介護給付費が法人本部口座に振り込まれるようになったのは2002（平成14）年3月であり，内部の資金ルールが実行されたのは2003（平成15）年11月である。当時の高齢協は事業所の緩やかな連合体であったといえる。

3）本部体制の再編

　事業所ごとに分権化していた組合は，2008（平成20）年頃より本部中心に再編が進む。理由として，事業をめぐる環境の変化が挙げられる。介護給付金適正化運動や労働環境の整備などに対して，私的経営の色合いが濃厚な個別事業所では対処できなくなったからだ。

　その後，進められた事業所の統廃合や施設管理事業への挑戦により，本部に求心力が生まれた。現在では，事業所出身の常勤役員を中心に一体的な組合経

営がなされている。従来の本部は，組織運営に経験があるが介護事業に昏かった。それに対し，新体制の本部は各現場に足を運び直接に支援する。このころから事業所を設立した第1世代が引退し始めるが，その交代は円滑に進められた。また，問題発生時には，本部と職員理事で構成されたチームが合同で処理にあたるようになった。

4）協同組合の原点に戻って

今，東京高齢協では組合の実態に向き合い，協同組合的運営の原点に戻った取り組みを進めている。生協には「出資・利用・経営」の3原則がある。初期の時代にあった，特定の組合員が「出資」する事業所設立は，常に個人的経営に傾く危うさを伴っていた。現在は組合員が平等に資金を出し合う増資を呼びかけている。

「利用」が東京高齢協に足りない部分である。介護事業と施設管理事業は何れも官製の事業であり，消費生協における利用者は存在しない。消費を拡大することで組合の経営に寄与する役割も果たせないのである。組合員が利用できる高齢協自前の事業を育てることが，私たちの最大の目標である。

「経営」参加が実現する要件は，機関会議等の仕組みの整備と経営判断のための情報開示である。

現在，職場会議から始まり，事業部定例会，理事会，総代会まで，機関会議は機能している。生協は組合員組織と職員組織の二重構造をもっているが，職員の経営参加を原則とする高齢協では，両者が一体化しがちである。職員は業務の上で本部の指揮命令系統の下にあることから，事業系の理事が多数を占める理事会ではフェアな議論は難しい。そのため職員理事を半数までとし，監事を独立的な判断のできる外部としている。

すでに，経営情報はすべて開示されている。しかし，情報を読み取る力は十分とはいえない。経営を考える力を養う勉強会を繰り返し開催している。

組合員向けには，広報誌を通じて財政の状態や経営の方針などをわかりやすく解説している。また，ケアワーカー，施設職員に対しても，それぞれニュースを発行している。

3　高齢者協同組合の事業活動

(1) 生きがい事業

　初期の高齢協には「とにかく何かをしたい」という人たちが集まり，その思いをさまざまな方向で実践した。高齢者の視点で社会的な問題が提起され，文化活動や趣味のサークルが生まれた。葬送を考える会，高齢者合唱団，ファッションショーのグループの文化活動が大きな反響を呼び，開催したイベントに多くの人が参加した。

　生協となってもこれらの生きがい事業は継続する。しかし，介護保険制度の開始以降，組合経営の重心が介護事業に移ってくると，収益を上げない生きがい事業に対する取り組みが弱まってくる。ケアワーカー組合員を主体とする経営層は，文化活動で余暇を楽しむ組合員の事業に消極的であった。

　この頃より文化サークルは，組合に依存せず自立した運営を目指すようになる。「いよよ華やぐ倶楽部」は着物をリフォームして衣装をつくり，それを舞台で発表する高齢者のファッションサークルである。活動にかかる費用はすべて会員の自己負担である。東京の組合に籍を置きながら，高齢協の連合会組織を通じ活動の場を全国に広げている。

　「高齢協第九合唱団」は組合から離れ『東京フロイデ合唱団』となった。団員募集，練習からコンサートの企画まですべてを高齢者が自主運営する合唱団である。師走の第九コンサートは，東京芸術劇場の大ホールを満席にするほど盛況である。

(2) 地域活動

　生きがい事業は組合全体の取り組みであり，活動範囲は都内全域にわたる。地域では，組合員が公民館や集会場に集まり，教養・文化・生活講座が開かれた。パソコン，生け花教室，自分史講座，手料理教室，ダンスパーティー，合唱など多彩な内容である。「世田谷小さいたまり場活動」「心の相談ホットライ

ン」のような地域に向けた社会貢献的な活動も行っている。活動の展開と継続は組合を広げる力となり，この時期，都内各地に組合員のたまり場（地域センター）がつくられた。

地域センターは，組合運営の地域単位でもあった。やがて，ヘルパー講座が始まり，地域のリーダーが福祉事業所づくりに専念するようになる。組合全体が介護事業に傾斜する中で地域活動は沈滞していった。

（3）仕事起こし

高齢協の就労の場づくりは，「誰かに雇われるのではなく自分たちで出資をし，地域に必要な仕事を自分たちで起こす仕事起こし」から始まる。一般の事業体が，高齢者の就労の場を確保する際考える定年延長，就労枠の拡大，働く環境の整備などとは別次元の取り組みである。

> 「一人ひとりの高齢者が協同し高齢者の知恵と能力を生かして，元気なうちは働いて地域をはじめ全国の人に喜ばれる，生きがいと誇りを持てる仕事を作りだしましょう。福祉，医療，健康，建築，営繕，リサイクル，ビルメンテナンス，給食，農産物の生産加工販売，文化，教育，などあらゆる職種領域で活躍できる場を起こしていきましょう。」（東京高齢者協同組合 1996b：9）

1996（平成8）年，足立と品川で病院の往診車運転業務の2件を仕事として受注している。仕事起こしの取り組みは続き，マンション管理や住宅リフォームの事業化に向けた検討会も開かれた。提案のほとんどは個人組合員が民間企業とタイアップするものだった。また，地域活動を基盤とした個人対象の相互扶助事業が目指されたが，成果を挙げられなかった。

当時の就労検討委員会では，その理由に「就労基盤の未整備」「担い手が組織化されていない」「事業化のハードルが高すぎる」などの意見が挙がっている。

任意団体の時代からのマンション管理，ビル清掃，ホームサービスなどの業

務は,生協移行後も継続した。2000(平成12)年度,993万円の事業高を上げ18人の就労があった。しかし,これらのほとんどが会社や病院など法人依頼であり,生協法の「利用は個人組合員に限る」という規定に抵触するとして,数年後に廃止となった。

(4) 介護事業
1) ホームヘルパー講座

2000(平成12)年4月の介護保険制度の発足を前にして,ホームヘルパー養成が社会的課題となった。高齢協は,地域センターが主体となり,区市のホームヘルパー養成講座を受託した。中野,葛飾,台東,府中など14のセンターが講座を実施し,1998(平成10)年度にはホームヘルパー3級(17回565名),ホームヘルパー2級(10回405名)の修了生を出した。

養成講座後,町田地域センターでは自前の事務所を設け,ホームヘルプ事業を始めた。世田谷など他地区でも次回講座の準備,バザーの実施,事業の勉強会など福祉事業所の開設の準備が進んでいく。いずれも講座の修了生が積極的に参加した。

> 「一人の落後者もなく卒業できてよかった。新しい人たちとのふれ合いをつくれたこと,そこから新しい仲間がたくさん高齢協に入ってくれたことが1番の成果。また講師の先生たちとの交流も生まれて,地元にこだわってやってほんとうによかった。」(とうきょう高齢者協同組合ニュース No.15 1997:12)

講座事業は初めて組合にまとまった収入をもたらし,介護という確固とした事業に踏み出す第一歩となった。

2) 介護事業所の出発

介護保険制度が始まると,事業所は指定訪問介護事業所の認可を受ける。2001(平成13)年9月までに13の事業所が認可を受けている。労働集約型の訪問介護

は，設備を必要とせず，資金に乏しい高齢協にとって取り組みやすい事業であった。

　開業の準備は，賃貸の建物の1室を用意することから始まる。そこに，事務机と小さな相談コーナー，手洗いの設備，鍵のかかる書庫を備える。1～2名の常勤者と人員基準を満たすワーカーを揃えれば事業所はできる。ワーカーが10名に満たないところから，40名以上を抱える事業所まであった。

　出資金を寄せ合って事業所を立ち上げた地域の組合員は，自分たちが独立した事業主であるという意識が強い。人員の配置や賃金も各事業所が独自に定めた。5万円出資の主婦にも，一つの介護事業所の経営を任された自負があった。中の一人が「わたしたち，みんな社長だね」と言った言葉に，その意気込みが感じられる。熱意に溢れた市民事業は，一面素朴な素人経営であった。

　　「事業所の立ち上げは，ヘルパーとして仕事おこしをしようという6名～20名の有志が5万円程度の出資を募り，生活協同組合・東京高齢協の訪問介護事業所として介護保険の指定事業所申請を行い東京都の指定を受けたものです。13事業所は，地域の従事組合員の資金で立ち上げられ，組合全体の資金を基本的に投入せずにスタートしています。」（生活協同組合・東京高齢協　2001：10）

3）介護事業所の経営

　急成長した介護事業は，2004年をピークに失速する（図7-4）。理由の一つは，度重なる介護報酬の改定である。単価の高い身体介護が減り，サービス提供時間も漸次短縮されていった。もう一つは，人手不足である。訪問介護が，働く側にとって，時給は高いものの短時間勤務で効率の悪い仕事になったのである。

　事業高の低迷は，まず小規模事業所の経営悪化となって表れる。訪問介護の利用量は変動が激しいが，利用量が減る分ホームヘルパー稼働が減る。経費は人件費がほとんどだから，原価率への影響は小さい。ところが，事業高が月100万円を割り込むと，減少分が固定人件費の常勤者賃金にまで及ぶようになる。

図7-4 事業高の推移

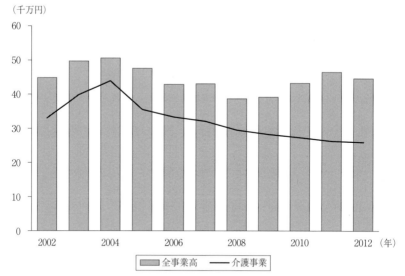

出所:図7-1と同じ。

　原価率90％を超える事業所の増加は,組合の経営を圧迫していく。
　コンプライアンス上の観点もある。介護保険事業に携わる事業所は,実地調査や行政指導に対し自主点検を義務づけられている。また,指定管理者の経験も遵法経営に対する意識を高めた。その結果,法人内の小規模事業所のコンプライアンスリスクへの認識が強まった。
　ある事業所で,「常勤者の賃金が最低賃金を割り込むおそれ」「常勤者が社会保険加入を渋る」などの事象が発生した。経営に裁量権をもつ管理者が自身の処遇を下げる事態である。市民事業では,このような一般とは逆の現象も見られる。管理者には「福祉に役立てればという思い」を就労の動機とする者が多い。事業所の存続が問われる場面で自身の賃金を下げる選択をする。
　もともと,介護事業の分野は採算が取りにくく,善意による自己犠牲的な働き方が事業の存続を可能にしている面がある。しかし,公の事業に責任をもって臨むには,私的な福祉マインドがマイナス評価される場面があり得る。

さらに，人員基準の維持が困難になった事態を受け，東京高齢協は，2011(平成23)年から2年間かけて事業所の大規模な統廃合を行った。同一区内や隣接区の小規模事業所を整理して，12あった訪問介護事業所は2013（平成25）年に7となった。
　その際，管理者や職員の異動が行われるようになる。複数の事業所の待遇をすり合わせるには，基本賃金の統一が必要となる。一連の処理には多くの事業所が関わり，人員管理や帳票まで，事業所運営を多方面から見直す機会となった。小規模事業所の再編は，組合内に残っていた私的運営を整理し法人運営を確立する作業でもあった。

(5) 指定管理者制度による高齢者施設の管理

　指定管理者制度による施設運営は，本部の直轄事業である。これらの施設は国の「老人憩いの家」構想を基に建てられたものだが，憩いの場の提供にとどまらず高齢者の社会参加，介護予防，生涯学習，マンパワー支援等の事業の拠点機能を果たしている。
　地域の60歳以上の区民がこれらの施設を利用する。職員の業務は利用者の活動の援助のほか，体操教室や学習講座，イベントの開催など自主事業の企画運営も行う。そこに，高齢協の持つ介護事業と文化活動の豊かな経験を活かす場ができた。
　各館とも5～6人の職員が在籍する。館長は50～60代の中途採用者があたり，一般職員は多世代である。夜間の受付業務に60歳以上の高齢者を優先採用している。

(6) 全国の高齢者協同組合の生活支援事業

　仕事起こしの中で模索された生活支援事業は，東京ではみるべき実績を挙げていない。岩手（環境サービス），神奈川（孫の手），大阪（お助け隊）など他県の高齢協の事例から，生活支援を事業化する要件を探ってみよう。
　第1に，地域の基盤が必要である。生活支援事業は，利用のニーズとサービ

スの担い手の2つが揃って初めて成立する。範囲が狭くても手厚い基盤があれば，事業が生まれる。実績をみると，岩手は盛岡，神奈川は川崎，大阪は枚方と，県内の限られた区域で実施している。高齢者ワーカーのための就労の場は地域にある。

どの高齢協でも介護保険事業参入以前に生きがい活動から出発し，組合員の支部や地域のたまり場をもっている。地域支援サービスでは，それらが有効に機能している。利用者と担い手は日常生活では隣人同士である。双方に信頼関係があり，仕事のマッチングや利用料金の設定などが簡略化できる。

第2に，固定したニーズ。核となる仕事があれば，周辺に他の支援事業も広がる。例えば，相談事業を実施すれば，そこから派生して不用品処分や引っ越し手伝い，遺品整理など生活に関連する多くの仕事が発生する。

第3に，介護事業との連結。介護保険外の生活支援はホームヘルパーが担う地域が多い。サービス品目を広げ，地域組合員も担い手に加えて介護事業所を活動拠点とする。

第4に，地域包括ケアシステムとの連携した事業展開である。大阪は，新規利用を地域包括支援センターから受けている，神奈川は，総合事業の区分に対応した仕組みづくりを進めるなど，事業を地域包括ケアシステムの中での生活支援，福祉サービスとして位置づけている。

4 生活協同組合・東京高齢協の労働環境

(1) 高齢者の働く姿

1) ケアワーカーの意識

事業所立ち上げの中心となった古くからの組合員は，社会的関心が強い。介護事業との出会いも，高齢期を充実させる活動を模索する中で生まれた。高齢社会の到来が声高に叫ばれていた当時，介護保険によるケアワークの事業化は画期的であった。

特に生活支援は，家事労働に習熟した中高年女性に適した業務である。主婦

の労働が収入となり，自分の都合で仕事の量を調整できる。その上，「介護保険によるケアサービス」は安全で堅い仕事に映る。こうして，家庭にとどまっていた女性たちに大きな就労の場が開け，多数のケアワーカーが生まれた。彼女たちは古参組合員と違って生活のための就労者であり，組合加入というより事業所に就職したという意識が強い。

　ケアワークには「人のためになる，喜ばれる仕事」という側面がある。ケアワーカーはプライドを持ち，業務でありながら人の役に立つことに充実感を覚える。利用者からの感謝の言葉は，ケアワーカーの満足と仕事のモチベーションとなる。反面，利用者の要望に応えることを優先し，サービスが介護保険の適用範囲から逸脱しかねない場面も生じた。この傾向はボランティア経験のある組合員に特に強い。

　制度発足後15年を経過し，ケアワーカーの意識は確実に変化している。介護保険によるサービスの意味がようやく理解され，ホームヘルパーの主観による勝手なサービスはほとんどみられなくなった。一方で，ケアワークを収入の手段として割り切って考える者が増えている。

２）事業所の労働環境

　介護保険事業者は，人員について「職員には労働基準法が適用され就労契約を結ぶこと」「管理者，サービス提供責任者は常勤であること」を求められている。

　2000（平成12）年時点のホームヘルパーの時給は，身体介護と家事援助が別に設定されていた。たとえば，世田谷では身体介護が1,500円，家事援助が1,100円である。練馬はそれぞれ1,100円，900円である。ヘルパー時給には地域の他事業者の賃金が反映され，同一法人内で異なる賃金体系となっていた。その後，ヘルパー時給は統一され一律1,500円となり，さらに加算が上積みされている。

　立ち上げ時，勤務時間に上限のある主婦層を管理者に充てるため，１週の所定労働時間を35時間と短めに設定する事業所があった。こちらも現在は40時間に揃えられた。

図7-5 ワーカー年齢と稼働時間

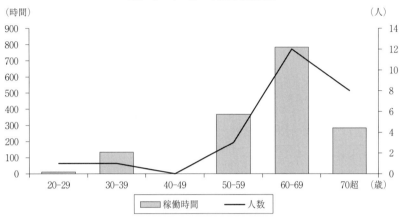

出所：図7-1と同じ。

3）訪問介護では

図7-5は，ある訪問介護事業所の1カ月のワーカー年齢と稼働時間との相関関係を示す。中心の60代は12人在籍で，稼働時間は783時間弱である。70代は8人で284時間と一人当たりの稼働時間は少ない。

この事業所では，身体介護でスキルの必要なケアサービスを70代のベテランに依頼しているという。業務への適性は，物理的年齢よりはワーカー個別の経験と力量で定まる。

生活援助でも，高齢者は一生懸命に仕事をし，家事経験の少ない若年者よりずっと上手にこなす。しかし，1対1のサービスである訪問介護では，高齢者の長所を活かしながらも，リスクを回避する必要がある。「稼働時間を削減する」「提供サービスの内容を制限する」等である。

4）ミニデイでは

区の委託事業「銭湯活用ミニデイ」で働く80代の看護師を紹介する。彼女は，1回4時間（時給1,500円）の勤務を月に6回ほどする。ミニデイの内容が「銭湯でカラオケにお食事」と聞けば少し驚くが，銭湯の脱衣所を会場に，近くの元気な高齢者を集めて行う介護予防事業である。

第7章　高齢者による就労支援

図7-6　事業所年齢分布年度比較

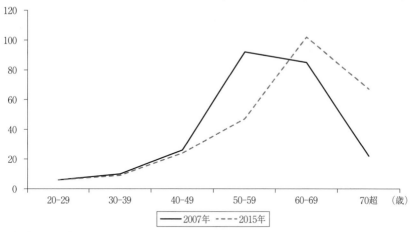

出所：図7-1と同じ。

　朝の9時過ぎに，折り畳み机，ポットや食器などの備品を満載して，1チーム5人のスタッフが事業所を出発する。銭湯に着くと即席の会場を拵え，10時頃に来場する利用者を待つ。これからが彼女の出番で，受付で健康手帳の確認，体温や血圧測定と併せて，「よく眠れますか，今朝の体調はいかがですか」など，丁寧に聞き取りを行う。プログラムが始まると，チームの一員として見守りをするのが業務だ。

　この事例で，80歳過ぎの人の就労が可能な条件とは何かを考えてみる。本人の条件として「健康である」「意欲・能力・必要な資格をもつ」がある。環境条件として，「業務内容の負担が軽い」「定型的な業務」「チーム業務であり高齢者のハンデを周囲がサポート」などが挙げられる。安全面を中心とした事業者の環境整備ができれば，高齢者就労の機会はさらに拡大する。

（2）ケアワーカーの高齢化

　ケアワーカーの高齢化が進んでいる。2007（平成19）年の平均年齢は57.2歳であったが，2015（平成27）年には61.5歳となった。図7-6をみても，2007（平

成19)年から2015(平成27)年に分布のグラフの形は確実に右に移動している。また，8年間で70代のケアワーカーは3倍になった。

　高齢化する理由は，元気なうちはいつまでも働きたいと考えるケアワーカーが多いからである。組合も，高齢者の働きやすい職場環境をつくる努力をしている。一方，恒常的なケアワーカー不足から若手が充足されず，事業所の年齢構成がアンバランスとなっている。

(3) ケアワーカーの不足
1) 不足の理由

　ケアワーカーの不足は特に訪問介護で甚だしく，事業停滞の最大の理由となっている。仕事があるのに，人がいないので引き受けられないという状況が生じる。人員が補充されず零細化した事業所は職場の活力を失い，ケアワーカー不足がさらに進行する。

　ケアワークは崇高なものであるのに，介護職の社会的評価が低い。それも仕事がきつく低賃金ならば当然である。しかし，高齢者・障害者の介護サービスは制度により定められ，報酬について事業者の努力が反映される余地は少ない。

　訪問介護についていえば，それだけではない。2015(平成27)年現在の東京高齢協のホームヘルパーの時給は1,500円（身体・生活援助一律）。さらに，処遇改善加算分として数百円が上積みされる。コンビニの販売員等の1,000円前後の時給と較べてはるかに高い。それでも人が集まらない理由として，「きつい」という一般的なもののほか，「孤独な労働」「勤務時間が細切れで時給の割に低収入」などが挙げられる。事実，時給が安くてもデイサービスの方がケアワーカーを集めやすい。

　かつて高齢協は，都内各地でホームヘルパー養成講座を開催した。ホームヘルパーの半数は，その修了生である。現在は，講座を開催しても受講者が集まらない。ハローワークや求人情報誌による介護職の募集も実績を挙げていない。ケアワーカー確保の難しさは，今後も継続するだろう。

2）協同組合だから

　今後の高齢者福祉は，市区町村を中心に協働事業で支えられていく。地域に市民による支え合いの仕組みをつくることは，社会の合意である。現在，構想されている地域の相互扶助ネットワークにおいて，協同組合の果たす役割は大きいのである。

　今後，賃労働によるケアワーカーのみで高齢社会の地域福祉を支えるのは困難である。ボランティアなど広汎な担い手を動かす地域づくりが重要である。国の描いた地域包括ケアも，その点は同じである。

　最初の取り組みは，活動の拠点づくりを進めることである。その活動から多くの生活支援サービスが仕事として派生する。高齢化した在籍ケアワーカーの参加を誘導し地域ボランティアも獲得していく。そこには賃労働とは別の価値観で新しい働き方が生まれるだろう。これからが，高齢協の正念場ともいえる。

5　再び地域へ

（1）高齢者ケアワーカーの今後の働く場

1）働き方の選択

　2015（平成27）年，介護保険制度の改定により，居宅介護はより重度者への対応を迫られている。ケアの内容の専門性が高まれば，ケアワーカーの資格要件も厳しくなる。一方で，軽度者は介護保険から切り離され，介護予防・日常生活支援総合事業（以下，総合事業）という，ボランティアも交えたサービスに移行していく。中高年の主婦層を就労労働に駆って行った介護保険から，再び地域ネットワークの力の活用に戻ってきた。

　この状況で，訪問介護事業所の高齢の非常勤ホームヘルパーは，働き方の選択を迫られている。「専門性の高いサービスを提供するか」「地域のボランティアになるか」の2つのコースである。

　事業所現場の70代以上のホームヘルパーたちからは，「いつまで仕事をしていていいんですか？　いつまでできますか？」という類の質問を多数聞く。その

問いへの回答は非常に難しい。

　ホームヘルパーたちは，「自転車を漕ぐのが難しくなったら。」「足腰が痛くなったら」「シフトを忘れることが出てきたら」など，具体的な回答を求めている。そこには資格が必要な訪問医療・看護との連携による新しい業務への意欲はみられないが，今までと同じ賃金は欲しいという思いはうかがえる。

2）新しい就労の場

　高齢の訪問介護事業所のケアワーカーに新たな就労の場を用意する際は，時間と回数，そして内容を十分考慮する必要がある。70歳以上のケアワーカーは，組合に現在67人いる。それぞれが現在のサービス提供を継続できるとして，働ける期間は5年くらい。その間に回数，時間は少しずつ減少していくだろう。しかし，反対に空いた時間が増えていく。社会的には「おばあちゃん，おじいちゃん」と呼ばれる元気なケアワーカーを活かす場は，高齢者の見守り・生活支援や子育て家族支援など多々考えられる。これが，厚生労働省が提唱する「地域包括ケアシステム」と重なっていく。そこでの働きは賃労働ではない。

　ケアワーカーがボランティアに移行しなければ，総合事業のボランティア確保はかなり難しい。しかし，一旦賃労働となった仕事を，ボランティアとしてできるのだろうか。高齢者ケアワーカーが転身する新たな場のデザインが求められている。

（2）地域の事業がすべてをつなげる

1）組合員活動の一体化

　今，高齢者の福祉を考える際には，最初に日常生活圏域の範囲を設定する。厚生労働省は当初「中学校区」としていたが，私たちは歩いて30分以内の「小学校区」での支援が必要と感じている。地域は互いに協力して助け合いながら生活する舞台である。高齢協のような複合的な協同組合が一体化して活動できるのも地域である。また。そうした活動でなければ成功は期待できない。

　高齢協が就労の場とした介護保険によるケアサービスは，制度に守られた堅牢なものだった。だからこそ，労働力としては不定であり制約のある高齢者を

受け入れることができた。反面,私たちは制度の変遷に翻弄されてきた。

　地域の事業にはみえない部分が多い。そこに高齢化したケアワーカーも戻ってくる。仕事も生きがいもすべてを包み込む総合的な事業が始まる。それは官業からの脱却も示している。

2）これからの20年

　東京高齢協は,総合事業を機に介護事業所を中心とした新たなセンターづくりを構想し,町田・世田谷から準備を進めている。センターの会計は事業所から独立させ,基本的には会費及びセンターの事業収入で運営する。設立及び維持の費用のうち一定額を組合が負担する。

　センターには組合員の誰もが会員登録できる。今までバラバラだった「ケアワーカー組合員」「施設管理の職員組合員」「生きがい・文化の組合員」が集まり,それぞれの立場から地域支援活動をつくる。

　そこは,地域の誰もが立ち寄れるサロンでもある。茶話会,食事会など,ご近所のたまり場として機能させ,介護相談,生活相談,iPadやスマホ,手芸,絵手紙,書道などの教室を実施する。どれも組合内の実践例があり,講師は本部が派遣する。

　スペースのあるところは体操教室を開く。認知症予防教室も検討中である。デイサービスや委託施設の職員組合員が指導にあたる。ボランティアによる生活支援,子育て家族支援,高齢者の見守りなども行う。

　地域での活動は,行政をはじめ諸機関の連携によるネットワークの中でそれぞれの立場で行う。高齢協は生協として参加するが,別にNPOを立てて参加の幅を広げていきたい。

　このような地域センターの設立は,高齢者の新しい就労のスタイルをつくり出す。創立時の仕事起こしの熱意を再び呼び戻すことになるだろう。これが東京高齢協のこれからの20年になると期待される。

注
(1) 当初,介護保険利用者は員外利用を容認することを特例として認められた。現在,

生協法の改正により，利用分量100分の100までの員外利用が認められている。

参考文献

生活協同組合・東京高齢協（2001）「第 3 回通常総代会議案書」。
東京高齢者協同組合（1996a）「設立趣意書」『創立総会議案集』。
東京高齢者協同組合（1996b）「議案」『創立総会議案集』。
東京高齢者協同組合（1997）『とうきょう高齢者協同組合ニュース』No.15。
日本高齢者生活協同組合連合会（2015）『第14回通常総会議案書』。

（田尻孝二）

第8章 能力開発から職業紹介まで
——公益財団法人東京しごと財団における歴史と現状

1 高齢者就業支援の成り立ち

(1) 東京しごと財団と東京しごとセンター

　東京しごとセンター（以下，しごとセンター）は，働く意欲をもつすべての年齢層を対象に，一人ひとりの適性や状況を踏まえたきめ細かな就業相談から，就職活動や就職後に役立つ知識・スキルを習得するための各種セミナーや能力開発，求人情報の提供・職業紹介まで，就職に関する一貫したサービスを提供する，東京都が設置した無料の就業支援機関である。

　若年（ヤングコーナー），中高年（ミドルコーナー），高齢者（シニアコーナー）の年齢別に分けた3つの窓口及び仕事と育児や介護との両立を目指す女性を対象とする窓口（女性しごと応援テラス）等により構成されており，就業ニーズに応じたサービスを展開している。

　このしごとセンターの管理運営を行うのが，公益財団法人東京しごと財団（以下，しごと財団）であり，指定管理者として東京都から「東京都しごとセンター事業」を受託している。

　しごと財団は，2004（平成16）年に財団法人東京都高齢者事業振興財団（以下，振興財団）と財団法人東京都心身障害者職能開発センターの統合により発足した。定款においてその設立目的を，「働く意欲をもつ都民のために，その経験や能力を生かした雇用・就業を支援するとともに，東京の産業の振興に必要な人材の育成を図り，もって豊かな職業生活の実現と活力ある地域社会づくりに寄与すること」（東京しごと財団編 2015：136）と定め，同じく定款において，次のとおり事業内容を定めている。

「(1)『高年齢者等の雇用の安定等に関する法律』に規定されるシルバー人材センター事業など，高年齢者の生きがいの充実及び社会参加の促進を図るために必要な事業，(2)雇用・就業に関する相談，講習，能力開発等の事業，並びに，女性・高年齢者・障害者等の就業に関する個別支援事業，(3)損害保険の代理業，(4)その他，この財団の目的を達成するために必要な事業。」(東京しごと財団編 2015：136)

　幅広い層の都民を対象に行う就業支援の取り組みの中でも，しごと財団における高齢者の就業支援事業は，前身である振興財団の時代から40年以上にわたって営み続ける主要な取り組みである。以下，これまでの沿革について触れていく。

(2) 高齢者事業団設立の経緯

　振興財団の沿革を説明する上で欠かせないのが「高齢者事業団」，つまり現在のシルバー人材センターであり，振興財団の歴史は高齢者事業団を生み出すことから始まった。

1) 高まる高齢者の就業ニーズ

　昭和40年代半ば，全人口に占める65歳以上の高齢者の割合は7％に達し，介護を要する高齢者が増加する一方で，同時に健康で働く意欲のある高齢者も増加し始めていた。しかし，すでに「平均寿命70代」の時代に到達しているにもかかわらず，当時多くの企業における定年制は55歳が一般的であり，高齢者が働き続けることを希望しても，またそれを可能とする能力や経験をもっていたとしても，その意欲を活かせる就労の場はごく限られていた。

　そのような時代背景の下，高齢者が労働の第一線を退いてもなお，何らかの形で働き続けてくことが可能な，またその働き続ける過程において生きがいを見出していくことが可能な新たな仕組みが，急速に進行する高齢化社会において強く望まれ始めた。

　東京都では，都民団体，労働団体，一般住民等から高齢者の仕事のための事

業ないし施策を求めて，都議会に対する請願や都知事に対する要望，都議会各党議員による討論などが活発化していった。

2）高齢者事業団構想

高まる都民の要望を受け，1973（昭和48）年に東京都は「東京都高齢者就労対策協議会」を設置し，手探りの状態で対応策の検討を重ねていく中で，以下の考え方を示した。

> 「高齢のため一般の就職が困難な者，あるいは就職する事は望まないが，自らの能力や経験を活かして働きたいと望む者に焦点を合わせ，それらの人達が相互に協力して，自ら事業主体となれるよう居住地域毎にグループ（組織＝事業団）をつくり，企業への再就職への道をとらず，むしろ公共団体，民間企業，個人から仕事を請けて働く機会を確保していくという考え方である。」（東京都高齢者事業振興財団編　1995：55）

この提言は，当時急速に進展する高齢化の波の中で，高齢者が年齢にかかわらず，自らの能力と経験に応じて働き続けていくことが可能な仕組みを実現するために示された画期的な発想であり，現在のシルバー人材センターの事業理念の原型ともいえる内容である。東京都は翌1974（昭和49）年に，予算審議を経てこれを正式な施策と位置づけ，「高齢者事業団構想」の骨格づくりに着手した。

3）構想の実現に向けて

過去に例のない，新たな高齢者が働く仕組みである「高齢者事業団構想」を実現させるためには，行政だけではなく可能な限り広くあらゆる層の都民及び組織の意見を反映させる必要があった。その結果，都知事の呼びかけによる各界の学識経験者，言論界をはじめ，高齢者団体，労働団体，商工団体，社会福祉団体の代表等を委員として，社会保障制度審議会会長である大河内一男東京大学名誉教授を委員長とした総勢26名の委員から構成される「東京都高齢者事業団設立準備会」が設立された。

当準備会では高齢者事業団の設立に向けて構想の骨子を組み上げ，事業団のモデルケース設立とその後の地域展開の方法等が話し合われた。また運営における法制面・経営面の問題点，既存施策との整合性，労働関連機関との協力体制等，具体化に近づくがゆえに噴出する夥しい課題と直面しながらも，フルスピードで徹底的な討議を繰り返した。

4）高齢者事業団設立

その後わずか半年の間に，検討結果のまとめとなる「高齢者事業団について（その構想と都に対する提言）」を都知事に手渡すと同時に，準備会メンバーが発起人となり，1974（昭和49）年12月に東京都高齢者事業団が設立され，翌1975（昭和50）年には東京都高齢者事業団の発展的改組を経て，しごと財団の前身である財団法人東京都高齢者事業振興財団が設立された。

これ以降，第1号となる江戸川区に始まり，高齢者事業団は都内の各区市町村に順次設立され，徐々に全国にも拡大していく中，高齢者事業団が国の補助対象事業として取り上げられることに決まった。

振興財団は，新たな制度に移行する高齢者事業団に必要となる社団法人への移行の事務手続きを指導し，総会運営，会計処理，規程整備など新たな課題解決に向けて奔走した。

5）高齢者事業団からシルバー人材センターへ

1980（昭和55）年，高齢者事業団は組織形態を社団法人として，名称も「シルバー人材センター・高齢者事業団」として再出発を遂げることとなる。さらにそれまでの当該事業の実績や全国的な立法措置の要望が実を結び，1986（昭和61）年には「高年齢者等の雇用の安定等に関する法律」の施行により，「シルバー人材センター事業」として法制化の運びとなった。また1996（平成8）年，同法律の改正により都道府県単位にシルバー人材センター連合を設置して全国的な展開を図ることとなり，同年，振興財団は都知事より「東京都シルバー人材センター連合」としての指定を受け，都内全58カ所のシルバー人材センターと一層連携を深めながら，高齢者就業の充実と発展に取り組み続けている。

第8章　能力開発から職業紹介まで

6）理念――高齢者が働くということ

　ところで，先のシルバー人材センター事業が法制化を控えた1983（昭和58）年，振興財団初代会長の大河内一男が「高齢者の『仕事』をどう考えるか」と題した文章を記している。

　　「高齢者の仕事というと通例の労働や就労に耐えられない老人が行うものだと考えてしまわれやすいが，そうではない。高齢になるに従って，誰でも体力は衰えるだろうし，運動神経も鈍くなろうし，また一般的に青壮年の働き盛りのころに身に付けた技能や熟練も不識の内に低下するに違いないが，高齢者の中にはそれに気づいている者もいるだろうし，まるで気づいていない者も少なくないのが実情である。したがって高齢者事業団（シルバー人材センター）としては，その実情に即した高齢者の再訓練をしなければならないだろうし，また，高齢者ひとりひとりに自分のマンパワーとしての実態をよく自覚させるような教育をお互いにすることが，結局は高齢者が長く自分の性格なり老後の技能にあった仕事を積極的に担当できる前提になるだろう。」（東京都高齢者事業振興財団編　1995：5）

　　「高齢者の仕事はがんらい高齢者でなければできないきめの細かな親切な仕事であることが特徴であり，また地域社会において誰も顧みない埋もれている仕事を発掘したり，高齢者の技能や人生経験を後代に残して置くような仕事もまた，ロボット化やインスタント化の激しい今日の若者時代に，明治，大正，昭和を生き抜いてきた戦争体験をもつ高齢者だけができるかけがえのない仕事である。」（東京都高齢者事業振興財団編　1995：5）

　　「このような高齢者に固有な誇り高き仕事は，地域の高齢者が自主的にまた共助的に行うものであり，地域コミュニティを活力あるものにするのはこのような高齢者の自信に満ちた活動なのである。」（東京都高齢者事業振興財団編　1995：5）

　この文章は，当然のことながらシルバー人材センターにおける高齢者の働き

方に言及したものであるので，その後に振興財団，あるいはしごと財団が，現在のように高齢者のシルバー人材センターのみならず雇用就業を含む多様な就業ニーズに向けた支援に取り組むことになろうとは想像すらできなかったことと思われる。

しかしながら本章の記述にあたって，この大河内氏の「高齢者ひとりひとりに自分のマンパワーとしての実態をよく自覚させるような教育」「地域コミュニティを活力あるものにするのはこのような高齢者の自信に満ちた活動」などの言葉の数々は，現行の雇用就業支援サービスの，あるいはNPOやコミュニティビジネス等に活躍の場を求める高齢者への，私たちが行うべき支援事業を定義づける時，その根底にあるものと多くの点で合致することにあらためて気づかされる。

振興財団，東京都，区市町村，国など様々な立場が一体となり，高齢者が働く一つの新たな「形」をつくり上げたことは紛れもない事実であり，また，その「形」を具体的かつ効果的なものとするために積み重ねられてきたさまざまな論議は，「高齢者はなぜ働くのか」という高齢者自身への問いかけを生み，企業・家庭を含め社会全体に高齢者が働く意義を問うこととなり，さらには社会保障制度を始め各制度のあり方に少なからず刺激を与えることとなった。

このように社会が「働く高齢者」を意識しはじめるというムーブメントを創出できたことが，高齢者事業団構想から始まりシルバー人材センター事業へと変遷を遂げる過程での最大の成果であり，次のステップである本格的な雇用労働の場における高齢者の就業支援事業の構築にも影響を与えることとなった。

（3）雇用就業支援の取り組み

シルバー人材センターの地域における活動は，高齢者自身の生きがいに満ちた就労を生み出し，地域の活性化や社会負担の軽減にも大きく貢献してきた。しかしながら日本の高齢化は，他国との比較においても例をみないほどのスピードで進み，21世紀の超高齢社会を迎える過程で，社会保障の負担増加や生活構造の変化等あらゆる場面への影響が予想された。また少子化の進展と相

まって構造的な若年労働力不足が予測され，企業における労働力確保の深刻化といった産業構造への影響が懸念された。

1）高齢者就業システム

これらのことから東京都は，シルバー人材センター事業を通じて取り組んできた高齢者就業対策の取り組みに加えて，さらに長期的な視野による総合的な対策が必要であるとして，1983（昭和58）年，「高齢者就業システム開発研究会」を設置し，翌年，その報告において「高齢者の健康を維持し，健康な高齢者の労働能力を経済的にも社会的にも活用し，高齢者自身の欲求を充足させるとともに，社会の活力を維持・発展させることが肝要」（東京都高齢者事業振興財団編 1995：47）と指摘し，その実現のためには，社会的合意の形成と各界の協力，行政運営の総合化，試験研究機関の協力と連携の強化，公民協力による推進体制の確立を行い，体制整備が求められることを提案した。

さらに1985（昭和60）年には，学識経験者による「高年齢者就業対策検討会議」を設置，その報告において，東京の新しい労働施策の目標と基本的方向等のほか，高齢者就業総合推進センターの設置が述べられた。

2）高齢者就業総合推進センター構想

そして1986（昭和61）年，第2次東京都長期計画の中で長期計画事業として位置づけられ，1987（昭和62）年には学識経験者等により構成される「高齢者就業施策検討協議会」が設置され，高齢者就業総合推進センターの基本構想策定，及び高齢者の就業を促進するための新たな就業システムについて検討が繰り返された。

1988（昭和63）年には，都知事を本部長として「いきいきとした高齢社会を創るための東京都対策本部」が設置され，高齢者就業機会の拡大にあたっての課題は，働く意欲のある高齢者がそのニーズに応じた就業形態で働き続けていくことができるシステムづくりであり，その実現に向けて人口構成や都民ニーズの変化等に応じた施策の見直し，行政分野ごとの高齢者関連対策の総合化とそのための事業執行体制の再編等の方向性を示した。

これまでの各種の検討結果と方向性を踏まえ，高齢者就業システムの構築と

展開の具体的方策を検討・協議するため，東京都は学識経験者，実務経験者，業界関係者等の参加による「高齢者就業システム検討協議会」を設置し，その下で就業情報，人材開発，就業条件，カウンセリング等のテーマ別の専門部会を設け具体策の検討を重ねた。1989（平成元）年，「いきいきとした高齢社会を創るための東京都対策本部」は「東京の明日『ゆとり型社会』いきいきとした高齢社会を創るために」を発表し，高齢者就業総合推進センターの設置を正式に位置づけた。1990（平成2）年に高齢者就業システム検討協議会は最終報告において，高齢者就業システムの理念と具体的内容を示した（東京都高齢者事業振興財団編 1995：50）。

「1　高齢者就業システムの基本的視点
　　・高齢者の意欲と能力の重視
　　・働く機会を提供する側との協働
　　・施策の総合化
　　・社会的気運の醸成
　2　高齢者就業システムを定着させるために
　　・青壮年と高齢者がともに社会の担い手となり支え合い，共にゆとりある豊かな生活を享受できる社会こそ健全な社会である，という考え方が定着するよう意識改革に努める。
　　・企業は高齢者が働きやすい職場環境づくりに取り組む。
　3　高齢者就業総合センター（仮称）の設置
　　・高齢者就業総合センター（仮称）は高齢者就業施策を総合的，一元的に実施する施設であり，高齢者，中小企業，シルバー人材センター等に対し，需給調整に必要な具体的サービスを提供する。
　4　総合的需給調整は次の機能で行われる
　　・情報提供機能
　　・カウンセリング機能
　　・能力評価機能

・能力開発機能
・コンサルティング機能
・需給調整機能
・フォローアップ機能
・運営管理機能
5 高齢者就業総合センター(仮称)の運営は(財)東京都高齢者事業振興財団に委託することが最適である。」

この報告の後,東京都は,東京都第三次長期計画において高齢者就業総合センターを長期計画事業として位置づけ,1996(平成8)年の開設に向けて歩みを進めることとなる。

3)東京における高齢者の就業支援窓口のあり方

東京都は従来から,労働施策として,おおむね55歳から65歳を対象年齢とする職業相談窓口である「高齢者職業相談所」を運営してきた。一方,福祉施策として,東京都社会福祉協議会は,おおむね65歳以上を対象年齢として「高齢者無料職業紹介所」を運営してきた。しかし,人生80年時代において,高まる一方の高齢者就業のニーズとその多様化に的確に対応していくためには,年齢により労働と福祉とに区分されることは実際的ではないとして課題となっていた。

先の「東京の明日『ゆとり型社会』いきいきとした高齢社会を創るために」では,高齢者就業総合センターにおいて展開される事業内容が述べられたことに加えて,2系統に分かれて運営される既存の職業のあっせん・相談窓口と高齢者就業総合センターとの関係についても,今後は既存の窓口を再編整備した上で高齢者就業総合センターの拠点として位置づけ,一体的に運営することにより高齢者就業施策を総合的・一元的に推進していくことが述べられた。

このことを受け,東京都労働経済局・福祉局,東京都社会福祉協議会,振興財団等による協議の後,「高齢者無料職業紹介所」と「東京都高年齢者就業相談所」を再編整備するため,1990(平成2)年に「高齢者就業あっ旋事業に係

4）東京都高年齢者就業相談所

同年に東京都は，当該再編計画に基づき，東京都社会福祉協議会が運営する都内10カ所の「高齢者無料職業紹介所」の事業移管を受け，その管理運営を，「東京都高年齢者就業相談所」（以下，就業相談所）事業として振興財団に委託し，これにより振興財団における高齢者への雇用支援事業が始動した。

さらに1992（平成4）年度には「高齢者職業相談所」についても就業相談所に統合し，合計18カ所の窓口体制として再スタートし，公共職業安定所との連携強化も促進され，振興財団における雇用支援事業はさらに本格化していった。

この窓口一元化により，「窓口の対象年齢の拡大による求人求職情報の豊富な提供と有効活用」「これまで蓄積された福祉的観点（高齢者無料職業紹介所による高齢者個々人のくらしへの着目）と中小企業情報（東京都や高齢者職業相談所による就業機会の創出や求人情報の豊富さ）による総合的な相談体制及び職業紹介の拡充」「国の『特定求職者雇用開発助成金制度』等の活用」等，これまで2系統の窓口がそれぞれに持っていたメリットが集約されることで，大幅なサービス向上が図られた。

5）東京都高年齢者就業センターの開設

就業相談所の拡大と充実が進められる中，いよいよ1996（平成8）年に，高齢者就業システムを実践する場として，千代田区飯田橋のJR飯田町操車場跡地に「東京都高年齢者就業センター（以下，就業センター）」が開設した。開設にあたって，就業センターの管理・運営を振興財団に委託することが東京都において決定された。なお開設に伴い，18カ所の就業相談所のうち，文京就業相談所については廃止となったが，残る17カ所の就業相談所は就業センターの支所として正式に位置づけられた。

6）東京都高年齢者就業センターから東京しごとセンターへ

2003（平成15）年，東京都は東京都雇用・就業対策審議会における答申の結果として，「就業相談からキャリアカウンセリング，能力評価，能力開発，マッチングまでの就業総合サービスの実施」を提案し，厳しい雇用情勢と雇用環境

の変化に対応していくため，東京都自らが積極的に雇用・就業対策に取り組む方針を明らかにするとともに，翌2004（平成16）年には東京都の重点事業として，都知事公約の下，仕事に関するあらゆる情報を一カ所で提供する「ワンストップサービスセンター」として，支援対象者を全年齢層へと拡大し，就業センターは新たに「東京しごとセンター」として生まれ変わった。2007（平成19）年には多摩地域における雇用就業支援の拠点として「東京しごとセンター多摩」を開設した。

7）高年齢者就業相談所からアクティブシニア就業支援センターへ

この間，東京都は職業安定行政の国一元化及び行政改革の流れの中で，2000（平成12）年に「高齢者就業相談所あり方検討会最終報告」において，これ以降，就業相談所を統合再編していく方針を明らかにした。

しかし，高齢化の進展はとどまるところを知らず，年金支給開始年齢は段階的に引き上げられることに加えて，景気後退の度合いは年々深刻さを増し，高齢者の就業ニーズは増大する一方であった。

地域の高齢者が利便性を損なわれることなく，引き続き身近な地域できめ細かなサービスを受けられる体制として，新たな窓口となる「アクティブシニア就業支援センター」（以下，アクティブセンター）を整備するため，東京都は「はつらつ高齢者就業機会創出支援事業」を2002（平成14）年にスタートした。

従来の就業相談所は運営経費を都単体で負担していたが，アクティブセンターでは，区市も経費を負担し，区市の社会福祉協議会や公的団体が運営主体となり，地域における高齢者のための就業相談事業を新たに担っていくこととなった。アクティブセンターが順次開設されていく一方で，2007（平成19）年にはすべての就業相談所が廃止され，地域における高齢者就業支援の担い手としてのバトンはアクティブセンターに手渡されることとなった。

2　シニアコーナーと企業の協働

しごと財団における高齢者の就業支援事業は，高齢者事業団に始まり，地域

のシルバー人材センターの運営支援と育成を中心とした事業の実施，東京都からの高年齢者就業センター及び高年齢者就業相談所の管理運営業務の受託，現行の東京都しごとセンター事業の受託へと，時代の要請に応えながら大きな変遷を遂げてきた。

ここからは，しごと財団が日々高齢者と直に接する窓口であるシニアコーナーについて，その実績と取り組み内容を述べていく。

（1）シニアコーナー利用者の実績

しごとセンター1階に窓口を構えるシニアコーナーは，55歳以上の働くことを希望する高齢者（以下，求職者）の就業支援を専門とする窓口である。年間約8,000人の高齢者が仕事探しのため求職登録に訪れ，約1,800人が就職していく（図8-1）。

1）職種別にみる新規求職登録者の動向

図8-1中の左側の円グラフは，2014（平成26）年4月1日から2015（平成27）年3月31日までの間に新規に求職登録を行った求職者8,050人が希望する職種内訳（割合）である。一見してわかるとおり，最も希望者が多い職種は事務職であり，次いで専門職，営業販売と続き，この3職種で半数以上を占める。これに対して清掃，保安，調理等の体力を要する職種については，いずれも希望者は10％未満となっており，希望職種の偏りがはっきりと表れている。また，高齢者の再就職実績の高い職種として引き合いに出されることが多いマンション管理員（図8-1では管理員として表示）は9％台と，4番目に希望者が多い状況となっている。

2）職種別にみる就職者の動向

図8-1中の右側の円グラフは，同じ期間に就職を果たした1,835人の就職決定職種の内訳であり，最も就職者が多い職種はやはり事務職である。新規求職者・就職者ともに最も割合が高いため，単純に割合だけでみると他職種よりも就職しやすくみえる。また2番目に希望者が多い専門職や3番目の営業販売については，いずれも就職者全体に占める割合が4～6％程度に減少しており，

第8章　能力開発から職業紹介まで

図8-1　東京しごとセンターシニアコーナーの新規登録・就職者の職種別内訳
集計期間：(2014（平成26）年4月1日～2015（平成27）年3月31日)

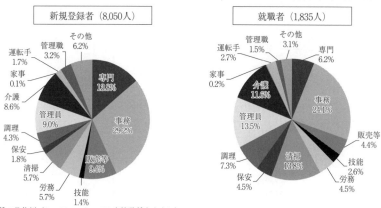

各職種の具体例（シニアコーナーでの実績職種を中心に）

専門	建築技術者, SE, プログラマー, 品質管理技術者, 看護師, 保健師, 保育士, ケースワーカー, カウンセラー等の仕事	調理	レストラン, 学校内食堂, 一般飲食店, 病院・福祉施設等での調理及び調理補助の仕事
事務	総務, 人事, 経理, 受付・案内, 企画調査, 法律, 秘書, 営業販売関連, メーター検針等の各種事務の仕事	管理員	マンション, アパート, ビル, 寮, 駐車場, 駐輪場等の管理員の仕事
販売	商品販売営業, 卸売店業務, 販売店員, 訪問販売, 商品仕入, 保険営業等の仕事	サービス職	訪問介護員（ホームヘルパー）, 理美容, クリーニング工, ウェイター, ウェイトレス, 配膳, 旅館, 添乗員, 広告宣伝, チラシ配布等の仕事
技術	機械, 金属, 電子, 化学, 医薬品, 木材, 紙材, 衣服, 食品等の製造・加工・組立・機械操作に関する仕事	家事	家政婦（夫）, 家事手伝いの仕事
労務	用務員, 工場・倉庫・病院等の雑務, 引越作業, 荷役作業, 配達員等の仕事	運転手	貨物車, バス, 自家用車, 特殊作業車, 船舶等の運転操縦の仕事
清掃	ビル, マンション, 公園, 道路, 乗物内, 衛生作業等に係る清掃の仕事	管理職	会社・団体の役員・管理職員, 工場長等の仕事
保安	交通誘導警備, 施設警備, 雑踏警備等の仕事	その他	農林水産業, 造園, 動物飼育, 通信, 郵便集配, 電話交換等の仕事

出所：東京しごと財団資料。

採用されにくい職種であることがわかる。一方、清掃では、新規登録時の希望者の割合が6％未満であったのに対し、就職時では13.8％と、保安では、新規登録時1.8％の希望者に対し就職時では4.5％と、いずれも占める割合が大幅に増加している。

3）希望どおりにいかない求職者の実数

　ところでこのデータを詳細にみていくと、別の問題点がみえてくることがわ

第Ⅱ部 高齢者就労を支援する団体・組織

表8−1 東京しごとセンターシニアコーナーの新規登録・就職者の職種別内訳（詳細）

（集計期間：2014（平成26）年4月1日〜2015（平成27）年3月31日）（単位：人）

| | 専門職 | | 事務の職業 | | 販売等の職業 | | 技能の職業 | | 労務の職業 | | 清掃の職業 | | 保安の職業 | | サービスの職業 | | | | | | 家事の職業 | | 運転手の職業 | | 管理職 | | その他の職業 | | 合計 | |
															調理		管理員		介護											
新規登録 (A)	1,112		2,347		756		110		461		456		148		347		721		690		9		134		259		500		8,050 (C)	
55〜59歳	456	41%	934	40%	343	45%	39	35%	108	23%	53	12%	33	22%	68	20%	140	19%	217	31%	0	0%	33	25%	132	51%	168	34%	2,724	34%
60〜64歳	412	37%	912	39%	251	33%	42	38%	154	33%	110	24%	45	30%	127	37%	283	39%	254	37%	0	0%	52	39%	105	41%	194	39%	2,941	37%
65〜69歳	183	16%	431	18%	113	15%	20	18%	126	27%	136	30%	40	27%	92	27%	218	30%	138	20%	0	0%	39	29%	18	7%	108	22%	1,662	21%
70〜74歳	41	4%	60	3%	39	5%	7	6%	58	13%	110	24%	18	12%	52	15%	66	9%	59	9%	8	89%	8	6%	4	2%	23	5%	553	7%
75〜79歳	19	2%	9	0%	9	1%	2	2%	15	3%	41	9%	10	7%	8	2%	13	2%	19	3%	1	11%	2	1%	0	0%	3	1%	151	2%
80歳以上	1	0%	1	0%	1	0%	0	0%	0	0%	6	1%	2	1%	0	0%	1	0%	3	0%	0	0%	0	0%	0	0%	4	1%	19	0%
就職者 (B)	114		443		81		47		83		253		82		134		247		214		4		50		27		56		1,835	
55〜59歳	39	34%	173	39%	25	31%	15	32%	17	20%	28	11%	17	21%	19	14%	48	19%	48	22%	0	0%	11	22%	14	52%	24	43%	478	26%
60〜64歳	38	33%	157	35%	36	44%	21	45%	29	35%	64	25%	20	24%	50	37%	101	41%	74	35%	1	25%	17	34%	9	33%	26	46%	644	35%
65〜69歳	29	25%	98	22%	13	16%	6	13%	24	29%	89	35%	24	29%	43	32%	77	31%	68	32%	0	0%	18	36%	3	11%	5	9%	497	27%
70〜74歳	6	5%	12	3%	6	7%	5	11%	11	13%	49	19%	15	18%	18	13%	19	8%	19	9%	1	25%	3	6%	1	4%	1	2%	167	9%
75〜79歳	2	2%	1	0%	1	1%	0	0%	2	2%	21	8%	5	6%	4	3%	2	1%	5	2%	0	0%	1	2%	0	0%	0	0%	44	2%
80歳以上	0	0%	2	0%	0	0%	0	0%	0	0%	2	1%	1	1%	0	0%	0	0%	0	0%	0	0%	0	0%	0	0%	0	0%	5	0%

新規求職者に占める就職者の割合＝B/A

| 10.3% | 18.9% | 10.7% | 42.7% | 18.0% | 55.5% | 55.4% | 38.6% | 34.3% | 31.0% | 44.4% | 37.3% | 10.4% | 11.2% | 22.8% |

希望職種に就職できなかった者の人数 (D) ＝ (A) − (B)

| 998 | 1,904 | 675 | 63 | 378 | 203 | 66 | 213 | 474 | 476 | 5 | 84 | 232 | 444 | 6,215 |

新規求職者に占める (D) の割合＝D/C

| 12.4% | 23.7% | 8.4% | 0.8% | 4.7% | 2.5% | 0.8% | 2.6% | 5.9% | 5.9% | 0.1% | 1.0% | 2.9% | 5.5% | 77.2% |

注：表中 (A)、(B) のパーセンテージは、当該職種における、年齢帯域ごとの割合を示す。
出所：図8−1と同じ。

かる。表 8-1 は図 8-1 中の円グラフのデータを実数と年齢区分で表したものである。先の円グラフから受ける印象について、専門職（希望者1,112人、就職者114人）及び販売等（希望者756人、就職者81人）については希望者の就職率の低さから、先の円グラフと同様に厳しさが理解できる。事務職については希望者2,347人に対して就職者443人と、実数でみても最も就職者が多く、希望者の就職率でも18％台と、専門職、販売等のそれよりも高い。しかし、ここで重要な点は、事務職希望者に関しては希望者2,347人のうちの1,904人が、事務職では就職を果たせなかったという現実である。新規登録者8,050人に占めるその割合は、実に23％に上る。

4）年齢別にみる求職者・就職者の動向

年齢別では、新規登録者の希望職種及び就職者の決定職種ともに事務、専門職、販売等、管理職が50代から60代前半に偏り 7～8 割を占める一方で、清掃、保安は 4～5 割程度にとどまる。これが65歳以上では専門職、事務、販売等、管理職は 1～3 割まで下がるのに対して、清掃、保安では 5～6 割にまで増加するなど、65歳を境目とする数値上の傾向がみえてくる。

そこで、65歳以上に特化して数値を詳細にみていくと、専門職の希望者は244人、事務501人、販売等162人、管理職22人の 4 職種の計で929人であるのに対して、就職決定者は専門職37人、事務113人、販売等20人、管理職 4 人の 4 職種の計で174人にとどまる。

同年代で、清掃の希望者は293人、保安は70人の 2 職種の計で363人であるのに対して、就職決定者は、清掃161人、保安45人の 2 職種の計だけで、先の 4 職種の就職決定者数を大きく上回る206人となる。希望者に占める就職者の割合は、事務等 4 職種で18％に対して清掃等の 2 職種では実に57％に至る。

5）65歳の境界線

これらの実績からみえてくるのは、専門・事務系の就職実績は60代前半までの年齢層が中心であり、多くの企業の雇用義務が終わる65歳から先の就職実績は、デスクワークより体力を使う職種が中心になってくるという現状である。このことは高齢期において長く働き続けたいと望む高齢者にとって、とりわけ

専門・事務系の仕事を望む高齢者にとっては悩ましい状況であり,「希望の仕事に就くこと」と「働き続けること」という2つの要素を同時に実現することは,職種選択の再考なしには65歳を境にしてにわかに難しくなっていく。

このような再就職事情を踏まえ,シニアコーナーでは,高齢期になるほど「思うようにいかない再就職の現状」を支えるため,さまざまな角度から高齢者の再就職をバックアップすることを目的として就業支援サービスを展開している。

(2) 相談業務とセミナーの実施——シニアコーナーの主なサービス

シニアコーナーの主なサービスは,55歳以上の求職者を対象とした再就職支援のための就業相談業務を中心に,高齢期における就業啓発,採用選考への準備を目的とした各種セミナーの実施,働き始めるためにすぐに必要とされる知識と技能を事前に身に付ける講習等により構成されている(表8-2)。

またシニアコーナーには飯田橋公共職業安定所(ハローワーク飯田橋)の55歳以上の求職者を専門に対応する部門である出張窓口「専門援助第三部門」を併設しており,求人企業への紹介を行う「職業紹介」業務を担当している。

求職者は,専門援助第三部門がシニアコーナー内に設置・公開する求人情報の中から,紹介を希望する企業を選び出し,専門援助第三部門が発行する紹介状を携え採用選考に臨む。この流れ自体はシンプルだが,現実にはほぼすべての求職者にとって,職業紹介を受けるまでの過程は,本人が想像する以上にエネルギーを必要とする作業である。基本的には求職者にとって職業紹介を受けることは概ね就職活動の最終段階に位置づくものであり,これ以降説明するシニアコーナーの主要業務は,求職者がこの最終段階に到達するまでの準備作業を,さまざまな角度から緻密にサポートすることを目的としている。

1) 就業相談

就業相談は,定年退職や会社都合など何らかの事情で退職をした人,長年にわたり就業実績が無い人,現在就業中の人など,様々な状況下にある求職者の再就職支援を目的としている。高齢期における再就職のための就職活動の流れは「高齢者の再就職における就職活動の流れ」(図8-2)のとおりである。そ

第8章　能力開発から職業紹介まで

表8-2　東京しごとセンターシニアコーナーのサービス一覧

1．高齢者向け就業相談
シニア専門のアドバイザーが，個別面談により就業に向けた実践的なアドバイスや，求職活動の方向性決めなどをサポートする。
2．再就職支援セミナー
就職活動に今すぐ必要なノウハウを，目的別に，かつ手短に学ぶためのショートセミナー。 ・導入編として「シニアの就活スタートセミナー」（週1回） ・基礎編として「履歴書の書き方」，「職務経歴書の書き方」，「求人の見方・探し方」，「面接のポイント」の4セミナー（毎月5回） ・実践編として「職務経歴の棚卸体験」，「面接のロールプレイング」の2セミナー（毎月1回）
3．職種転換セミナー（年5回）
未経験の仕事にチャレンジしたいが，仕事内容や雰囲気がわからず不安を抱える求職者に向けて，業界の人事担当者から，業界が求める人物像を，職種転換の経験者から，就職活動の体験談を聞き，未経験職種への就職に向けて意識啓発を行う。
4．再就職応援セミナー（毎月実施）
主として65歳以上の未経験職種へのチャレンジを考える65歳以上の求職者を対象に，同年代の職種転換経験者を講師に迎え，異職種への切り替えの心境，就職活動の工夫など，経験者にしか語れない内容について，講師を囲んで意見交換を行う。
5．就業支援総合セミナー
・「定年退職後の働き方を考える」セミナー（年6回） 　定年退職を間近に控えて整理しておきたい年金・健康・再就職のノウハウまでを網羅した総合的なセミナー。 ・「50歳から始める！　仕事と人生の再設計」セミナー（年4回） 　高齢期に向けたキャリアデザイン・年金・ライフプラン等を学び，50代から早期の取り組みを始めるための準備セミナー。
6．シニアの社会参加サポートプログラム（年4回）
NPO就業，コミュニティビジネスなど，雇用とは異なる様々な働き方を検討する求職者に向けて，基礎知識を学ぶ1日セミナーと個別相談を組み合わせ，一般的な雇用就業との比較を行いながら，高齢期の働き方検討に新たな選択肢を提示する。
7．高年齢者のための就職支援講習（年間18コース実施）
中小企業団体（協働関係団体）との連携により，就職実績の高い職種の知識と技能を短期間で学ぶ就職前準備講習。マンション管理・調理補助・介護スタッフ・施設警備・保育補助・清掃スタッフ等
8．シニア中小企業サポート人材プログラム（年4回）
大手・中堅企業で豊富な経験と能力を身に付けたシニア世代を対象に，経験や能力を中小企業で活かすことができるよう，企業理解を中心に構成した再就職支援プログラム。
9．しごとチャレンジ65（65歳以上の高齢者向け職場体験事業）
就労意欲が高い65歳以上の高齢者を対象に，実際の企業での職場体験の機会を設けることにより，職種と就業現場の実際を理解すると同時に，体験受け入れの企業には，65歳以上の高齢者について労働力としての認識を深めてもらうことで，高齢者の雇用に繋げていく。

出所：図8-1と同じ。

図8-2 高齢者の再就職における就職活動の流れ

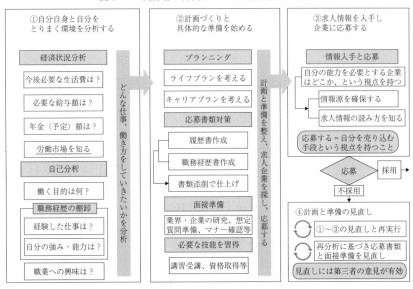

出所:図8-1と同じ。

の流れの中で,シニアコーナーの窓口職員(以下,相談員)は,求職者が以下の7項目の整理と振り返りを自ら行っていけるようにサポートを行う。

・自己及び自己を取り巻く環境について理解し整理すること。
・今後の方向性を整理すること。
・再就職の希望条件を整理すること。
・これまでの職務の経歴を振り返ること。
・採用選考に向けて書類や面接の準備をすること。
・求人情報の探し方を知ること。
・採用に至らない場合の問題点を振り返ること。

相談員は,初めてシニアコーナーを訪れる求職者に,この7つの整理と振り返りが就職活動の基本であることを説明するのであるが,当然のことながら,

第8章　能力開発から職業紹介まで

　求職者が置かれた状況及び再就職の希望条件等は個々に異なる。そこで相談員は数回の面談を通じて，求職者一人ひとりについて「現時点で就職活動がどのような段階にあり，7項目の中のどの整理あるいは準備が足りないのか」について見立てを行い，求職者自身が7項目の必要性に気づき，再就職のための自己理解の糸口を探し当てることができるように助言を行っていく。

　シニアコーナーでは，この「気づきを促すためのプロセス」に特に重きを置き就業相談を展開している。前述した7項目への取り組みや自己理解の必要性など，「仕事を探しているだけなのに，なぜこのように内面に触れられねばならないのか，希望する会社に採用してもらえるかどうかは，どうせ運の問題なのだから」という意識で就職活動に臨む求職者は決して少なくない。

　しかしながら高齢者の再就職の現実は，個人差はあるにせよ楽観視できるものではなく，高齢期において，特に雇用延長が終了し60代後半も働き続けようとする時期に，それまで続けてきた仕事の条件等（賃金や役職，職種等）を変えずにそのまま働き続けていけるケースは，実際には稀なことであり，この時点で何らかの方向転換を求められる。現実に就職者の内，実に3割近くは希望職種とは違う仕事に再就職を果たしているという結果が出ており，高齢者の再就職において希望職種を変更するというプロセスは，それほどに重要な意味を持っている。

　求職者の多くは職種等の希望条件変更を考える時，仕事内容そのもの以外にも，賃金額，勤務時間数，休日等の基本的な条件に沿って自身の働く姿をイメージするが，これら目に見えてわかる労働条件以外にもいくつかの重要なポイントがあり，それらを現実のこととして受け入れ，生活設計をシミュレーションしなければ，納得のいく再就職の実現は難しい。たとえば，「第一線で活躍する立場から補助の役割に切り替わること」「指示・命令をする立場からされる立場に切り替わること」「状況によっては過去の経験や蓄積にこだわるのをやめること」等は，高齢者が再就職する際に求められる「意識転換」の代表例である。

　現役時代に比べて，再就職先の賃金や休日などの勤務条件が見劣りすること

を，やむを得ず受け入れることができたとしても，これらの意識転換について正面から受け入れる覚悟ができていなければ，結果的に再就職は戸惑いを，あるいは苦痛を伴うだけのものになりかねない。

　意識の切り替えを求められることは，すなわち意識転換という面倒な手順を経てもなお働きたい「理由」を，求職者が自分自身に問うという自己分析にほかならず，このように自分自身と正面から向き合うというプロセスは，求職者本人を予想以上に消耗させる作業である。それゆえに就業相談の場で行われる相談員の助言に対して，時に求職者はすがるような気持ちで接してくることすらあり，それほどまでに相談員の言葉は大きな影響力をもつので，就業相談における求職者と相談員の信頼関係のあり方は当然に重要となる。少なくとも相談員は「助言」という名目で単に実現可能性の高い選択肢を押し付けるだけの役割であってはならないことはもちろん，求職者から依存されるばかりの存在であってはならないこともまた明白である。

　このような相談員の求職者への接し方は，求職者自身が考え，選択し，納得していくために必要なことであるが，現実には求職者が職種転換について方向づけを行う時などは，未経験の職種分野に足を踏み入れるという場合がほとんどであるため，誰しも不安に苛まれるものである。それゆえに，一般的にはどんな職種に切り替えるものなのか，それについて自分の場合はどの程度を許容範囲として切り替えれば失敗しないのか，といった疑問についての答えを求められる機会が多くなる。それに対して相談員はあくまで例として一つの考え方を掲げるが，求職者の受け取り方は必ずしも例示としてのそれにとどまらず「自分自身のことをよく理解してくれている相談員が判断してくれた回答」という誤った印象をもち，結果的に相談員への依存度が高まってしまうことが少なくない。

　このように就業相談において，求職者と相談員が向き合いながらも，なお伝わりにくい要素もある。そこで，シニアコーナーではそれらを補うことを目的として再就職支援セミナーを実施している。

2）再就職支援のための各種セミナー実施

シニアコーナーでは，再就職に必要な知識の付与と意識啓発を目的として，さまざまな内容・規模の再就職支援セミナーを年間300回以上実施している（表8-2参照）。

この中から，シニアコーナーが実施する特徴的なセミナーを取り上げる。

① 就職活動支援セミナー

目前に迫る書類選考や面接選考への準備方法，求人情報の探し方や読み方などの採用選考対策について，「履歴書の書き方」「面接のポイント」等のピンポイントのテーマを設定したセミナーである。準備段階でどのあたりが手薄なのかを，求職者が各自で判断した上で，その部分を補強する知識とノウハウを，手短に整理し身に付けられるようなハウツー的内容としている。シニアコーナーに登録したばかりの求職者からは，「履歴書を書くのも採用面接を受けるのも何十年ぶり」といった言葉を聞くほど，高齢者は就職活動から遠ざかっている状態が一般的である。また「自分が若いころには職務経歴書など存在しなかった」という言葉も聞かれるように，時代の流れに伴って変化する就職活動の実態を知って戸惑う求職者も多い。したがって，まずは採用選考対策の全体像理解と準備に要する時間イメージの把握が重要であることから，シニアコーナーに登録直後の求職者に対しては，当セミナーの受講を案内している。

受講後，求職者は各自で履歴書等の応募書類を作成，応募し，選考に臨むこととなるが，その前に，作成した応募書類について，あるいは面接時の質問対策について，応募書類であれば相談員の個別添削を，面接であれば個別指導を受けることを勧めている。当セミナーを受講すること自体は，集団解説型での一般論かつ基本的な骨組みの理解にとどまる。しかし応募書類作成や面接は，本来そのアプローチの仕方が個々に異なり，かつ応募しようとする企業，職種によって履歴書や職務経歴書の記載内容を，あるいは面接時の質問対策を切り替えねばならない。このような個人差に相当する部分は集団解説では対応できない部分であり，就業相談のプロセスを通じて相談員が知り得た求職者の強みや特徴を表現できるように個別対応が有効となる。

② 職種転換セミナー

就職活動において，現時点でそもそも意識転換が必要なことなのかどうか，また必要な場合は「何」を「どう」転換すべきなのかについては，再就職に向けた希望条件と就職の現状等をすり合わせながら，自分自身の職業観を再形成することでもある。

しかしながら高齢者の職業観とは，何十年にもわたって個々の意識の中に形づくられてきたものである。ゆえに就業相談等で知識や情報として得た意識転換についての理解と，自身の職業観を踏まえた意識転換についての理解は，即座には一致しないものであり，この点に高齢者の再就職における意識転換の難しさがある。

そこでシニアコーナーでは，意識転換に向けて理解を整えていくため，就業相談による相談員の助言以外に「第三者の考えを聞く」場づくりを重要視して，年間5回の「職種転換セミナー」を実施している。当セミナーは，高齢者の採用実績が高い職種（マンション管理員，訪問介護員，調理補助員，ビル清掃員，警備員等）の中から，毎回一つの職種をテーマとしてピックアップし，2名の講師による講義と意見交換会を組み合わせて実施するというものである。講師のうち1名は，テーマ設定した職種の企業から研修担当者や現場のリーダー級の社員など，日常的に現場に接する機会が多い企業担当者を講師として招く。またもう1名は，職種理解を深めるとともに職種転換に対する不安解消を目的として，当初の希望職種からテーマ職種に希望職種の変更を行い就職決定したシニアコーナーの元利用者を，職種転換の経験者として講師に招く。原則として，希望職種の切り替えや未経験分野へのチャレンジを希望する求職者が，職種転換のイメージをつかむことを目的としているが，希望職種が定まらない状況の求職者も対象としている。

当セミナーの構成は，2時間2部構成となっており，前半の部は，企業側講師が業界の現状や動向，具体的な高齢者の活躍の場や当該職種において企業が必要とする人材像を講義する。後半の部は，元シニアコーナー求職者が講師として，現状働いている仕事内容や就職が決定するまでの就職活動の内容等につ

いて講義する。最大の特徴は,「雇う側」と「働く側」の2つの立場の意見や考えを一度に聞くことができる点である。求職者にとっては企業側の考え方を聞く機会は貴重であり,現に高齢者を雇用している企業が,高齢者をどのような労働力としてとらえているのか,あるいは高齢者を雇用するメリットをどう考えているのか,などの疑問を直接企業に聞くことができるように,質疑の場を設けている。

　また,働く側の考え方を聞くことに関して,「職種転換」を具体的にどう進めたのか,一方的な講義形式ではなく意見を交す場として位置づけている点がもう一つの特徴である。とりわけ希望職種を切り替えることを決めたきっかけや苦労した点,気持ちの整理の仕方などは,講義を通して理解していくのが難しい類のことである。実際に経験した人が話すそれらの内容は,あくまでその人についての個人的な一例に過ぎないが,同じ内容を相談員が就業相談の場で説明することとは説得力という点において明らかな違いがある。就職活動という同じ条件下にあった元求職者という先達の就職活動の考えや方法を「経験者が伝える事実」として知ることは,自身の就職活動の方向性を見出していく上できわめて有効な手段であり,職種転換に不可欠である「職業観の再形成」へとつながっていく。

　また具体的な数値としては表れないことであるが,現実に「職種転換」という意識の切り替えを成し遂げた人と対面して意見を交わすことは,孤独になりがちな高齢者の求職活動において大きな励ましの意味をもつ。

　このセミナーの実施は,副次的な効果も含め,就業相談では伝えきれない事柄を伝えるための補完的役割も担っている。

　③　再就職応援セミナー

　再就職応援セミナーは,職種転換セミナーがもつ副次的効果に着目し,元シニアコーナー利用者（就職者決定者）の再就職までの取り組み内容と意見交流の部分を強調して実施するものである。企業担当者からの講義参加はないものの,概ね65歳以上の求職者を対象に,また講師についても65歳以上の人を招き,毎月1回2時間のセミナーとして開催している。そこでは,「これまでどのよ

うな仕事を経験してきたか」「なぜシニアコーナーを利用することになったのか」「就職活動はどのように進めたか」「職種転換を行うことになったきっかけ」「今の仕事の内容や勤務条件」「今の仕事についてどう感じているか」という内容について触れていく。セミナー参加者はそれらの話に対して質問をし，自身の現状を打ち明け，それに対して別の参加者からの意見が発せられ，というグループワークの側面をもつ内容となっている。

　65歳以上の人の求職活動は，50代後半や60代前半と比較した場合，職種の選択肢が大きく絞られてしまうのは前述のとおりである。その点だけ考えても，職種の決定には求職者にさまざまな決断が求められることは明らかであり，まさに職種転換の検討を余儀なくされる場面も増える。

　また当セミナーで，現実に働いている65歳以上の高齢者の姿と話に触れることは，年齢が原因で採用してもらえないと思い込んでいる求職者に対するモチベーション向上のための大きな手助けとなる。65歳以上の再就職の特徴として，パートタイム就労（以下，パート）の割合が高くなる傾向がある。パートはフルタイム就労（以下，フルタイム）と比較して勤務時間が短くなる，勤務日数が減るといったことが一般的であるが，求職者が実際にパートの仕事を探す際には，求人情報から給与額等の処遇面を把握することはできても，フルタイムと比べて仕事内容がどう違い，どのような役割を求められているのか等を把握することは難しい。このことは就業相談を通じて，過去の就労事例・実績などからある程度の説明は可能だが，その結果求職者の意識の中では，「高年齢になるとパートで補助業務」という認識ばかりが先行してしまい，肝心の補助業務に携わる心構えや，業務を牽引する立場から正社員等をサポートする立場へと，自身の役割が変化していくことについて意識することは簡単なことではない。このような「役割の変化」を求職者自身の肌感覚として理解することは，先々年齢を重ねながら働き続けていくためには不可欠である。これらは就業相談の中で相談員が知識あるいは情報として伝えていく類のことではなく，求職者にとって説得力をもつのは，相談員が間接的に伝える知識や情報よりも，再就職を経験した当事者の考え方であり言葉である。

前出の職種転換セミナーも含めて，これらのセミナーで第三者の考えを聞き，新たな働き方の選択肢について考えることは，これまでの職業経験により形づくられた求職者自身が抱く職業観を，今後の新たな働き方に向けて再形成することにもつながっていく。

3）高年齢者のための就職支援講習――企業との協働事業

高年齢者のための就職支援講習は，未経験職種に就職を希望する55歳以上の求職者を対象に，就職前の準備教育を目的とする短期間の講習事業である（表8-3）。また就業相談や職種転換セミナー等を通じて未経験分野に向けた就職の決意が整った求職者の，次のステップとしての役割も担っている。講習最終日には講習修了者のみを対象に企業との採用面接会を実施することにより，中小企業が必要とする人材の確保も目的の一つである。

一職種に一講習の形で設定しており，その設定にあたっては高齢者の就職実績が高く，かつ今後長く働き続けていける職種を選定し実施することを前提としている。講習科目の立ち上げ段階では当該職種の業界団体の協力の下，講義レベル，カリキュラム構築，受講者の仕上がり像等について綿密な検討を繰り返しながら講習科目の開発を行うことにより，受講者がその業界が必要とする人材として必要な知識・技術を身に付けることが可能な内容に仕上げていき，就職後の受講者が即戦力となることを目指すものである。したがって講習の中で行われるカリキュラムの内容は，単に知識を得るための内容ではなく，また資格取得を目指す類の内容でもなく，就業現場で日常的に使われる基本的な知識や技能である。また実際の就業現場のリーダーや，社員研修の担当講師を務める業界の人が講義を担当することにより，単なる知識の伝達だけでなく，就業現場の空気感や就業現場が高齢者に求める役割等を，より現実感をもって伝えることを可能としている。

このように講習科目の開発に始まり，講義本体から最終日の合同面接会までの一連の流れを業界団体と協力して行う「協働事業」であることから，講習単位で関与する業界団体を「協働関係団体」として位置づけ，当講習事業の協力者として活躍してもらっている。当講習事業はさまざまな特徴を有するが，そ

第Ⅱ部　高齢者就労を支援する団体・組織

表8-3　高年齢者のための就職支援講習　実施コース一覧

コース名	講習内容
	協働関係団体
ビル清掃スタッフ （定員25名）	オフィスビルの床や壁面をクリーニングするための器具の取り扱いと清掃法，作業マナー，接遇法
	公益社団法人東京ビルメンテナンス協会
マンション管理員 （定員40名）	マンション管理に関する知識や法律，管理組合や居住者へのサービスと接遇法，諸設備の故障対応，防火知識，清掃実技
	一般社団法人マンション管理業協会
マンション清掃スタッフ （定員20名）	マンション清掃に必要な，基本知識，清掃技法，薬剤の選別・使用方法，居住者への接遇マナー，安全確保のための知識
	ビルメンテナンス，マンション管理事業者
施設警備スタッフ （定員25名）	施設警備員として働く上で必要な基本動作や心構え，関係法令，警報装置・各種機器の使用方法，緊急時の対応方法
	一般社団法人東京都警備業協会
駐車場スタッフ （定員20名）	駐車場スタッフとして働く上で必要な基本知識や車誘導の基本操作，関係法令，接客技法
	一般社団法人東京都警備業協会
ケアスタッフ （介護初任者） （定員30名）	訪問介護員として一般の家庭で働く上での生活援助・在宅介護の技法，注意点など（介護職員初任者研修課程）
	公益社団法人日本看護家政紹介事業協会
実践的ヘルパー （介護初任者） （定員30名）	訪問介護員として一般の家庭で働く上での生活援助・在宅介護の技法，注意点など（介護職員初任者研修課程）
	一般社団法人日本在宅介護協会
病院食調理アシスタント （定員25名）	病院食調理業務に必要な食品衛生と安全作業，調理業務（洗浄・調理・配膳・盛付・下膳）
	公益社団法人日本メディカル給食協会
調理業務アシスタント （定員30名）	社員食堂などの調理業務に必要な食品衛生と安全作業，調理業務（洗浄・調理・配膳・盛付・下膳）
	公益社団法人集団給食協会
保育補助員 （定員20名）	保育補助員として働く上で必要な基本的知識や注意点，保育理論，関係法令，保育現場の見学実習
	一般社団法人日本こども育成協議会

出所：図8-1と同じ。

の中で最も特徴的であり，かつ効果的に機能している部分が，この事業主団体との協働関係である。

　また冒頭でも述べたように，当講習事業は，高齢期であっても未経験職種にチャレンジできることを目指したものである。しかし，一般的に高齢者の再就職には経験活用が重要であるとの認識が強いため，未経験者であるために不利となる場面が多い。協働関係は，この部分を解決するために最大限かつ効果的に機能するものであり，協働関係団体は重要な役割を担っている。具体的には，「受講希望者への講習説明会における業界の動向や求める高齢者人材の説明」「受講者選考面接への面接員としての参加」「受講者決定後，団体加盟企業への高齢人材活用の周知・協力依頼」「各担当科目における講師の推薦」「団体加盟企業への合同面接会への参加勧奨」等について，講習期間中のあらゆる場面で，個々の企業と受講者である高齢者との橋渡し役を担っている。これにより受講者は，いわば協働団体からの「お墨付き」高齢者人材として企業に受け入れられることとなり，結果として年間の修了者に占める就職実績は例年70％を超えている。

　また，短期間とはいえ，55歳以上のそれぞれに異なる職業経験を積んできた人々が一つのクラスを形成し，未経験職種への就職という同じ目標に向かって努力を重ねていくことは，受講者相互の関係にもさまざまな良い影響をもつ。未経験の仕事に向けてチャレンジするがゆえに抱えがちな不安感や孤独感を乗り越えるため，受講者同士には，励ましあい，協力し合う関係が生まれ，講習を修了した後もなお，お互いの仕事について情報交換を行いながら支え合う仲間が生まれる場でもある。このように，実績数値や結果からは測ることはできないが，求職者本人にとっては代えがたい副産物が生じることも，当講習事業の特徴の一つである。

3　高齢期の就労価値の創造

　内閣府が全国の60歳以上の男女6,000人を対象に2014（平成26）年に行った「高

齢者の日常生活に関する意識調査」では，回答者の29％が「働けるうちはいつまでも働き続けたい」と考えており，「70歳くらいまで働き続けたい」と答えた人は17％に達するなど，多くの回答者において「長く働きたい」という意欲の高さがうかがえる（内閣府編 2015：21）。独立行政法人労働政策研究・研修機構が，働く65〜69歳の在職者を対象に実施した，70歳以降の就労意向調査では，「生きがいや健康のために元気な限り働きたい」と答えた人（30％）が「年金だけでは生活ができないので，なお働かねばならない」と答えた人（18％）を大きく上回っている（労働政策研究・研修機構編 2015：27）。

　これらの調査から，「生きがいを求めて働く高齢者」の存在が，改めて際立ってくる。本章の前半で述べたように，シルバー人材センターを通じた生きがい就業の推進は，創成期からのしごと財団のミッションである。そして今の時代の高齢者の就労意向，置かれた環境，社会制度を踏まえ，私たちは雇用労働の場においても，高齢者が生きがいを見出しながら働き続けることが可能となる，そのような支援策の構築に，今以上に力を注がねばならない。2012（平成24）年の法改正以降，企業には高年齢者雇用確保措置が課せられ，65歳まで働き続けることが可能な雇用環境が整ってきた。その影響か，窓口では65歳を超えた時点で数十年ぶりに就職活動を始める，という高齢者が増え始め，「高齢求職者の高齢化」ともいえる状況が発生している。そこでは，継続雇用期間の終了で初めて窓口を訪れる65歳以上の新規求職者の多くが，概ね準備不足の状態であることに驚かされる。

　前述したように，65歳を境に高齢者の雇用現状には変化が現れ，求職者は希望職種や働き方の変更などに直面することが多くなる。さらに加齢による体力面・精神面の衰えも加わり，再就職に向けた意識転換や変化を受け入れることが徐々に負担になっていく。

　これらを踏まえて，高齢者自身に求められるのは，より早期からの再就職を見据えた取り組みである。単に「もっと働きたい」「生きがいが欲しい」と望むだけではなく，まだ「求職者」という属性を持たず，在職者である時期から，10年先や15年先も「働き続ける自分」のイメージをもつことである。高齢期の

就職活動における意識転換や変化の受け入れは，必要に迫られたからといって，一朝一夕にできる訳ではない。じっくりと時間をかけながらイメージングに取り組むことで，今働いている自分の姿と関連づけながら，さまざまな環境の変化の中で，役割や働き方の変化に戸惑いつつも，働き続けるリアルな高齢期就業の姿を冷静に分析し，受け入れることにつながっていくはずである。

そのためには就業支援機関も，従来の離職者への就業支援に注力するのと同じくらいに，在職者等への一歩先回りしたサービス展開を意識することが必要である。それは働くことで得られる賃金や仕事内容等の情報・題材を提供することだけでなく，高齢期就業には，働き続けていくことで高齢者自身に生じるであろう生きがいや，何かに属し活動することで得られる心の充実感，健康面への効果など，労働市場への影響や経済効果とは別の側面の，幅広く奥深い価値が含まれていることを，ポジティブに発信し啓発していくことである。

今後の高齢者就業支援を模索するにあたり，高齢期の就労価値の創造を支援していくことは，高齢者就業支援者としてのしごと財団がこれから負うべき新しい責務の一つだと考える。

参考文献

東京都高齢者事業振興財団編（1995）『高齢社会に生きる　20周年記念誌』。
東京しごと財団編（2015）『年報　平成27年度』。
内閣府編（2015）「高齢者の日常生活に関する意識調査結果」。
労働政策研究・研修機構編（2015）「60代の雇用・生活調査結果」。

（渡辺吉靖）

第Ⅲ部　高齢者の就労支援を支える体制

第9章 高齢者の就業を支える重層的ケア
―― 保健・医療・福祉システムの視点から

1 高齢者の就業支援へのアプローチ

　高齢労働者は長年の就業生活によって，作業に適応し，豊富な知識と経験を培い，業務全体を俯瞰し総合的に判断できる者が多い。また，長年の社会生活の中でコミュニケーション能力や人脈が培われ，社会的紐帯も豊かな人が少なくない。労働能力が保たれ就業意欲のある高齢者が就業の場で能力を十分発揮できることは，生産性の維持のみならず高齢者自身の健康の維持にとっても望ましいものといえる。しかし，65歳以上の高齢者の就業率は，バブル景気が終焉を迎えた1992（平成4）年から2013（平成25）年に高年齢者等の雇用の安定等に関する法律（高年齢者雇用安定法）が改正され高年齢者雇用確保措置の義務化対象年齢が65歳にまで引き上げられるまで，減少傾向にあった。現状をみると，就業意欲はあるが，就業できていない高齢者は，男性では60-74歳，女性では55-69歳の幅広い年齢層で1割程度存在する（図9-1）。

　高齢者の就業の支援にあたっては，「働く理由」「仕事に就けない・就かない理由」「離職する理由」を分析した上で，「働く理由」を強化し，高齢者の就業のモチベーションをあげること，「仕事につけない・つかない理由」の解消をはかること，「離職する理由」に対策をとることが重要であり，それぞれ，優先順位と実現可能性を考慮した上で対策を樹立する必要がある。第4章でみてきたように，高齢期には心身のさまざまな機能が低下しがちになり，また，生活習慣病や老年症候群等の疾病を有する者が多くなってくる。さらに働く高齢者においては労働災害に遭遇する危険性も高くなる。そのため，高齢者が災害に遭うことなく，作業に適応し，就業していく中で労働能力の基盤となる健康

第9章　高齢者の就業を支える重層的ケア

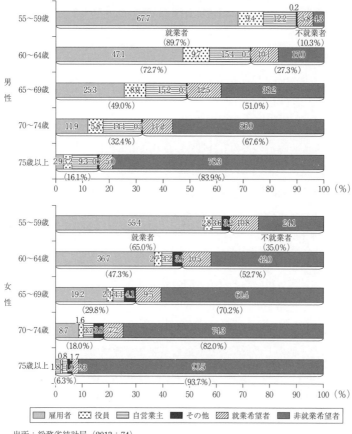

図9-1　高齢者の就業不就業状況

出所：総務省統計局（2013：74）。

状態を維持，増進させるためには，高齢者の健康状態に即した重層的なケアも重要となる。

本章では，就業をしている高齢者の「働く理由」および「離職する理由」，就業を希望する高齢者が「仕事に就けない・就かない理由」を分析した上で，働く意欲のある高齢者がその経験や能力を生かして，安全で健康に，就業を継続していくにあたって必要となる保健・医療・福祉システムのあり方を検討する。

2　働く理由の強化

　内閣府が2012（平成24）年に実施した「団塊の世代の意識に関する調査結果」から，団塊の世代の「現在仕事をしている理由」（3つまでの複数回答）についてみると，「生活費を得るため」(55.4%)，「生活費の不足を補うため」(32.6%)，「将来に備えて蓄えを増やすため」(29.6%)，「自由に使えるお金が欲しいため」(25.1%)，「ローン返済のため」(15.2%)等の経済的理由が最も多い。経済的理由の次には「健康維持のため」が32.3％と多くなっている。次いで「生きがいがほしいため」(22.5%)，「経験・知識・能力を活かすため」(16.8%)，「働いて社会に貢献したいため」(11.7%)の順となっている（図9-2）。この結果をみると，働く理由やモチベーションには，マズローの自己実現理論（欲求5段階説）（Maslow 1970）がある程度あてはまっているようである。

　マズローの欲求5段階説とは，人間の欲求は5段階のピラミッドのように構成されており，低階層の欲求がある程度充たされると，より高次の階層の欲求を欲するというものである。第1階層の生理的欲求は，生命と生活を維持するための欲求で，他のどの欲求よりも最も主要な動機づけとなる。生活の維持のためには経済的な充足が必要である。2013（平成25）年の国民生活基礎調査結果から，わが国の高齢者世帯の年収をみると，年収200万円以下の世帯が37.8％を占めており，年収100万円未満の世帯も12.8％に上っている。働く理由として経済的理由が最も多いことは，働かなければ生活が維持するのが難しいことの反映といえる。今日改正高年齢者雇用安定法の下，定年後の再雇用による継続雇用は進みつつあるが，給与は大幅にダウンすることが多い。貧困の回避が就業のモチベーションになっている高齢者が多いと考えられるが，貧困の回避のための経済的理由が就業のモチベーションとなる場合には，社会保障の仕組みとしての年金制度が充実していなければ，無理をしてでも働かなければならない状況に陥り，生理的欲求に関しては相反する葛藤状態にも陥りやすい。このことから，経済的理由を就業のモチベーションにする方策は高齢者にとっ

第9章 高齢者の就業を支える重層的ケア

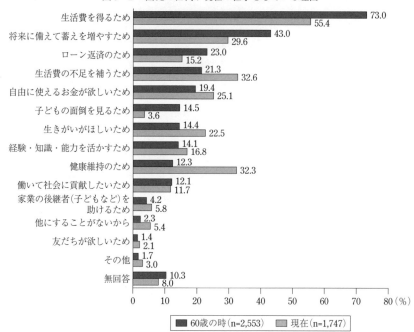

図9-2 団塊の世代が現在の仕事をしている理由

注：質問文「あなたが，仕事をしていた（している）理由は何ですか。「60歳の時」「現在」，それぞれについて選び記入してください。（3つまで選んで回答）」
出所：内閣府政策統括官（2013：101）。

て好ましいものとはいえない。現在一般化している再雇用時の不公正な給与の切り下げを禁止し，同一労働・同一賃金を目指した給与体系とし，年金を含めた全収入により自立した経済生活と人生設計を組み立てることができるよう，就業による収入を保障することが重要と考えられる。

第2階層の欲求は，安全の欲求である。安全な暮らし，経済的な安定，良い健康状態の維持等，予測可能で秩序だった状態を得ようとする欲求である。「現在仕事をしている理由」では「健康維持のため」（32.3％）が経済的理由の次に多いが，60歳の時の理由では12.3％とそれほど多くなかった。歪んだ生活習慣の積み重ねにより生じてくる生活習慣病や老化に伴い増加してくる老年症候群などの健康問題が大きな脅威となってくる高齢期において，この安全欲求が実

際の動機づけとして大きな位置を占めてくるものと思われる。就業が健康の維持増進に寄与するためには，心身機能をなるべく全般的に発揮できるような作業のあり方が求められる。また，就業による健康障害を防ぐために，労働災害の防止や健康管理などの労働安全衛生対策を徹底させることが必要となる。

　第3階層は，社会欲求と愛の欲求である。果たせる社会的役割があり，社会に必要とされているという感覚，どこかに所属しているという感覚，情緒的な人間関係・他者に受け入れられているという感覚の欲求である。「働いて社会に貢献したいため」(11.7%)，「他にすることがないから」(5.4%)，「友達が欲しいため」(2.1%)という理由はこの階層の欲求に該当するものと考えられる。

　第4階層の欲求は，承認の欲求である。他人からの尊敬，地位や名声等を得ることなどの欲求である。団塊の世代が現在仕事をしている理由からみると，働く理由としては直接的には挙げられていないようである。「経験・知識・能力を活かすため」や「働いて社会に貢献したいため」などの理由の背景に，他人からの尊敬や名声などを得たいという欲求が含まれているのかもしれない。第3階層の社会欲求と愛の欲求，第4階層の承認の欲求は，その内容から，第1章で取り上げられたソーシャル・キャピタルとも関連していると考えられるが，ソーシャル・キャピタルについては，それを求めるために働くという側面だけでなく，就業により豊かな社会関係資本が醸成され，また，豊かなソーシャル・キャピタルが就業を支えるという側面も大きいと考えられる。

　最上の階層の欲求は，自己実現の欲求である。自分の能力を発揮した創造的活動や，自らが望むあるべき自分になりたいという欲求である。この欲求が満たされると生きがい感が生じるとされる。「生きがいがほしいため」(22.5%)，「経験・知識・能力を活かすため」(16.8%)等の働く理由は，この自己実現の欲求を満たすためのものと考えられる。また，「働いて社会に貢献したいため」の一部にも，この自己実現の欲求が含まれているものと考えられる。

　働く理由を強化することにより就業のモチベーションを上げるためには，働きに応じた収入の保障，働くことによる健康状態の維持・向上の見える化，経験・知識・能力向上のための支援などについて取組むべき余地が大きいと考え

られる。

3 仕事に就けない・就かない理由の解消

　仕事に就けない理由を検討するため，2015（平成27）年労働力調査結果からみた。完全失業者における年齢階級，仕事につけない理由別割合を示した（図9-3）。中高年の完全失業者の仕事につけない理由では，「求人の年齢と自分の年齢とがあわない」が最も多く，仕事につけない理由別内訳の合計に占める割合は，55-64歳で32.4％，65歳以上で53.8％となっている。2007（平成19）年の雇用対策法の改正により，労働者の募集及び採用について年齢制限の禁止が義務化されているが，未だ定年は60歳に設定されている事業所が多いこと，書類選考等で実質的に年齢制限していることがあることなどから，高齢者がその能力や適性を正しく評価される機会が阻まれている。2015（平成27）年「高年齢者の雇用状況」の集計結果から従業員31人以上の企業約15万社の雇用状況をみると，高年齢者雇用確保措置については99.2％とほとんどの企業が実施済みであるが，雇用確保措置の内訳をみると，「継続雇用制度の導入」が81.7％と大半を占めており，「定年の引き上げ」を講じている企業は15.7％と前年よりほとんど増えていない。さらに「定年制の廃止」を講じている企業は前年よりむしろ減少し，わずか2.6％にとどまっている。高年齢者雇用確保措置では継続雇用制度を採用する事業所が多いため，定年の引き上げや定年の廃止の採用に向けたインセンティブが制度上必要である。以前は定年引上げ等奨励金として，「中小企業定年引上げ等奨励金」「高年齢者職域拡大等助成金」などの制度があったが，これらは2013（平成25）年に廃止となり，現在，厚生労働省では高年齢者の雇用の支援のため事業主に対して以下のような助成金制度を設置している。

　①　トライアル雇用奨励金
　常用雇用への移行を目的に，職業経験，技能，知識等から安定的な就職が困難な求職者を，公共職業安定所等の紹介により，一定期間試行雇用した事業主

図 9-3 完全失業者における年齢階級，仕事につけない理由別割合（2015年）

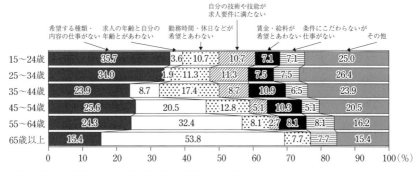

注：割合は，仕事につけない理由別内訳の合計に占める割合を示す。
出所：総務省統計局（2016：9）。

に対して助成。

② 特定求職者雇用開発助成金（特定就職困難者雇用開発助成金）

高年齢者（60歳以上65歳未満）等の就職困難者を，公共職業安定所等の紹介により，継続して雇用する労働者として雇い入れる事業主に対して賃金相当額の一部を助成。

③ 特定求職者雇用開発助成金（高年齢者雇用開発特別奨励金）

65歳以上の離職者を，公共職業安定所等の紹介により，1年以上継続して雇用する労働者として雇い入れる事業主に対して賃金相当額の一部を助成。

④ 高年齢者雇用安定助成金制度

高年齢者の活用促進のための雇用環境整備を図ったり，高年齢の有期契約労働者を無期雇用に転換するなどの措置を実施した事業主に対して助成。

⑤ 生涯現役起業支援助成金

40歳以上の中高年者が，起業により自らの就業機会の創出を図るとともに，事業運営のために必要となる中高年齢者の雇入れを行う際に要した，募集・採用や教育訓練の実施などの雇用創出措置にかかる費用の一部を助成。

仕事に就けない理由として年齢制限に次いで多いのは「希望する種類・内容

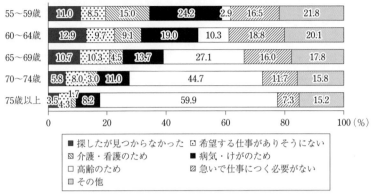

図9-4 年齢層別非求職者の非求職理由割合（2012年）（男女合計）

出所：総務省統計局（2013）「平成24年就業構造基本調査」を基に筆者作成。

の仕事がない」であるが，この理由は若い年齢ほど多くなっている。若者も高齢者も働ける場を拡大する取り組みとしては「ワークシェアリング」，特に高齢者向きの仕事は高齢者の雇用を拡大する「世代間ワークシェアリング」を推進する必要がある。また，各種の対人サービスや農業，伝統芸能等の雇用の際には，若者と高齢者がタッグを組んで働く「ペア就業」の仕組みを設けることにより，高齢者が長年培ってきた知識や技術，経験を活かすだけでなく，次世代に紡ぐ中でそれぞれの就業を拡大することが可能となる。

次に，仕事につかない理由を検討するため，2012（平成24）年就業構造基本調査結果から，年齢層別非求職者の非求職理由割合をみた（図9-4）。55-64歳では「病気・けがのため」が最も多くなっている。高齢期に達する前の傷病の予防や管理がいかに重要かがわかる。また，これらの世代では「介護・看護のため」を理由に挙げた者も比較的多くなっている。酒井ら（2007）が，介護が高齢者の就業・退職決定に及ぼす影響について検討した結果では，家庭内の要介護者の存在により，家族の就業が抑制され，男性では正規雇用や自営業の就業・退職決定に影響するのに対し，女性では非正規雇用の就業・退職決定に影響を与えることが示されている。介護保険制度をはじめとした介護の支援制度により部分的にでも介護からの解放がなされることは就業の支援につながる。

また，介護予防をより進めることにより要介護状態の発生を遅らせ健康寿命を延伸させることは，子の世代が60歳前後の労働能力が十分保たれている時期に，介護や看護により就業を断念することを防ぐ意味でも重要である。

一方，「探したが見つからなかった」と「希望する仕事がありそうもない」を合わせた非求職理由は55～69歳の年齢でほぼ2割を占めている。高齢者が希望する仕事内容や労働時間，賃金水準などの条件と，それらに合った働き口を結びつける仕組みとして，ハローワークやシルバー人材センターをはじめとして，東京しごとセンター，日本高齢者生活協同組合連合会等の相談事業での斡旋などの就業支援の強化が求められている。現在シルバー人材センターでは，現役世代の職を奪ったり民業圧迫になったりするのを避けるため，会員一人あたりの就業を月10日，週20時間以内に制限している。制限の多い公的サービスだけでなく，人材サービス会社などの民間の事業も就業支援に活用が可能である。地域包括支援センターにもこのような就業支援に関する地域の情報を網羅的に整備し，仕事を探している相談者に対して適切に情報の提供と斡旋・仲介できる体制を整える必要がある。

4 離職する理由

厚生労働省の「平成26年雇用動向調査結果」から2014（平成26）年1年間の離職率をみると，50-54歳では，男性8.3％，女性10.5％とおよそ1割であるのに対し，65歳以上の高齢者では，男性で26.4％，女性で23.6％とおよそ4人に1人の割合と高くなっている。65歳以上の高齢者の離職の理由をみると，男性では，契約期間の満了（45.9％），個人的理由（31.1％），定年（11.8％），死亡・傷病（5.8％）の順であり，女性では，個人的理由（40.4％），契約期間の満了（31.3％），定年（12.8％），死亡・傷病（11.7％）の順となっている（表9-1）。仕事につけない理由で挙げられた年齢による制限，および，仕事につかない理由であげられた傷病が，離職の理由でも主要な要因となっている。

先にみたように，働く理由としては経済的理由が最も多い。高齢者は，心身

表9－1　性，年齢階級別にみた離職者の離職理由別割合（2014［平成26］年）

（単位：％）

区　分	契約期間の満了	事業所側の理由	経営上の都合	出向	出向元への復帰	定年	本人の責任	個人的理由	結婚	出産・育児	介護・看護	その他の個人的理由	死亡・傷病	計
男														(47.9)
19歳以下	15.9	9.8	3.8	4.0	2.0	6.4	1.3	63.7	0.0	0.0	0.4	63.3	2.9	100.0
20-24歳	5.6	0.7	0.3	0.1	0.3	−	0.9	92.4	−	−	0.3	92.1	0.5	100.0
25-29歳	10.4	2.6	0.7	1.5	0.4	−	0.8	84.7	0.0	−	0.0	84.7	1.4	100.0
30-34歳	14.3	5.5	1.2	2.8	1.5	−	1.9	74.5	0.1	0.1	0.2	74.2	3.9	100.0
35-39歳	9.8	8.0	2.0	4.1	1.9	−	1.3	79.8	0.2	0.0	0.2	79.3	1.0	100.0
40-44歳	12.9	12.3	3.1	5.9	3.2	−	1.2	71.6	0.0	−	0.6	71.0	1.9	100.0
45-49歳	8.4	17.1	5.4	7.7	3.9	−	3.4	69.3	−	−	0.6	68.7	1.8	100.0
50-54歳	8.5	23.9	10.1	9.8	3.9	−	1.3	63.7	−	−	0.2	63.5	2.7	100.0
55-59歳	10.2	24.6	8.1	11.4	5.2	−	0.8	56.7	−	−	0.8	55.9	7.7	100.0
60-64歳	10.2	26.0	14.2	6.9	4.9	−	0.8	59.4	−	−	1.8	57.7	3.6	100.0
65歳以上	25.0	4.5	2.8	0.8	0.9	35.8	0.7	30.8	−	−	0.3	30.5	3.1	100.0
	45.9	3.9	2.6	1.2	0.1	11.8	1.4	31.1	−	−	0.3	30.8	5.8	100.0
女														(52.1)
19歳以下	13.8	4.9	3.2	1.4	0.3	2.3	0.8	75.4	2.8	2.6	2.0	68.0	2.8	100.0
20-24歳	4.9	0.1	0.1	−	0.0	−	0.1	94.6	0.3	0.1	−	94.2	0.3	100.0
25-29歳	7.4	2.0	1.6	0.2	0.2	−	0.8	89.3	2.3	1.3	0.1	85.5	0.6	100.0
30-34歳	12.8	3.9	2.6	1.2	0.2	−	1.4	81.3	10.9	5.6	0.3	64.4	0.5	100.0
35-39歳	11.9	4.5	1.8	2.5	0.1	−	0.9	81.8	6.2	9.1	1.4	65.1	0.9	100.0
40-44歳	13.9	7.9	6.1	1.6	0.2	−	0.4	76.5	1.8	6.7	1.0	66.9	1.3	100.0
45-49歳	15.7	6.8	3.5	2.9	0.4	−	2.2	71.2	1.9	1.4	2.9	65.0	4.1	100.0
50-54歳	16.0	6.8	4.9	1.4	0.6	−	0.6	71.8	−	0.2	3.7	67.9	4.9	100.0
55-59歳	14.3	8.9	5.0	3.4	0.6	−	0.5	72.3	−	−	6.3	66.0	4.0	100.0
60-64歳	14.1	8.6	7.5	1.0	0.2	−	0.6	70.7	−	−	3.5	67.2	5.9	100.0
65歳以上	20.2	3.1	1.6	0.6	0.8	22.0	0.0	52.0	−	−	4.3	47.7	2.6	100.0
	31.3	3.4	3.3	0.1	−	12.8	0.4	40.4	−	−	2.1	38.3	11.7	100.0
計	14.8	7.2	3.5	2.6	1.1	4.2	1.1	69.8	1.5	1.4	1.2	65.7	2.8	(100.0)

注：（1）平成26年1年間の離職者数を100とした割合。
　　（2）（　）内は性別の構成割合。
　　（3）離職理由不詳の該当数はない。
出所：厚生労働省（2015a：22）を一部改変。

第Ⅲ部　高齢者の就労支援を支える体制

図9-5　年齢別労働災害年千人率
　　　　（2014〔平成26〕年）（休業4日以上）

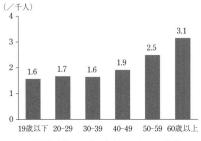

注：労働災害年千人率＝年齢別1年間の休業4日
　　以上の労働災害死傷者数×1000／年齢別雇用
　　者数
出所：厚生労働省（2015b）総務省統計局（2015）
　　を基に筆者作成。

図9-6　年齢別死亡災害発生数
　　　　（2014〔平成26〕12月末累計）

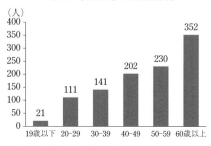

出所：厚生労働省（2015b）。

図9-7　各年代別の事故の型別災害発生割合

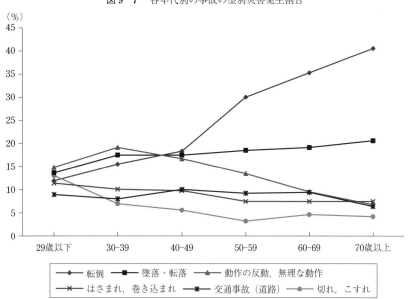

出所：東京労働局（2015）。

機能の低下に加え，生活習慣病や心身の老化に伴う老年症候群などの健康問題をもっている者が多いため，無理をして働くと容易に健康が阻害される。働く理由として「健康維持のため」を挙げる高齢者は比較的多いが，健康の維持をめざすためには，無理せず働かなくても経済生活の自立が保たれるよう年金制度を充実させる必要がある。また，事業者は，高齢者の就業について，作業内容や就業時間，就業日数等の労働条件についてワークシェアリングなどを活用し，柔軟性をもたせる必要がある。さらに，就業による健康障害を防ぐために，労働災害の防止や健康管理等の労働安全衛生対策を徹底することに加えて，心身機能をなるべく全般的に発揮できるような作業のあり方に配慮する必要がある。

一度離職をした高齢者は再就職が困難なため，制度による支援も必要となる。厚生労働省では，離職を余儀なくされる高年齢者等の再就職を民間の職業紹介事業者に委託した事業主や，高年齢者等を受け入れて訓練を行った事業主に対する労働移動支援助成金制度を設けている。

5 高齢労働者の労働災害の現状

休業4日以上の労働災害の被災者数は40代が22％，50代および60代以上の年齢階層がそれぞれ23％と40歳以上でおよそ7割を占めている。特に60歳以上の労働災害の被災者数は，2004（平成16）年の1万9,809人から2014（平成26）年には2万7,102人と10年間で7,293人（36.8％）も増加している。雇用者千人当たりの発生率は40歳以降年齢階層が上がるとともに上昇し，60歳以上では3.1（／千人）と40歳未満のおよそ2倍となっている（図9-5）。高齢労働者の労働災害は若年労働者に比べ被災した場合に重症化する傾向があり，死亡災害は年齢階層が高くなるほど多くなり，60歳以上が占める割合は33％にも上っている（図9-6）。また，労働災害の事故の型では，転倒及び墜落・転落が占める割合が多くなる（図9-7）（東京労働局 2016；三浦・高橋 2014；木口 2014）。

このような状況の下，国は，2013（平成25）年度を初年度とした第12次労働

災害防止計画の中で,高年齢労働者対策として,身体機能の低下に伴う労働災害防止の取り組み,および,基礎疾患等に関連する労働災害防止を重点的な取り組みとして挙げている。

6 高齢労働者の安全衛生対策

　高齢化が進む中で就業する高齢者は増加傾向にある。2015（平成27）年の労働力調査によると,65歳以上の就業率は男性30.3％（441万人）,女性15.0％（288万人）に上昇し,就業者総数に占める65歳以上の高齢者の割合も10.7％にまで上昇している。就業する高齢者が増加する中で,役員を除く雇用されている高齢者も年々増加傾向にあり,2015（平成27）年には360万人と就業している高齢者のほぼ半数を占めている。ただし,雇用形態をみると,うち267万人（74.2％）は非正規の職員・従業員となっている。いずれにしても,職種,雇用形態を問わず,事業を行う者（事業者）に使用され賃金を支払われる労働者の安全と衛生についての規定は,労働安全衛生法によって定められている。この労働安全衛生法第3条では,以下のように職場における労働者の安全と健康の確保は事業者の責務とされている。

　　「事業者は,単にこの法律で定める労働災害の防止のための最低基準を守るだけでなく,快適な職場環境の実現と労働条件の改善を通じて職場における労働者の安全と健康を確保するようにしなければならない。また,事業者は,国が実施する労働災害の防止に関する施策に協力するようにしなければならない。」

　労働安全衛生法では,健康の保持増進のための措置として,労働衛生の3管理といわれる,作業環境管理,作業管理,健康管理に関する規定のほか,安全衛生管理体制,および,労働者の就業に当たっての措置として,安全衛生教育や就業制限,中高年齢者等についての配慮などが定められている。しかし,こ

れらの規定は抽象的なものも多く，たとえば中高年齢者等についての配慮については，「事業者は，中高年齢者その他労働災害の防止上その就業に当たつて特に配慮を必要とする者については，これらの者の心身の条件に応じて適正な配置を行なうように努めなければならない」（第62条）とだけあり，適正配置の努力義務しか定められていない。労働安全衛生法は1972（昭和47）年に労働基準法から分離独立して制定されたが，その基となった労働条件に関する最低基準を定めた労働基準法は，戦後間もない1947（昭和22）年に制定されたものである。この年は日本の男女の平均寿命が初めて50年を超えた年であり中高年労働者はまだ少なく，中高年齢者等についての配慮は重要事項ではなかったものと考えられる。しかし，今日，雇用者に占める高齢者の割合は6.8％にまで増加しており，高齢者の特性に配慮した安全衛生対策の重要性が高まっている。

（1）作業環境管理

　作業環境管理とは，職場および職場関連施設や設備などの作業環境の評価を行い，作業環境中の有害要因を排除，是正し，さらには労働者の作業意欲を高め，より快適に作業ができるよう作業環境を整備することである。3管理のうち最も優先度が高いものであり，生産手段に介入を行うため事業主が果たす役割が大きい。一方，労働者側も，作業の際に遭遇した，危険源，ヒヤリ・ハット事例，疾病や事故について報告し，対策を提案していくことが必要となる。基本的取り組みとしては，有害環境の発生の抑制，有害環境発生源の隔離，有害環境の除去，好ましい環境の整備が挙げられる。また，高齢者の就業を支援するという観点からは，通勤環境の整備も大きな課題となる。

1）視機能低下への対策

　30歳半ば頃から始まる視機能の低下に対応して，以下のような作業環境への配慮が必要となる。

　　・ほとんどの高齢者は老視となるため手元の文書等の文字サイズを大きくする。

- 作業範囲に適切な照明を設ける。
- 掲示物は背景色と異なる色とし識別しやすくする。
- 白内障があると，まぶしい光があると散乱し見にくくなることがあるため，照明器具や作業面のグレア（不快なまぶしさ）を防ぐようにする。

2）筋骨格機能・バランス機能低下への対応

身体機能のうち，特にバランス機能は老化による低下が大きく，転倒や墜落・転落の原因となるため，以下のような作業環境への配慮が必要となる。

- 長時間の立ち作業とならないよう，高さの調節できる椅子を用意する。
- 作業場及び通路に適切な照明を設ける。
- 階段には手すりを設ける。
- 階段の蹴上げを小さくし，踏み面を広くし，滑り止めを取り付けるなど昇降設備を改善する。
- 高所作業での床の囲いの手すりは高めとし，中桟や爪先板を付ける。
- 脚立や移動はしごはできるだけ避け，高所作業台（車）を活用する。
- 段差を色分けしたり表示することにより，段差を認識しやすくする。
- 滑りやすい床や通路には滑り止めを施す。
- 取り扱い重量物には，重量表示をする。
- 足場材，型枠材，工具等の軽量化を図る。
- 個人に合わせて調整できる工具を提供する。

3）温熱環境等への対応

高齢者は，体水分量割合が少なくなり，また，体温調節機能が低下しやすいため，暑熱及び寒冷による生理的・心理的負担が大きい。特に，暑熱環境下の作業では，熱中症が生じやすいため，作業環境の暑熱環境リスクを暑さ指数（湿球黒球温度：Wet-Bulb Globe Temperature〔WBGT〕指数）で評価し，空調機の活用，日差しの設置，送風や給水の確保など熱中症予防のための基本的な対策を講じなければならない。

寒冷環境は身体的負担を大きくするだけでなく，湿度の低下とも相まって気

道粘膜を傷害し、また、インフルエンザウイルスをはじめとしたウイルスを活性化させ、上気道炎や肺炎のきっかけとなりやすい。特にインフルエンザの予防の観点からは、暖房器具や加湿器などを活用して室温18℃以上、湿度50％以上を保つことが望ましい。事務所衛生基準規則では、空気調和設備を設けている場合は、室温が17℃以上28℃以下、湿度が40％以上70％以下になるようにする努力義務が定められている。しかし、快適と感じる温度は、湿度、気流、活動量、着衣、季節の影響や、外気との温度差などによっても影響されることが知られており、さらに個人差もある。夏季の作業場の快適な室温は座作業で24～27℃、軽作業で20～25℃、冬季の作業場の快適な室温は座作業で20～23℃、軽作業で18～20℃とされているが、気流がないと足元と頭部付近の温度差が大きくなるため、適宜気流をつくる必要がある。

4）職場関連施設・環境の整備・コンパクトシティの形成

作業に直接関係しない環境も、高齢者にとっては就業の支障になることが少なくない。トイレの回数が多くなる傾向があるため、作業場の近くにトイレを設置する必要がある。和式トイレは下肢や腹筋の筋力向上には好ましい面もあるが、血圧をより上昇させるためなるべく洋式トイレが好ましい。また、手洗い後の手拭は感染症予防のためタオルの共用は避け、紙タオルまたは温風乾燥機とする。高齢者に限らず、作業から離れて休憩できるスペースを設けることも欠かせない。

通勤環境も作業環境そのものではないが、就業に関連する高齢者は身体運動機能が低下している場合が多いため、通勤による負担を受けやすくなる。通勤時の駅舎内での移動、特に混雑時の階段の昇降、道路の横断、長時間の通勤などが問題となりやすい。さらに、高齢者の半数以上は慢性疾患の治療により定期的に通院していることを考慮すると、通院の便も考慮しなければならない。公共交通機関の環境の安全性をより高めるとともに、今後のまちづくり、まちの再構築等にあたっては、超高齢社会が今後永続的に続くことを意識し、保健・医療・福祉施設や商店街、役所など生活に必要な諸施設を徒歩圏内に配置し、さらには職住接近したコンパクトシティを形成し、地域全体で人々の生活を支

える環境を構築する必要がある。筆者らは国土交通省の「健康・医療・福祉のまちづくり研究会」において超高齢社会に対応したまちづくりのあり方を検討し,「健康・医療・福祉のまちづくりの推進ガイドライン」(国土交通省都市局 2013) を策定した。健康・医療・福祉のまちづくりにとくに重要な取り組みとして,住民のセルフケア能力向上のための教育・支援,コミュニティ活動の活性化,参加の促進,概ね小学校区に相当する半径1km程度の徒歩圏域への生活拠点の集中的配置（コンパクトシティ化),街歩きを促す歩行空間の形成,公共交通の利用環境を高めることを提唱している（渡辺 2015)。

5）ロボットとの共存

今日まで生産手段の開発,普及の中で,人類はその能力を生産手段に移行させ生産性の向上を図ってきた。第1次産業革命では,人間が道具を使う手工業から,動力を蒸気機関や水力などによる機械に移行させることに成功し生産性が格段に向上した。第2次産業革命では,科学研究の成果を技術開発に転用し,石油エネルギーと電力を活用した巨大化した生産設備での重化学工業により生産性がさらに向上した。第3次産業革命では,コンピューターの発達とインターネットの普及をはじめとしたICT (Information and Communication Technology) の発展により,人間の有する高次の精神機能の一部を生産手段に移行させ,ファクトリーオートメーション（Factory Automation）により生産工程の自動化を図り,オフィス・オートメーション (Office Automation) により事務作業の一部を自動化し効率性を高めることが可能となった。そして今日,格段に進歩した人工知能技術を機械と癒合させることにより,従来からの産業ロボットに加えて,自動車の自動運転や,ドローンによる自動配達,身体介護の支援に加えて見守りやメンタルヘルスケア機能を有する介護ロボット,自動医療診断機器,外科手術ロボットなど,ありとあらゆる産業分野にさまざまのロボットの導入が進みつつある。高齢者の就業支援の観点では,高齢期の心身機能の低下をこれらのロボットの活用で補える側面がある一方で,人の安全と健康をまもるための対策をとる必要がある。具体的には,ロボットとのワークシェアリングおよびロボットとのペア就業によりロボット導入による高齢者の排除を防ぐこと,ロ

ボットの安全性の確保と，就業で発揮していた能力を使わなくなることによる廃用性の障害を防ぐために，就業以外の日常生活において人間のもつさまざまな機能を発揮する機会を確保することが課題となると考えられる。

（2）作業管理

　作業管理とは，作業方法や作業時間，作業姿勢，保護具などの作業内容，有害物質や振動などの有害なエネルギーを適切に管理し，労働者への悪影響を少なくすることである。さらには教育訓練や作業を通じて，労働者の心身の機能の維持向上，労働能力の向上を図ることも目的となる。

　高齢労働者の作業管理においては，まず，危険からの回避が最も重要である。とくに老化に伴う筋骨格系の構造の変化や運動機能の低下に配慮する必要がある。また，老化による心身機能の低下には大きな個人差があることを踏まえ，個人の心身機能を正確に把握した上で適正な職場や作業に配置しなければならない。作業時間においては，特に睡眠-覚醒リズム変化への対応が重要となる。主な作業上必要となる配慮は以下の通りである。

① 危険性の高い作業への配慮
  ・できるだけ高所での作業を減らす。
  ・暑熱および寒冷環境下での作業を極力減らす。
  ・寒冷環境下での作業はより保温性が高い防寒服（具）を着用する。
  ・インターネット等で提供される熱中症予防情報等を活用する。
② 高齢者の身体運動機能への配慮
  ・強い筋力，速い動作，とっさの反応や判断を必要とする作業を極力少なくする。
  ・重量物の運搬など筋力負荷が大きい作業は，複数の人間での作業または介助ロボットなど補助機器を使用する。
  ・曲げ，伸ばし，ひねりが極力少ない作業となるように工夫する。
  ・体を伸ばした姿勢，折れ曲がった姿勢，あるいは傾けた姿勢での作業は継続して行わないようにする。

- 片足立ち，背伸び，前屈などの不安定な姿勢を継続することをなくす。
- 作業の役割分担を明確にして高齢者と若年労働者の協働をはかる。

③　教育訓練・作業設計上の配慮
- 作業のインストラクションや訓練を十分に行う。
- 作業内容を明確にし，具体的に指示する。
- できる限り定型の作業手順に基づく業務とする。
- できるだけ立位での作業を減らす。
- 実際に作業を行わせて円滑にできることを確認する。

④　作業時間への配慮
- 夜勤日数を減らし，極力一人夜勤を避ける。
- 夜勤や交替制勤務での夜勤後は十分な休日がとれるようにする。
- 勤務形態，勤務時間に選択の幅をもたせる。
- 半日休暇，早退等の自由度の高い休暇制度を実施する。
- 自分のペースで作業できるように作業を設計する。
- 作業設計は余裕時間を入れて設計する。
- 十分な休憩時間をおく。
- 反復する作業を，長時間行わないようにする。

（3）健康管理

　職域における健康管理とは，労働者一人ひとりの健康の状態を，毎日の観察や健康診断により継続的に把握することによって，疾病を早期に発見したり，その進行や憎悪を防止したり，労働による健康への影響の評価を行い職場への適応状態を把握したり健康阻害因子の早期発見を行い，これらの結果に基づいて事後措置や適正配置を的確に行い健康の保持増進をはかることである。高齢者は老化を基盤として心身の機能が低下しがちであり，さまざまな疾病に罹患しやすくなる。また，罹りやすい疾病は高血圧症や糖尿病，整形外科的疾患などの慢性疾患が多く，疾病をもちながら働いている場合が多い。そのため高齢労働者の健康管理においては，単なる健康診断による疾病の早期発見と早期治

療だけではなく，就業のための適応訓練や，元の健康状態に回復するための医学的及び労務管理的な措置も重要となってくる。さらには健康をより増進させ労働適応能力を向上することまでもを含めた健康管理が要求されるようになってきている（表9-2）。

表9-2　高齢労働者の健康管理の意義

1. 継続的な健康状態の評価と事後措置
2. 疾病の早期発見と早期対策
3. 疾病の管理状況の評価と事後措置
4. 労働への適応状況の評価と事後措置
5. 健康阻害因子の早期発見と早期対策
6. 就業のための適応訓練，リハビリテーション，復職訓練
7. 健康増進，労働能力の向上
8. 労働衛生管理体制の評価

1）一般定期健康診断のあり方

　健康管理に関するさまざまな活動のうち，一般定期健康診断は労働安全衛生法によって事業者に実施が義務づけられていることもあり，比較的実施率は高く，また，受診者のほとんどは検査結果の通知を受けている。しかし，高齢労働者の一般定期健康診断の受診率をみると，男性では50-59歳95.8％，60-64歳90.0％，65歳以上82.9％，女性では50-59歳88.7％，60-64歳79.3％，65歳以上68.4％と年齢層が上がるほど受診率が低下しており，特に65歳以上の女性では50代女性より約20％も低くなっている（表9-3）。高齢労働者が一般定期健康診断を受診しなかった理由（表9-4）をみると，男性では，「他のところで受診した」が，60-64歳で56.1％，65歳以上で67.5％と多くなっており，かかりつけ医や人間ドックなどで何らかの形で健康診断を受けているものと思われる。事業者は，かかりつけ医や人間ドックなどで健康診断を受診した者については，その健康診断等の結果を把握し，健康管理に生かしていく必要がある。一方，高齢女性労働者が一般定期健康診断を受診しなかった理由をみると，60-64歳では「他のところで受診した」が60.1％と男性同様多くなっているが，65歳以上では「健康診断が実施されなかった」が92.8％と大半を占めていることから，特に，65歳以上の女性労働者については，健康診断の受診機会の確保が重要な課題といえる。

　一般定期健康診断の受診者全体の有所見者率は2013（平成25）年で53.0％と年々上昇していることが明らかとなっているが，事業所から労働基準監督署長へ届け出る定期健康診断結果報告書は，性，年齢別の受診者数や有所見者数を

第Ⅲ部　高齢者の就労支援を支える体制

表9-3　一般定期健康診断受診者の割合と有所見者の割合

区分	定期健康診断を受けた	検査結果の通知を受けた	所見ありと通知された	所見なしと通知された
(男)	92.4	(98.9)	[48.0]	[52.0]
20歳未満	87.1	(93.6)	[2.6]	[97.4]
20-29歳	82.5	(97.5)	[22.8]	[77.2]
30-39歳	94.2	(99.2)	[35.3]	[64.7]
40-49歳	95.9	(99.2)	[53.8]	[46.2]
50-59歳	95.8	(98.8)	[70.1]	[29.9]
60-64歳	90.0	(100.0)	[62.5]	[37.5]
65歳以上	82.9	(99.7)	[71.9]	[28.1]
(女)	83.6	(99.2)	[32.0]	[68.0]
20歳未満	63.8	(99.8)	[6.6]	[93.4]
20-29歳	78.1	(99.1)	[13.8]	[86.2]
30-39歳	83.1	(99.3)	[24.0]	[76.0]
40-49歳	87.9	(99.5)	[42.4]	[57.6]
50-59歳	88.7	(99.6)	[44.9]	[55.1]
60-64歳	79.3	(98.0)	[49.4]	[50.6]
65歳以上	68.4	(96.4)	[28.6]	[71.4]
合計	88.5	(99.0)	[41.3]	[58.7]

出所：厚生労働省（2013：20）。

記載する様式ではないため，性，年齢別の有所見者率や項目別有所見者率の全国的な統計はほとんどない。2012（平成24）年に厚生労働省が実施した「労働安全衛生特別調査（労働者健康状況調査）」結果をみると，労働者が「所見ありと通知された」とする割合は，男性では60-64歳で62.5％，65歳以上で71.9％，女性では60-64歳で49.4％，65歳以上で28.6％となっている。東京都予防医学協会が2014（平成26）年度に実施した職場の定期健康診断の受診者12万877人について，性・年齢・項目別に有所見率をまとめたものをみると，男女とも多くの項目で年齢が上がるとともに有所見率が上昇しているが，特に60歳以上の有所見率が高い項目としては，男女とも，肥満，高血糖，内臓脂肪蓄積，高コレステロール，高血圧，腎機能低下，心電図異常などが挙げられる（図9-8）。これらの所見は，長年の生活習慣の積み重ねや老化が背景となって生じているも

表9-4　一般定期健康診断を受診しなかった主な理由

(%)

	多忙であった	他のところで受診した	面倒であった	病気が見つかるのが不安だった	健康診断結果を会社に知られたくなかった	健康診断が実施されなかった	その他
(男)	17.6	22.6	6.8	0.8	0.0	34.9	17.3
20歳未満	97.6	0.0	0.0	0.0	0.0	0.0	2.4
20-29歳	22.7	7.7	4.2	0.0	0.0	53.1	12.3
30-39歳	13.0	21.0	22.3	0.0	0.0	28.0	15.7
40-49歳	26.1	18.5	1.5	0.0	0.0	25.6	28.3
50-59歳	16.9	34.6	0.0	6.9	0.0	22.9	18.7
60-64歳	0.0	56.1	1.7	0.0	0.0	25.3	16.9
65歳以上	0.0	67.5	0.0	1.6	0.0	2.6	28.3
(女)	9.2	29.8	5.4	2.2	0.4	31.6	21.4
20歳未満	0.0	0.4	0.0	0.0	0.0	58.1	41.5
20-29歳	7.5	13.3	12.8	0.0	0.4	33.2	32.8
30-39歳	9.2	35.6	4.3	0.7	0.0	31.0	19.3
40-49歳	13.8	31.3	0.8	11.5	1.3	25.6	15.8
50-59歳	5.8	50.3	4.4	0.0	0.2	17.7	21.6
60-64歳	23.2	60.1	0.0	0.0	0.0	13.1	3.6
65歳以上	1.5	4.6	0.0	0.2	0.0	92.8	0.8
合　計	12.3	27.1	5.9	1.7	0.2	32.8	19.9

出所：厚生労働省（2013：20）。

のが多く，作業内容だけでなく，運動や食生活，休養などの家庭生活での配慮や医学的管理も重要となる。事後指導においては疾病の予防・管理に対するアドバイスや必要な情報を提供する体制を整備しておく必要がある。今日，健康診断結果はデータベース化されていることが多いことから，定期健康診断結果報告書においては，今後，性，年齢階層別の集計結果を記載する様式に変更することも検討に値すると思われる。

現在の一般定期健康診断は，動脈硬化性疾患をはじめとする生活習慣病に重点をおいた項目となっているが，高齢労働者が多くなってきた今日，健診項目の見直しも必要と考えられる。具体的には，労働災害の内容では高齢期では，転倒，墜落・転落の発生頻度が高くなっていることから，バランス機能をはじめとした身体運動機能の評価，認知・判断機能の評価とその対策が急務の課題といえる。大原記念労働科学研究所では，高年齢労働者の安全・健康のリスク

図9-8 性・年齢別一般定期健康診断項目別有所見率（東京都予防医学協会実施分：2014年）

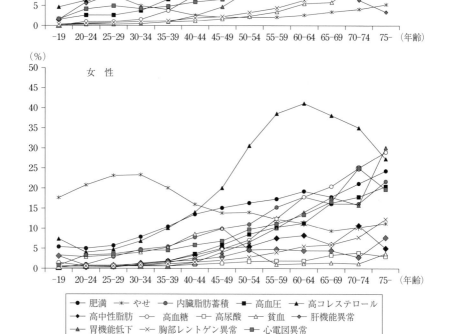

出所：東京都予防医学協会（2016）。

のポイントとして，体バランス機能，認知・判断機能，疲労・健康状態，実際の能力と自己評価とのギャップを挙げ，高年齢労働者の心身の状態を評価し，改善の提案をするプログラムを提供している（奥村ら 2004）。また，高齢期には免疫機能の低下により各種のがんの発生率が増加する。特に，職場での喫煙，石綿（アスベスト）取り扱いなどの職業生活の健康影響も長い年月を経て高齢期に現れてくることが少なくない。職域においても各種のがん検診を実施し，がんの早期発見，早期治療に取り組む必要がある。東京都では，東京都職域連携がん対策支援事業において，都が提示するがん対策取組モデルに即した取り組みを実施する企業等を「取組企業」に認定し，支援を行っている。

2）運転免許更新時の手続きとの連携

現在，運転免許証の更新期間満了日の年齢が70歳以上の者が運転免許の更新を希望する場合は，「高齢者講習」「シニア運転者講習」「チャレンジ講習合格後の特定任意運転者講習（簡易講習）」のいずれかの講習の受講が義務づけられている。この講習では，講義と実車運転と運転指導に加えて，運転適性診断，夜間視力，動体視力検査等が行われている。さらに，75歳以上の者は，更新期間の満了日前6カ月以内に講習予備検査を受験することが義務づけられている。具体的には，時間の見当識（検査時の年月日，曜日及び時間の回答），手がかり再生（イラストの記憶後，しばらくして思い出す），時計描画（時計の文字盤を描き，指定された時刻を表す針を描く）の項目の検査が行われる。この検査で認知機能が著しく低下していると判断され，更新期間満了日前1年以内に一定の違反歴がある場合は，医師による専門的な臨時適性検査を受け，認知症と診断された場合は原則として免許取り消しとなる。これらの検査の結果は運転免許の更新の可否にのみ用いられているが，個人の健康情報として健康管理に活用すべきものと考えられる。

3）職業能力評価

健康をより増進させ労働適応能力を向上させることも健康管理の目的であるが，その評価指標として職業能力の評価が求められている。労働能力を測定する指標としては，1981年にフィンランド国立労働衛生研究所（FIOH）にて開発

された主観的質問紙法であるWAI（Work Ability Index）がヨーロッパを中心に広く使用されている。WAIは，①自己の過去の最良時と比べた場合の現在の労働適応能力，②職務遂行上要求される要因と自己の労働適応能力との関係，③医師によって診断された現在の疾患数，④現在罹患している疾患が仕事に与える影響，⑤過去12カ月における欠勤状況，⑥2年後の自己の労働適応能力の予測，⑦精神的健康度，の7つの領域に関する項目から構成され，その合計得点により，不十分（poor），標準（moderate），良好（good），優秀（excellent）の4段階に評価される。神代（2010）は，ワークアビリティの向上に強く影響する要因として，上司・同僚・友人・家族からの温かい支援，職場内の良好なる人間関係，高い職務満足感を挙げ，これらの良好な人間関係は当然のごとく精神的な健康を促進させ，その結果として，抑うつ感情が抑えられ，それがワークアビリティを向上させるとしている。

日本では，公的な職業能力の評価基準として厚生労働省が「職業能力評価基準」を策定している。これは，仕事の内容を，職種，職務，能力ユニット，能力細目という単位で細分化した上で，成果につながる行動例を「職務遂行のための基準」，仕事をこなすために前提として求められる知識を「必要な知識」として，業種別，職種・職務別に整理・体系化したものである。また，能力ユニットごとの，能力細目，職務遂行のための基準，必要な知識の設定にあたり，企業において期待される責任・役割の範囲と難易度により，担当者として必要とされるレベルから組織や部門の責任者として必要とされるレベルまでの4つの能力段階を設定している。

（4）労働衛生教育・学習

労働安全衛生対策の中で労働衛生の3管理はその中核をなすものであるが，高齢労働者自身がこれらの管理について正しく理解をすることが大切である。高齢になるほど，情報機器類の操作など新しい知識などの習得には時間がかかるようになるため，教育や訓練は十分に時間をかけて行う必要がある。厚生労働省は高年齢労働者に配慮した労働衛生教育等に関する職場改善事項として以

第9章 高齢者の就業を支える重層的ケア

表9-5 高年齢労働者の労働災害防止対策の取組の有無及び取組内容別事業所割合

(単位:%)

区分	事業所計	取り組んでいる	所定外労働時間等を短縮している	深夜業の回数を減らすなどの所定労働時間の変更	定期的な身体機能の変化を本人に認識させている	高年齢労働者の身体機能の低下を考慮した作業前の準備体操等	医師による面接指導等の健康管理を重点的に行っている	体調不良等の異常がないか確認している	健康診断・指導等を実施している	健康診断後の措置を行っている	健康診断の結果をふまえて基礎疾患に関する取組	危険を回避するための標識・照明等の実施(転落等の災害防止対応)	手順書等を作成し、作業内容・就業の場所に応じた危険への対応	所定の場所で作業を行う以外の場所での作業(本人の危険作業)に変更するようにしている	危険な作業に従事させないようにしている(休憩時間を設け異常がないか見直し配慮)	その他の作業への配慮(例えば、マンツーマンで危険な運転等)	取組をしていない	不明
平成25年(事業所新規模)	100.0	64.6(100.0)	(39.0)	(11.8)	(6.4)	(5.8)	(9.6)	(33.1)	(27.7)	(31.2)	(9.4)	(18.9)	(19.7)	(8.8)	(8.4)	32.6	2.8
1,000人以上	100.0	78.0(100.0)	(26.3)	(24.0)	(6.8)	(19.0)	(22.7)	(37.4)	(50.9)	(61.1)	(27.1)	(26.6)	(15.3)	(11.6)	(9.4)	20.9	1.1
500〜999人	100.0	72.4(100.0)	(24.0)	(20.6)	(8.0)	(14.7)	(18.2)	(31.8)	(45.5)	(50.2)	(22.1)	(19.1)	(20.1)	(8.5)	(6.4)	25.9	1.7
300〜499人	100.0	79.3(100.0)	(30.5)	(23.6)	(5.1)	(8.0)	(20.8)	(31.9)	(48.1)	(48.2)	(15.7)	(20.1)	(19.5)	(7.0)	(4.2)	20.2	0.5
100〜299人	100.0	77.7(100.0)	(35.0)	(20.8)	(5.3)	(10.1)	(16.7)	(36.4)	(38.6)	(41.8)	(15.5)	(17.7)	(17.2)	(8.6)	(7.1)	21.0	1.2
50〜99人	100.0	73.3(100.0)	(40.9)	(15.5)	(4.7)	(6.1)	(14.1)	(27.1)	(25.6)	(33.7)	(10.7)	(19.0)	(19.3)	(6.9)	(8.3)	24.7	2.0
30〜49人	100.0	71.4(100.0)	(42.7)	(12.2)	(6.6)	(4.7)	(10.1)	(32.7)	(27.7)	(33.7)	(10.3)	(17.7)	(20.1)	(10.1)	(6.0)	26.9	1.7
10〜29人	100.0	60.8(100.0)	(38.4)	(10.0)	(6.7)	(5.6)	(7.8)	(33.8)	(26.6)	(28.9)	(8.2)	(19.2)	(19.9)	(8.8)	(8.3)	35.8	3.3
(産業)																	
農業、林業(林業に限る)	100.0	76.6(100.0)	(17.3)	(0.5)	(3.5)	(9.1)	(2.3)	(52.5)	(20.5)	(30.6)	(3.1)	(29.8)	(71.9)	(15.1)	(9.1)	19.3	4.1
鉱業、採石業、砂利採取業	100.0	89.0(100.0)	(29.2)	(10.5)	(7.1)	(5.7)	(5.9)	(44.0)	(21.5)	(30.8)	(18.9)	(28.4)	(36.9)	(19.0)	(11.2)	9.3	1.7
建設業	100.0	84.4(100.0)	(27.0)	(13.1)	(8.0)	(9.0)	(7.4)	(58.0)	(28.2)	(39.5)	(15.7)	(57.3)	(50.0)	(29.0)	(5.3)	15.5	0.1
製造業	100.0	72.0(100.0)	(45.1)	(12.1)	(6.3)	(10.0)	(11.0)	(29.4)	(28.1)	(27.9)	(18.7)	(23.6)	(29.1)	(13.9)	(7.1)	24.9	3.1
電気・ガス・熱供給・水道業	100.0	77.5(100.0)	(8.5)	(7.8)	(5.5)	(13.0)	(19.8)	(48.6)	(55.9)	(58.2)	(19.1)	(19.4)	(24.8)	(6.2)	(5.2)	20.9	1.6
情報通信業	100.0	51.8(100.0)	(31.7)	(11.5)	(0.6)	(1.1)	(18.5)	(6.4)	(42.2)	(48.1)	(4.8)	(0.4)	(8.7)	(1.4)	(4.2)	47.3	0.9
運輸業、郵便業	100.0	86.2(100.0)	(42.8)	(20.8)	(12.3)	(6.4)	(16.0)	(50.0)	(35.3)	(35.5)	(5.5)	(7.6)	(8.2)	(2.2)	(4.4)	12.9	1.0
卸売業、小売業	100.0	59.6(100.0)	(40.8)	(5.9)	(6.5)	(4.6)	(6.7)	(28.2)	(26.4)	(20.7)	(7.6)	(14.7)	(13.6)	(6.3)	(11.1)	36.8	3.5
金融業、保険業	100.0	54.3(100.0)	(27.1)	(2.4)	(3.8)	(6.8)	(19.2)	(3.8)	(43.6)	(58.0)	(1.3)	(0.5)	(0.8)	(0.6)	(10.9)	42.7	3.0
不動産業、物品賃貸業	100.0	61.6(100.0)	(33.7)	(9.4)	(6.7)	(4.4)	(5.5)	(20.0)	(19.6)	(34.0)	(11.4)	(11.8)	(12.8)	(1.6)	(12.4)	35.4	3.0
学術研究、専門・技術サービス業	100.0	49.2(100.0)	(32.8)	(11.8)	(3.4)	(12.2)	(17.8)	(30.8)	(38.3)	(29.5)	(11.4)	(19.2)	(20.8)	(1.6)	(14.5)	49.5	1.2
宿泊業、飲食サービス業	100.0	59.7(100.0)	(51.2)	(10.1)	(3.6)	(0.4)	(1.8)	(40.1)	(18.2)	(33.4)	(4.1)	(11.7)	(16.7)	(4.0)	(7.9)	36.7	3.6
生活関連サービス業、娯楽業	100.0	52.4(100.0)	(37.6)	(7.9)	(6.1)	(1.0)	(2.1)	(26.0)	(14.6)	(17.2)	(6.0)	(16.4)	(18.4)	(7.5)	(15.5)	42.4	5.1
教育、学習支援業	100.0	56.5(100.0)	(27.1)	(7.8)	(7.1)	(1.8)	(13.2)	(25.6)	(30.9)	(40.5)	(6.6)	(9.2)	(9.7)	(4.2)	(14.9)	39.9	3.6
医療、福祉	100.0	54.6(100.0)	(32.8)	(23.4)	(4.2)	(4.5)	(16.4)	(15.7)	(32.6)	(32.3)	(7.2)	(10.1)	(10.1)	(4.8)	(7.8)	42.7	2.8
複合サービス事業	100.0	54.6(100.0)	(19.5)	(2.6)	(1.1)	(4.1)	(22.1)	(12.0)	(44.0)	(37.9)	(1.1)	(5.8)	(6.4)	(5.6)	(12.2)	39.9	2.7
サービス業(他に分類されないもの)	100.0	71.6(100.0)	(38.8)	(15.4)	(6.8)	(9.0)	(8.0)	(40.9)	(20.9)	(37.1)	(7.8)	(24.8)	(23.8)	(5.0)	(7.9)	25.6	2.8

出所:厚生労働省(2014a:18)。

下を挙げている（厚生労働省 2009）。

- ・高年齢労働者の個人差に関する労働衛生教育を行う。
- ・健康の保持増進に関わる，生活習慣，運動習慣についての知識と実践の機会を提供する。
- ・腰痛発生防止のための教育，トレーニングの機会を提供する。
- ・技能教育・健康教育の機会を提供する。
- ・作業に新しい知識や方法を導入するときは，過去の作業との関連性を示す。
- ・複雑な作業は，時間をかけて教育する。
- ・作業手順の省略や規則違反をしないように教育する。

（5）労働安全衛生管理体制の強化

　高年齢労働者の労働災害防止対策の取組の状況をみると，およそ3分の1の事業所は取り組みをしていない。また，最もよく取り組まれている「時間外労働の制限，所定労働時間の短縮等」でも取り組みをしている事業所の4割にとどまっている（表9-5）。産業医や衛生管理者等の労働衛生専門スタッフが連携をとり，労働安全衛生管理体制の強化を図り，安全衛生管理に加えて生産管理も一体となった総括管理を行う中で，労働衛生対策を総合的に効果的に進めなければならない。

7　多様な事業主体による重層的な就業支援

　高齢者が「働く理由」「仕事につけない・つかない理由」「離職する理由」の分析を基に，高齢者の就業支援のあり方を，保健・医療・福祉システムの視点を中心に検討した。高齢者の欲求の階層性を理解し，無理せず働かなくても生活できる年金と，働きに応じた収入の保障，老化を背景に障害されやすい健康をまもるための支援を行う中で，社会的に排除されやすい高齢者が就業により

自尊心を高め自己実現を図れることを目指すことが重要である。そのためには，定年の引き上げや定年制廃止，高年齢者の雇い入れ支援のための助成金などの制度の活用，「世代間ワークシェアリング」や「ペア就業」による若者と高齢者の Win-Win の関係づくり，高齢期に達する前の傷病の予防や管理の徹底，介護支援制度による介護からの解放，ハローワークやシルバー人材センターをはじめとした各種の就業支援施設の情報提供機能と斡旋・仲介機能の強化などが重要である。

　職場における健康の保持増進対策として，作業環境管理では，特に，視機能低下，運動機能低下，体温調節機能の低下などに対応した職場環境の改善に加え，トイレなどの衛生施設や休憩スペースの改善，さらには超高齢社会に対応したまちづくりやロボットとの共存対策が必要となる。作業管理においては，高齢者の心身特性に配慮した適正配置や睡眠-覚醒リズムの変化への対応が重要となる。健康管理においては，運動機能の評価，認知・判断機能の評価，職域での各種のがん検診の拡充等，高齢者の特性を踏まえた健康診断の充実に加え，適切な職業能力評価と就業のための適応訓練や，医学的及び労務管理的な措置，さらには健康をより増進させ労働適応能力を向上させるための取り組みも必要となる。

　このように高齢者の就業の支援にあたっては，多様な事業主体による重層的な支援が要求される。

参考文献

奥村隆志ら（2004）「高年齢労働者の労働安全構築のために——高年齢労働者の心身の機能測定」『人間工学』50，S384-S385。

木口昌子（2014）「高年齢労働者の労働災害の現状及び課題」『日本職業・災害医学会会誌』62(5)，312-315頁。

神代雅晴（2010）「高齢労働者の身体特性と労働衛生対策」『産業保健21』59，4-7頁。

厚生労働省（2009）『高年齢労働者に配慮した職場改善マニュアル（チェックリストと職場改善事項）』。

厚生労働省（2013）「平成24年「労働安全衛生特別調査（労働者健康状況調査）」の概

況」。
厚生労働省（2014a）「平成25年「労働安全衛生調査（実態調査）」の概況」。
厚生労働省（2014b）「平成25年国民生活基礎調査の概況」。
厚生労働省（2015a）「平成26年雇用動向調査結果の概況」。
厚生労働省（2015b）「労働災害統計（平成26年）」。
厚生労働省（2015c）「平成27年「高年齢者の雇用状況」集計結果」。
国土交通省都市局（2013）「健康・医療・福祉のまちづくりの推進ガイドライン（技術的助言）」。
酒井正・佐藤一磨（2007）「介護が高齢者の就業・退職決定に及ぼす影響」『日本経済研究』56，1-25頁。
次世代ロボットビジョン懇談会（2004）「2025年の人間とロボットが共存する社会に向けて――次世代ロボットビジョン懇談会報告書（案）」。
生涯現役社会の実現に向けた就労のあり方に関する検討会（2013）「生涯現役社会の実現に向けた就労のあり方に関する検討会報告書」。
鈴木秀樹ら（2004）「Work Ability Indexと認知機能検査の比較検討」『産業衛生学雑誌』46，71-77頁。
総務省統計局（2013）「平成24年就業構造基本調査　結果の概要」。
総務省統計局（2015）「労働力調査結果」。
総務省統計局（2016）「労働力調査（詳細集計）平成27年（2015年）平均（速報）」。
東京都予防医学協会（2016）「東京都予防医学協会年報　2016年版」。
東京労働局（2015）「労働者死傷病報告　平成26年版」。
東京労働局（2016）「高年齢労働者の安全と健康」。
内閣府政策統括官（共生社会政策担当）（2013）「平成24年度　団塊の世代の意識に関する調査」。
三浦崇・高橋明（2014）「労働災害発生件数の被災者年齢分布――労働災害（死傷）データベースに基づく分析」『労働安全衛生研究』7(2)，77-83頁。
渡辺修一郎（2015）「予防理学療法における老年学的アプローチ」『理学療法学』42(8)，805-806頁。
Finnish Institute of Occupational Health, "Work Ability Index." (http://www.ttl.fi/en/health/wai/pages/default.aspx，2016年5月5日アクセス)
Maslow, A. H.（1970）*Motivation and personality, 2nd ed.,* Harper & Row.（=1987，小口忠彦訳『改定新版　人間性の心理学――モチベーションとパーソナリティ』産能大出版部）

（渡辺修一郎）

第10章　就業システムは「社会の窓口」となれるのか
―― 就業支援施設の事例から

1　高齢者就業をめぐる状況と高齢求職者

　高齢者保健福祉の観点から高齢者の就業を考えた時，最も期待される効果としては，それが心身の健康に寄与する事であり，社会との有効なつながりとなることである。「2010年国勢調査」によれば，東京都内の65歳以上の高齢者人口約264万人の内，約63万人（約23.9％）が就業中とされる。性・年齢別にみると男性の就業率が約33.7％なのに対して，女性の就業率は約16.5％，特に65歳から69歳の男性では約52.4％が就業中と回答している。こうした男性が多数を占める傾向は，女性が多数を占めるボランティア参加率とは正反対である。現役時代から男性は仕事だけで社会とつながっているというケースは珍しくなく，高齢期になっても自分が過去にどのような仕事をしていたかによって自分の存在意義としているというケースは珍しくない。逆にボランティアのような上下関係の緩いつながりをもつことは不得手とされており，これまで慣れ親しんできた「仕事」という形で社会に参加する方がやりやすいということであろう。社会参加を促進する手段全体として男女比のバランスを考えた時，就業にはこれまでのボランティア活動を補強する選択肢としての役割が期待される。

　一方，就業支援には世代にかかわらず，貧困対策・生活支援のセーフティネットとしての側面がある。これも福祉施策として見落とせない視点である。実際，生活保護受給者の割合が最も高いのは高齢者層であり，受給者人数自体も増加傾向にある（厚生労働省 2014）。社会保障費が増大し悠々自適の年金生活がだんだん期待できなくなっているとされる現代社会の中で，高齢期においても働くことで賃金を得ることの意味が大きくなっているのは間違いない。

2013（平成25）年4月に施行された「高年齢者等の雇用の安定等に関する法律」の改正によって，65歳まで働きたいと希望する人に対して企業はその雇用の継続を保証する事が義務づけられることとなった（厚生労働省 2012）。しかしこの法律は企業・団体の正規雇用者を対象としたものであり，非正規雇用者や，以前の職場の倒産や家族介護のためなどで不本意な離職をした失業者については対象とならない。何らかの理由で早期退職をした人や，こうした非正規雇用者・元失業者の中には，生活を維持するための稼得として高齢期にも求職活動をして就業し続ける必要がある人も多いことが予想される。実際，2004（平成16）年の高年齢者就業実態調査によれば，65歳～69歳の就業中高齢者の約6割が「経済的な理由で働いている」と回答している（厚生労働省 2004）。雇用の格差が高齢期の経済状態に与える影響は大きく，非正規雇用が一般的になってきた現代の風潮の中で，この傾向は今後ますます増大していくだろう。

 特に，被雇用者の多い東京ではこうした問題が急速に明らかになってくることが予想される。東京都の現在の高齢化率（65歳以上の人々の割合は22.8％）は，国全体の平均（26.0％）より低いが，その分，今後の高齢化の進展は急激だろうと予想されている。高齢者ばかりが集まる一部地域では，いわゆる「スラム」と呼ばれるような状態になってしまう危険すらあるとの指摘もある（松谷 2015）。

 先の国勢調査について東京都の高齢就業者の内訳をみると，会社役員が約12万人（就業者の約19％），自営業従事者が約21万人（同32.9％）であり，その他の約30.2万人（同48.1％）は，正規従業員やパート，アルバイト，派遣社員など何らかの被雇用者であると考えられる。一方，東京都が2013（平成25）年に4,476社を対象として実施した「高年齢者雇用安定法改正に関する調査」では，企業の14.4％が65歳定年，80.6％が60歳定年で継続雇用制度の導入を整備している段階にあり（東京都産業労働局 2014），それまで雇用者だった人のほとんどが65歳かまたはそれ以前に一旦，定年退職を迎えていることになる。会社役員や自営業者がそれまでの仕事を継続して経済的に安定しているとすれば，その他の約48％の人はこの65歳前後で求職活動をして職を得たか，あるいはそれ以前から被雇用者を続けていることになる。その中には勿論，非正規の就業を続けて

きた人たちも多く含まれるだろう。しかし，実はこの約半分に上る人たちが，一体どのように職を見つけ，どのように働いているかの過程については，これまであまり明らかにされてこなかった。

2 高齢求職者のための就業支援システム

現在，東京都内でそうした高齢者の就業を支援する主要な公共施設として，以下の3種類がある。

まず最も一般に普及している施設として，ハローワークが挙げられる。ハローワークは現在，全国に544カ所にあり年齢制限もなく，年間の新規求職者数は全体で約583.8万人に達する。その中で60歳以上の人に対する職業紹介の実績は約21万1,000件である（厚生労働省 2016）。しかしこれはこの年代の新規求職者の6.5％程度に過ぎないとされる（OECD 2015）。2007（平成19）年10月の雇用対策法第10条の改正により，ハローワークでは仕事の求人票に企業が年齢制限を記載することが禁じられた（厚生労働省 2007）。企業は法的には応募者の年齢ではなく，応募の背景，スキル，経験に基づいて選考をしなければならないが，実際にはポストに応じたある程度の年齢幅にある求職者を探していることもあり，高齢求職者には自分が検討すらされないポストのために，何度も履歴書を書かねばならない状況になっている，と不満の声がある。就職情報を求めてハローワークを訪れる高齢求職者でも，多くの場合それはなかなか助けとならず，ハローワークを通じて職を見つけることを諦めてしまう。

2つ目の施設として，シルバー人材センターが挙げられる。全国1,299カ所に74万3,969名の高齢者が登録されており（全国シルバー人材センター事業協会 2012），生きがいのための仕事を求める日本の高齢者にとって最も一般的なサービス（Weiss et al. 2005）と考えられている。シルバー人材センターでは仕事だけでなく多くの趣味のサークル活動やボランティア活動，職業訓練プログラム等の紹介も行っている。しかしここでの仕事は請負方式が中心であり，また週20時間以内の軽作業に限られている（2016〔平成28〕年3月現在，派遣業務につい

ては現在週40時間までの規制緩和が検討されている）。得られる賃金についても平均分配金として年間31万6,427円という報告があり（針金ら 2009），生活を維持するための所得とは考えられない。また登録会員の平均年齢も徐々に高齢化しており，現在では70歳以上になっている。生きがいを求める高齢求職者はシルバー人材センターで仕事を得ることが可能であるが，まだまだ元気に稼ぎたいと考える若年高齢者には不満の声がある。

　3つ目の選択肢として挙げられるものに，55歳以上を対象としたアクティブシニア就業支援センター（Active Senior Employment Support Center，以下，ASESC）がある。いわゆる前期高齢者の始まりとされる65歳より若い求職者も含めて対象とした施設であるが，失業・雇用の問題は65歳を境にいきなり対応しようとしても難しいという配慮がある。現在，この施設は東京都内10カ所（2016〔平成28〕年3月現在）に設置され，近辺地域の求人を中心として，就業時間に制限がないものを紹介している。

　ASESCは小規模オフィスで少人数スタッフにより運営されているが，元々この施設は1963（昭和38）年に東京都により設置され，以前は無料職業紹介所と呼ばれていたものである。対象地域や年齢，運営団体を変えながら現在まで継続されてきた歴史がある。現在では東京都と区の予算により，多くが社会福祉協議会等に委託され運営されているが，この施設では小規模ゆえの機動力と柔軟性で，先の2つの全国ネットワークが扱えきれていない地域の求人を見つけることが期待される。たとえば，特売日の商店街店舗での手伝いや，地域の公園でイベントが開催される際の清掃や警備，アンケート調査の戸別訪問回収，子どもが幼稚園に通う際の送り迎え，繁忙期の町工場の手伝い等が挙げられる。こうした類の仕事では，勤勉で信頼があり地域によく知られているような高齢者には多くのチャンスがあるだろう。

　また，若者と比べて高齢者の優れた点として，他者への心配りができる点や，短時間でも確かなスキルをもって柔軟に勤務が可能な点，また長期間の勤務を考えなくてよいので若者より職業選択にリスクをとることができることも挙げられるだろう。つまり，起業したての小規模で不安定な事業での勤務も可能で

あるし，また，社会への貢献についてより重視することができるということも挙げられるだろう。

本章はこのASESCの貢献の中身について明らかにすることで，高齢者健康福祉の観点（Minami 2015）から，高齢者の就業を単なる低賃金労働として扱うのでなく，その優れた点を理解して尊厳を支えるような支援のあり方，強化していくべき課題について検討することを目的としている。

3 就業支援施設に来所する求職者への郵送式縦断追跡調査

（1）郵送式縦断追跡調査の実施方法

都内2カ所のASESC（同程度のフロアスペース，スタッフ人数，カバーする圏域の大きさ）において，施設に来所した高齢求職者に対して，各6回の郵送式縦断調査を実施した。一方の施設は東京の南部にあり，2012（平成24）年の来所者数は2,849人（求職者登録をしなかった来所者，一人の人の複数回来所を含む），求人件数は652件，202人が就職に至っている。もう一方の施設は北部に位置し，2011（平成23）年の統計では2,863人の来所者数，求人件数575件，180人が就職に至っている。

これら2つのASESCにおいて，施設職員に依頼し，初めて求職者登録を行った来所者に対して，無作為に初回調査の調査票（ベースライン調査：BL）を配布した。実施期間は2013（平成25）年1月28日から2015（平成27）年3月31日までで，生活状況や健康状態について明らかにするための質問を行った。その後，初回調査の回答者それぞれに対して求職活動の状態の推移を明らかにするため，初回調査から2，6，14，26，38週後の計5回にわたり，郵送式の縦断追跡調査（F1-F5）を行った。2カ所のASESCで調査票を配布した人数の合計は387人で，そのうち235人から回答があった（回答率60.7%）。追跡調査の回答者数はそれぞれF1：197人（83.8%），F2：179人（90.9%），F3：158人（88.3%），F4：144人（91.1%），F5：130人（90.3%）であった。

求職者の特徴を示す分析においては，初回調査の回答者全体235人（男性146

表10-1　就業支援施設を訪れる求職者の特徴（ベースライン調査から）

		男性 N=146	%	女性 N=89	%	合計 N=235	%	p
年　齢	65歳未満	80	54.8%	46	51.7%	126	53.6%	0.643
教育歴	短大・専門卒未満	90	63.4%	59	67.8%	149	65.1%	0.494
世帯年収	200万円未満	52	41.9%	25	34.2%	77	39.1%	0.285
暮らし向き	やや苦しい以下	75	51.7%	42	47.7%	117	50.2%	0.554
社会的孤立	はい	40	32.0%	5	6.8%	45	22.7%	<0.001***
就労以外の社会参加	無	78	54.5%	37	43.5%	115	50.4%	0.108
同居者	無	38	26.0%	26	29.2%	64	27.2%	0.595
主観的健康感	どちらともいえない以下	22	15.1%	6	6.7%	28	11.9%	0.056
精神的健康	抑うつ傾向	48	33.1%	16	18.6%	64	27.7%	0.017*
求職理由	生活費のため	111	76.0%	63	70.8%	174	74.0%	0.374
	借金の返済	14	9.6%	0	0.0%	14	6.0%	0.001**a
	小遣いとして	36	24.7%	20	22.5%	56	23.8%	0.703
	健康維持のため	63	43.2%	45	50.6%	108	46.0%	0.269
	生きがい	42	28.8%	45	50.6%	87	37.0%	0.001**
	社会参加として	40	27.4%	37	41.6%	77	32.7%	0.025**
	時間が余っているから	33	22.6%	25	28.1%	58	24.7%	0.344
	家族の勧め	8	5.5%	0	0.0%	8	3.4%	0.026**a

注：*p＜.05，**p＜.01，***p＜.001。"a"についてはフィッシャーの正確率検定，その他はχ2乗検定。
出所：Minami et al.（2016）．

人，女性89人，平均年齢63.7歳，SD5.6）を対象とし，求職活動の推移に関する分析では初回調査の時点で無職だった172人（BL回答者の73.5％，男性109人，女性63人，平均年齢63.3歳，SD5.4）のみを分析対象とした。

郵送式縦断追跡調査の実施は，東京都健康長寿医療センター研究所倫理審査委員会による承認を得たのちに実施されている。回答者には，回答結果が秘守され結果が他に何等の影響を及ぼさないこと，学術的な研究にのみ用いられること，について書面により説明され，調査票の最初の頁の記述に従い，回答の返送を持って研究協力の同意とみなした。

（2）高齢求職者の実態と求職活動の推移

表10-1はベースライン調査の回答者の属性を示している。「2010年 国勢調査」の結果と比較すると，学歴において「短大・専門卒未満」の割合が高く（65.1％ 対 都内の55-74歳平均47.4％），世帯年収で「200万円未満」の割合が高い（39.1％ 対 都内60歳以上高齢者の平均24.2％）。女性と比較して男性は社会的孤立傾向

第10章 就業システムは「社会の窓口」となれるのか

図10-1 カプランマイヤー法を用いた求職期間と累積就職率の推移

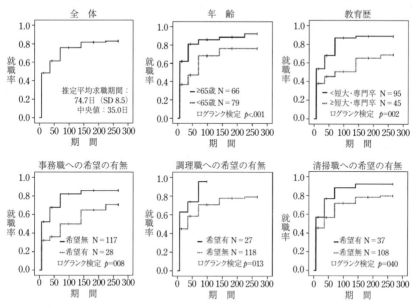

出所：Minami et al. (2016).

が高く，ASESC で求職活動を行う理由として最も一般的なのは「日々の生活費を稼ぐため」，以下「健康維持」「生きがい」「社会参加」と続いていた。特に女性の方が就業について生きがいや社会参加と考える割合が高かった。

次に時間の経過と就職率の関係を明らかにするために，属性ごとにカプランマイヤー法による分析を実施し，ログランク検定を行った。その結果，性別，年齢の2つの基本属性と3つの希望職種（事務職，調理，清掃）において有意な差が見られた。年齢が若い人ほど，学歴が高いほど，また事務職を希望する人ほど，職を得るために長い期間がかかっていた。逆に調理や清掃を希望する人では比較的早期に職を得ていた。調査期間の38週で76.2％（172人中131人）の対象者が新しい職を得ており，就職までにかかる期間の推定平均は74.7日（SD8.5），中央値は35.0日であった（図10-1）。

その上でコックス比例ハザード回帰分析により就職率に影響を及ぼす属性に

表10-2　コックス比例ハザード回帰分析の結果

	参照カテゴリー		B	標準偏差	Wald	自由度	p値	ハザード比	95%信頼区間
性別	男性	女性	.037	.228	.026	1	.872	1.037	.664-1.621
年齢	<65歳	≥65歳	-.566	.214	7.007	1	.008**	.568	.374-.863
教育歴	<短大・専門卒	≥短大・専門卒	-.586	.242	5.832	1	.016*	.557	.346-.896
世帯年収	<200万円	≥200万円	-.262	.238	1.217	1	.270	.769	.483-1.226
社会的孤立	孤立	孤立ではない	-.237	.260	.833	1	.361	.789	.474-1.313
社会参加	無	有	-.035	.212	.027	1	.868	.965	.637-1.464
同居者	無	有	.394	.250	2.472	1	.116	1.482	.907-2.422
主観的健康感	<まあよい	≥まあよい	-.227	.407	.313	1	.576	.797	.359-1.767
精神的健康	抑うつ傾向	正常	.055	.246	.051	1	.822	1.057	.653-1.711

注：**p<.01, *p<.05。
出所：表10-1と同じ。

ついて確認を行った結果，年齢と教育年数の2つの有意な属性を得た(表10-2)。

ASESCにおける高齢求職者では比較的教育年数が短く，収入が低く，生きがいというよりも生活のために仕事を探している傾向が高かった。仕事の条件を受け入れられた半数が35日という短期間で就職していた一方で，対象者の内，23.8%では仕事を見つけることができず38週間そのままの状態でいた。若くて学歴が高い求職者ほど仕事につくことが困難であった。この傾向は一般に仕事を探すのに有利と考えられる特徴と正反対で，事務職を探す典型的なホワイトカラーほど仕事を見つけにくい状態であったといえる。

4　高齢求職者に対する個別相談面接の実施

次に求職者の中で特に状況が厳しいと考えられる長期求職者に対する支援方法を検討するために，郵送調査回答者の内，初来所から38週後も就職に至っていない人10名を第一群，未就業のまま回答が遅延している人32名を第二群として個別相談面接の案内を発送した。案内を行った第一群（長期求職者）10名の内，面接希望者は5名，希望しない人が4名，連絡不能が1名であった。第二群（回答遅延者）32名の内，面接希望者6名，希望しない人が15名，連絡不能

が11名であった。連絡不能者の内，宛先不明が7名であった。面接希望者11名（平均年齢63.3歳）の内，男性が6名，女性が5名，その内，生活保護受給者は2名であった。ASESC近傍の公共施設にプライバシーを保守できる個室を用意し，1回50分隔週の個別面接を実施し，アセスメントと地域連携による支援（社会福祉協議会，地域包括支援センター，シルバー人材センター，生活困窮者自立支援窓口，近隣の医療施設など関連機関への紹介）の可能性について検討した。面接の実施にあたっては東京都健康長寿医療センター研究所倫理審査委員会による承認を受け，面接では対象者に文書及び口頭で研究計画の説明を行い，同意書への署名を得た上で実施している。但し，事例の公開にあたって本人が特定されないよう文意を損ねない改変を施している。以下，高齢求職者に特徴的と考えられる5つの事例を紹介する。

（1）孤立傾向の高い男性のケース──61歳男性

2年前に妻を亡くして一人暮らし。子供はおらず，親戚とのやりとりもほとんどない。近所にやりとりするような友人もない。若いころは大手製造業で働いていたが不況により早期退職。その後中小企業に勤務したが会社倒産に遭う。経済状況は不明だが，年金がもらえる65歳まで働きたいという希望。経験のある製造業でフルタイムの就業を希望し，毎日ハローワークとASESCに通って情報の閲覧をしているが，1年以上仕事が決まっていない。

1）面接経過

初回は現在の状況の聞き取りを行った。仕事に対するこだわりについて語っていたので，希望するのに近い求人票を探して持ってくる宿題を提示した。2～3回目は宿題のことはすっかり忘れ，仕事が決まらない言い訳と世間への不満，昔の自慢話に終始し，求職活動も進展しなかった。4回目もやはり停滞し，65歳まで耐えればなんとかなると，思考を打ち切っているようだった。5回目には，「求職中だが生活に困っていないから」と開き直って言う。「65歳で年金が出たら田舎に帰るつもり。就職活動をがんばる気になれない」とのことだったので，一旦，面接打ち切りとし，1カ月ほど期間をあけて連絡したが，状況に

変化はなかった。

２）まとめ

価値観を変えることが難しく，意欲も低いため求職活動が停滞している。世間的には仕事をしていないと格好悪いので毎日ハローワークに通っているが，それ自体が目的となってしまっている。現状一人暮らしで経済的に追い詰められていないため，敢えてきつい仕事をしようとは考えない，高齢期男性の典型的なケースといえる。

（２）夫婦二人暮らしのケース──58歳男性・56歳女性

１年前に夫が突然脳梗塞で入院し，経済的に苦しくなる。夫は有名私立大学卒業後，不動産業界に長く勤務していたが，会社が倒産し新たな仕事を探している途中だった。現在は自宅でリハビリ中。妻は短大卒業後，ずっと専業主婦をしていたが，夫の病気を機に仕事を探し始める。しかし「どうやって仕事を探してよいか，どういう仕事が自分に向いているのかわからない」ともらす。夫婦二人暮らしで子供はいないが，妻の母親がガンで余命１カ月と宣告されており世話をしなくてはならない。これも落ち着いて求職活動ができない理由となっている。

１）面接経過

初回は，現在の状況の聞き取りを行った。夫のリハビリも含めて，夫婦で同じ職場での勤務を希望する。地域包括支援センターに連絡するも２号被保険者に該当せず，職員も「対応しようがない」と苦慮。２回目は，求職活動がうまくいかないので，夫婦が同じ職場で働くことは諦めた。夫に留守番を頼んで妻が働くことを検討する。しかし妻の母の死期が近く，予定が定まらないため落ち着かない。資格をとるなどして，落ち着いてから介護や障害福祉で働くことに方向転換し，ホームヘルパー２級の資格取得を勧める。３回目は，夫の調子が良くなってきたため，軽い運動を促す。妻にはホームヘルパー研修の資料を渡した。妻の考えが再度変化し，今度は夫の就業を希望するようになる。１カ月後に４回目を実施したが，その期間，夫婦ともに就職面接を受けるが採用さ

第10章　就業システムは「社会の窓口」となれるのか

れず，落ち込んでいる。これから2人で気晴らしに川べりを散歩しに行きます，とのことだった。

2）まとめ

高齢期には，本人や配偶者の病気による生活環境の変化，混乱が生じやすい。しかし，地域包括支援センターが継続的にケアするほどには状態が悪くはないケースも多く，支援の狭間に陥っている。親や親戚など周囲にも高齢者が多くなり，介護をする役としても期待されるようになり，余計に働きにくくなりやすい。本ケースではリストラ，病気と重なり，夫婦ともに落ち込んでいたが，まだ若く，気を取り直せばやれることもたくさんある。妻の考えは，自分が働くことから夫に働いてもらいたいと変化した。

（3）生活保護受給者のケース──62歳男性

東北地方の小さな寒村の出身。中学校卒業後，集団就職で上京し，プレス加工の工員として勤務。職人としていくつかの工場を転々とするが，9年前に消化器疾患を患いリストラに遭う。その後，運動も制限され生活保護を受給するようになる。現在，週3回マンション清掃に従事しているが，短時間勤務で低賃金のため，新たな仕事を増やさないとまともな生活がおくれない。しかし，体力面の心配もあり，どうしてよいかわからない。

1）面接経過

初回は，現在の状況の聞き取りを行った。「どうにもならないと思うが，暇つぶしになりそうだから参加した」と発言した。2回目は，シルバー人材センターを紹介した。これまでの生活史について語る。3回目には，「シルバーは年寄りばっかりで馴染めない」との発言があった。1カ月の期間をおいても求職活動は停滞中のままだった。4回目は，さらに1カ月の期間をおいて面接するが，求職活動は停滞し，本人も絶望しきっている。今後継続してもこの場での変化は容易に見込めないと判断し，経過観察することとした。

2）まとめ

生活保護を受給しており，体力も十分ではなく現状に諦めきっているため，

求職活動も停滞している。面接場面のみで解決することが困難であり，生活保護者にはケースワークが既に関わっていることもあり，一旦中断した。

（4）シングルマザーのケース——63歳女性

15年前に夫の浮気が原因で離婚し，シングルマザーとなる。娘が2人（関東地方在住），孫が1人。これまで電話交換手や営業事務等でずっと働いてきたが，貯金をする余裕はなかった。昨年10月から障害者支援施設で働き始める。人間関係のストレスから頭痛が激しく，休みを取ったことからシフトが減り，経済的に苦しくなった。早期年金を受給しているが，家のローンも残っており経済的に苦しい。休日はテレビを見たり図書館で借りた本を読んだりして過ごしている。飲酒はときどき。できれば仕事を増やしたいと思って就業支援施設に来所した。

1）面接経過

初回は，現在の状況の聞き取りを行った。2回目は，就業支援施設，社会福祉協議会まで同行した。職員から生活支援の有償ボランティアの説明を聞く。合同説明会，研修の情報入手。3回目は，幸い施設の仕事が週5勤務に回復したため，一旦面接を終結した（経過観察へ）。

2）まとめ

ひとり親世帯が高齢化し，子どもが巣立った後の一人暮らしのケース。高齢になると体を壊しやすく，一旦困窮すると立ち直りにくいため，ちょっとしたことで「底が抜けたように落ち込んでしまう」。落ち込んでいる時にたまたま面接が支えとなった様子である。仕事が好転してくると自然にそれも必要でなくなってきたため終結した。

（5）就業相談ではないニーズ——63歳女性

都営住宅に夫，次女と同居。夫は身体障害者手帳を所持しているが，現在は短時間の警備の仕事をしている。長女（20代，保育士）は独立し，次女（20代，フリーター）は10代のころから3回家出をしている。2年前に3回目の家出か

ら帰宅し，突然出産した。父親が不明の子どもで，乳児院に入れて養子縁組の手続きを進めるが，脳性まひであることが発覚し，縁組の話は立ち消えとなった。本人は3年前まで市場で野菜の販売をしていたが退職。ヘルニア持ちで，医師から就業を止められている。金銭的状況は，夫の給料と夫婦の年金を合わせて月に20万円程度である。

1）面接経過

初回のみ行った。誰にも話すことのできなかった家庭の状況について話すことができ，すっきりしたとのこと。何かあればいつでも連絡するよう伝え，継続的な面接の約束はしなかった。

2）まとめ

家庭環境に多くの問題を抱えており，相談できる相手がいない状況であった。就業支援の働きかけが，私たちが他者の支えを必要としている存在を見出せるきっかけとなった。

長期求職者の中には経済面，家庭面，健康面，生活面等で複合的な課題を抱えた人たちが多く含まれる。こうした対応が難しい群に対しては，求職活動を入り口として，生きがいを含めた就業支援とともに経済支援，生活支援，健康支援等，総合的な観点から長期的・継続的な対応が求められる。生活困窮者自立支援や社会福祉協議会といった他の地域資源とも連携した支援を検討する必要がある。

5 働く高齢者の会

こうした施設に来所する求職者では，仕事を探すことで社会の一員として活動しようという意欲があり，また心身の状態もある程度健康であると想定される。しかしながら地域の健康づくり活動やボランティアに参加することはあまりなく，かといって地域包括支援センターが継続的にケアの対象とすることも難しい，支援の隙間に陥っている状態といえよう。こうした層に対しては，何

らかの自助・互助に基づいた支援との連携が期待される。
　一方，都市部高齢者のこうした孤立，貧困に関する問題は，近年いきなり始まったものではない。『東京都社会福祉協議会三十年史』によると，元々 ASESC の前身である無料職業紹介所は，そうした課題への対応策の一つとして1963(昭和38) 年，東京都の補助事業として開始されたものであった。そこではさらに，高齢者自身が自分たちの生活面や経済面，健康面等を互いに支え合う「働く高齢者の会」という自治的な組織が作られ，活動していた歴史がある（東京都社会福祉協議会 1983)。
　そこで今回，東京都社会福祉協議会（以下，東社協)，東京しごと財団，及び関係者個人が保管する資料の探索を行うとともに，当時の東社協職員に対するインタビューを実施し，それらの活動の様子について明らかにした。
　それによると「働く高齢者の会」は東社協の側面支援を受け，1971（昭和46）年の墨田区八八会に始まり，板橋区松齢会，品川区新生会，八王子むつみ会，世田谷区明友会等，都内9カ所で順次結成され（図10-2)，1団体あたり80名前後までの規模で，総会を開き自主的な活動を行っていたとみられる。1974(昭和49) 年6月には東京都連合会も結成されていた。会員の勧誘は紹介所窓口でチラシを配布し，月会費200〜300円であった。東社協からは活動場所となる会議室の貸与などが行われており，活動内容は，①当事者団体として高齢者の就業環境の改善要求を目的とした政治的活動，②孤独感の解消や就職者への励ましを目的とした会員相互の親睦会の開催（慶弔お見舞いやバス旅行を含む)，③相互啓発の学習会活動（講演会の開催を含む)，④定期的な会報の発行，等であった（図10-3)。
　役員は紹介所を訪れた求職者の中から東社協職員の声がけをきっかけに選出された人が多く，女性だけからなる婦人会もあり，定期的な集まりを行うサロン的な活動も行っていた。活動の目標には健康・生きがいづくり，生活支援，孤立・自殺予防も挙げられており，就業に関するだけでなく生活全般における相互の助け合いを行っていたことがわかる。
　一方，1975（昭和50）年からの東京都高齢者事業振興財団（シルバー人材セン

第10章 就業システムは「社会の窓口」となれるのか

図10-2 「働く高齢者の会」が設立された地域

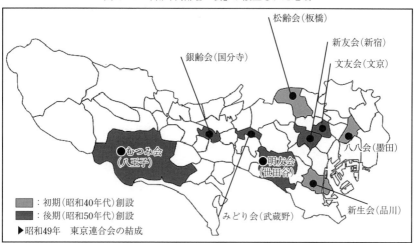

出所:東京都社会福祉協議会編(1983)。

図10-3 「働く高齢者の会」の活動の様子(チラシ配布,勉強会,会報)

出所:図10-2と同じ。

ター)の台頭と，1990(平成2)年「高齢者就業あっ旋事業に係わる地域窓口の再編整備計画」に基づく都の事業再編で，担当職員の大幅な異動と予算削減(職務整理)により，東社協の側方支援を失ったことを契機に消滅している。当時の役員，会員の多くはすでに亡くなっており，また施設移転に伴い多くの資料が廃棄されたと考えられ，関係資料は限られている。

過去に同じような問題意識で，「働く高齢者の会」という高齢者自身による自助組織が存在し，参加者の就業や生活に関する悩みを共有する場として一定の効果を収めていた事実は大変興味深く，こうした層への支援のあり方として参考となる部分も多いと考えられる。

6 尊厳ある選択が可能な支援体制の構築

これら調査結果から，まずASESCが主に生活費を得るために仕事を探す求職高齢者に対して，ある程度の賃金が得られる仕事をかなりの短期間で見つけられる施設として，ハローワークやシルバー人材センターといった全国ネットワークを補強する役割を果たしている事が明らかになったといえる。

また併せてASESCに来所する高齢求職者には，孤立傾向，経済的にも困窮し，精神的健康状態の悪い人が含まれていることが明らかとなった。こうした人は年齢，経済状態，周囲の支援者の乏しさからいって，自殺リスクが高いとされる人の傾向と非常に近いプロフィール(McKee-Ryan 2008；Onishi 2015；Yamasaki et al. 2008；Yamashita 2005)ともいえる。こうした人たちに対して，社会一般に対する接点の乏しさから，求職支援を入り口とした予防措置として，生活一般に対する相談窓口としての役割が期待される。

施設職員においては，そうした高齢者の孤立や自殺予防のゲートキーパーにあたり，そのための職員への啓発や研修プログラムの実施も有効と考える(内閣府 2013)。また施設窓口において「いのちの電話相談」のポスターの掲示や，かつて「働く高齢者の会」がそうであったように，高齢求職者自身による自助・互助の組織化を支援していくのも有効かもしれない。生活困窮者自立支援事業

や社会福祉協議会，地域包括支援センター，近隣の医療機関等との地域連携の体制を構築することも重要であろう。

　第3に，高齢求職者の中で比較的若く教育歴が高い集団において，適した仕事が見つけられないというミスマッチが生じている。おそらくこうした人たちは，自分の能力を活かせる職業で精力的に働きたいのだが，軽作業以外の職種が見つけられないということなのであろう。前述したように現在介護離職を経験した人などが非正規雇用として働くことも増えている。こうした比較的若くて高学歴の高齢者をそのままにしておくことは社会的，経済的な損失であり，こうした人たちを勇気付け，多様な働き方で再び社会に包摂するシステムの構築が不可欠である。

　こうした取り組みとして，組織の中で高齢者を定着させるための再教育システムの構築（Charness & Czaja 2006；Hsu 2013；Van Horn et al. 2015），柔軟性のある雇用スタイル（Eyster 2008）や職場環境の開発（Grosh & Pransky 2009；Kroemer 2009），高齢者の業務における洞察力への評価（Masunaga & Horn 2001），高齢者を管理するためのノウハウの蓄積と一般化（USGAO 2007）等が挙げられる。

　同時に，こうした高齢者に，オフィスワークや賃金だけでなく社会貢献の価値を再認識してもらうことも重要であろう。たとえば，高齢者にとっては，競争環境の厳しい職場よりも社会福祉法人やNPOで働くことの方が受け入れやすいとされる（A MetLife Foundation & Civic Ventures 2008）。こうした職場では周囲から頼られる存在として尊敬を得ることができ，また近い将来自分自身が頼らなければならない福祉サービスとのつながりを得ることもできるだろう。人生の終盤にあたっても，尊厳ある選択が可能な支援体制の構築が期待される。

参考文献

厚生労働省（2007）「平成19年雇用対策法第10条改正」。
厚生労働省（2012）「平成24年高年齢者等の雇用の安定等に関する法律第9条改正」。
厚生労働省編（2004）「雇用の構造に関する実態調査（高年齢者就業実態調査）」。
厚生労働省編（2014）「社会保障生計調査」。

厚生労働省編（2016）「公共職業安定所（ハローワーク）の主な取組と実績」。
全国シルバー人材センター事業協会編（2012）『統計年報』118-121頁。
総務省統計局編（2010）「国勢調査」。
東京都産業労働局編（2014）「高年齢者雇用安定法改正に関する調査」。
東京都社会福祉協議会編（1983）『東京都社会福祉協議会三十年史』。
内閣府編（2013）『ゲートキーパー養成研修用テキスト　第3版』。
内閣府編（2015）「高齢者の姿と取り巻く環境の現状と動向」『高齢社会白書　平成27年版』。
針金まゆみ・石橋智昭・岡眞人・長田久雄（2009）「都市部シルバー人材センターにおける就業実態；性・年齢階級による検討」『老年社会科学』31(1), 32-38頁。
松谷明彦（2015）『東京劣化——地方以上に劇的な首都の人口問題』PHP研究所。
A MetLife Foundation & Civic Ventures (2008) *Encore Career Survey* San Francisco, CA.
Charness, N. & Czaja, S. J. (2006) "Older Worker Training: What We Know and Don't Know" *AARP*, 2006-(22).
Eyster, L., Johnson, R. W & Toder, E. (2008) "Current Strategies to Employ and Retain Older Workers, Final Report by the Urban Institute for the U.S. Department of Labor" Urban Institute, Washington, DC.
Grosh, J. W. & Pransky, G. S. (2009) "Safety and Health Issues for an Aging Workforce" in S.J. Czaja & J. Sharit (eds.) *Aging and Work Issues and Implications in a Changing Landscape*, John Hopkins University Press, pp.334-358.
Hsu, Y. S. (2013) "Training Older Workers: A Review" in J. Field, R. J., Burke, C. L. Cooper (eds.) *Aging, Work and Society*, pp.283-299, SAGE Publications.
OECD (2015) "Back to Work: Japan. Improving the Re-employment Prospects of Displaced Workers", OECD Publishing, p.87.
Kroemer, K. (2009) "Ergonomic Design of Workplaces for the Aging Population" in S. J. Czaja, J Sharit (eds.) *Aging and Work Issues and Implications in a Changing Landscape*, John Hopkins University Press, pp.307-333.
Masunaga, H. & Horn, J. (2001) "Expertise and age-related changes in components of intelligence" *Psychology and Aging* 16(2), pp.293-311.
Minami, U., Nishi, M., Fukaya, T., Hasebe, M., Nonaka, K., Koike, T., et al. (2015) "Effects of the Change in Working Status on the Health of Older People in Japan" *PLOS ONE. 2015* 10(12), e0144069. doi: 10.1371/journal.pone. 0144069.
Minami, U., Suzuki, H., Kuraoka, M., Koike, T., Kobayashi, E., Fujiwara, Y. (2016) Older Adults Looking for a Job through Employment Support System in

Tokyo. PLoS ONE. 2016 11(7), e0159713. doi : 10.1371/journal.pone.0159713

McKee-Ryan, F., Song, Z., Wanberg, C. R. & Kinicki, A. J. (2008) "Psychological and physical well-being during unemployment : a meta-analytic study" *Journal of Applied Psychology* 90(1), pp.53-76.

Onishi K (2015) "Risk Factors and Social Background Associated with Suicide in Japan : A Review" *Japan-hospitals : the journal of the Japan Hospital Association* 34, pp.35-50.

United States Government Accountability Office (2007) "Older workers : Some best practices and strategies for engaging and retaining older workers, Statement of David M. Walker, Comptroller general of the United States, Testimony before the U.S. Senate Special Committee on Aging ; GAO-07-433T" Washington, DC

Van Horn, C. E., Krepcio, K., Heidkamp, M., Heldrich, J. J. (2015) "Improving education and training for older workers", *AARP Research Report* 2015-01.

Weiss, R. S., Bass, S. A., Heimovitz, H. K. & Oka, M. (2005) "Japan's silver human resource centers and participant well-being" *Journal of Cross-Cultural Gerontology* 20(1), pp.47-66.

Yamasaki, A., Araki, S., Sakai, R., Yokoyama, K. & Voorhees, A. S. (2008) "Suicide mortality of young, middle-aged and elderly males and females in Japan for the years 1953-96 : time series analysis for the effects of unemployment, female labour force, young and aged population, primary industry and population density" *Industrial Health* 46(6), pp.541-549.

Yamashita, S., Takizawa, T., Sakamoto, S., Taguchi, M., Takenoshita, Y., Tanaka, E., et al. (2005) "Suicide in Japan : present condition and prevention measures" *Crisis* 26(1), pp.12-19.

（南　潮）

第11章 就労形態の変化と多様な支援プログラム
―― アメリカの事例から

1 アメリカの就労支援から学ぶ

　本章では，アメリカの就労形態について人口動態，関連政策や制度，高齢者就労に関する事例などに触れる。日本以外の国との比較の意義は長短あるが，これまで経済分野において議論されてきた高齢者の就労が，近年アメリカの高齢者研究の分野においても取り上げられる機会が増加している。アメリカ全米老年学会での研究発表や，学術誌，レポート等にて高齢者就労に関するものが増えており，そうしたテーマに取り組む研究者や実践者のネットワークも広がりつつある。

　移民の多いアメリカを，移民が少なく，少子高齢化が顕著な日本と単純比較することには注意が必要であるが，全米退職者協会（AARP）という3,500万人の50歳以上の会員を有する非営利組織の活動や高齢者政策に関する提言，1960年代から続く高齢者のボランティア活動を促進する制度の存在，また研究者のグローバルなネットワークの拠点等さまざまな点で，これからの日本の高齢者に関する就労や，ボランティア活動に関して参考にすべきこともあるので紹介していきたい。

2 アメリカの労働人口動態の変化

（1）労働力人口の変化

　2016年9月現在，アメリカでは，11月の大統領本選挙に向けた共和党，民主党各大統領候補者による選挙戦の真っただ中にある。今回の大統領選挙におい

ては，特に民主党の代表者指名争いの中で，格差による支持者層の違いや，いわゆるミレニアル世代（1980〜2000年頃に生まれた若者）といわれる支持層とベビーブーマー世代（1946〜1964年生まれ）という世代間の対立などが指摘された。日本においても，今夏実施された参議院選挙では，投票権が18歳に引き下げられてから初めての国政選挙でもあったことから，近年注目されているシルバーデモクラシー（高齢者の民主主義）といわれる高齢者の政治的に強い影響力なども話題になった。

すでにアメリカでは，高齢化するベビーブーマー世代は，これまでも社会的，経済的，政治的にも大きな影響を持ち続けており，国のさまざまな制度や政策にも影響している。アメリカの中高年齢者の就労や老後の生活保障はまさに核心的なテーマの一つでもある。

労働者の人口動態は，全人口のうち，55歳以上の労働人口が2013年に13％であったものが，2020年には25％を占めることが予想されている。伝統的な退職年齢とされていた65歳という年齢を過ぎてもなお働く労働者が急激に増えており，2020年には全体の7％を占めるといわれている。

表11-1は，米国労働統計局による労働力人口の過去20年間の推移である。労働力人口は，1995年には約1億3,200万人とされ，これは表にある総人口（ここでいう総人口とは，16歳以上で，軍人，施設収容ではない人口）の約67％であった。2014年には，同じ労働力人口は約1億5,600万人に増え，約63％の割合であった。2014年には，就業者数は総人口の59％を占め，失業者の割合は，労働力人口の6.2％であり，男性は6.3％，女性は6.1％である。

図11-1は，表11-1を基に，労働力人口のうち特に就業者数と失業者数，および失業率の推移を示したものである。2008年に投資銀行であるリーマン・ブラザーズが破たんしたことによって発生した金融危機，いわゆるリーマンショック以降，失業率が数年間悪化したが，ここ数年間は失業率が低下し続けており，就業者数も好転している。高年齢者の失業者の実態については，第3項にて，さらに詳細について紹介する。

第Ⅲ部　高齢者の就労支援を支える体制

表11-1　労働力人口の推移　　　　　　　　　　　　　　　　　（千人）

	総人口*	労働力人口	労働力人口割合（％）	就業者数	就業者割合（％）	失業者数（千人）	失業率（％）	非労働力人口
1995	198,584	132,304	66.6	124,900	62.9	7,404	5.6	66,280
1996	200,591	133,943	66.8	126,708	63.2	7,236	5.4	66,647
1997	203,133	136,297	67.1	129,558	63.8	6,739	4.9	66,837
1998	205,220	137,673	67.1	131,463	64.1	6,210	4.5	67,547
1999	207,753	139,368	67.1	133,488	64.3	5,880	4.2	68,385
2000	212,577	142,583	67.1	136,891	64.4	5,692	4.0	69,994
2001	215,092	143,734	66.8	136,933	63.7	6,801	4.7	71,359
2002	217,570	144,863	66.6	136,485	62.7	8,378	5.8	72,707
2003	221,168	146,510	66.2	137,736	62.3	8,774	6.0	74,658
2004	223,357	147,401	66.0	139,252	62.3	8,149	5.5	75,956
2005	226,082	149,320	66.0	141,730	62.7	7,591	5.1	76,762
2006	228,815	151,428	66.2	144,427	63.1	7,001	4.6	77,387
2007	231,867	153,124	66.0	146,047	63.0	7,078	4.6	78,743
2008	233,788	154,287	66.0	145,362	62.2	8,924	5.8	79,501
2009	235,801	154,142	65.4	139,877	59.3	14,265	9.3	81,659
2010	237,830	153,889	64.7	139,064	58.5	14,825	9.6	83,941
2011	239,618	153,617	64.1	139,869	58.4	13,747	8.9	86,001
2012	243,284	154,975	63.7	142,469	58.6	12,506	8.1	88,310
2013	245,679	155,389	63.2	143,929	58.6	11,460	7.4	90,290
2014	247,947	155,922	62.9	146,305	59.0	9,617	6.2	92,025

注：※全人口から，15歳以下，軍人，施設収容者を差し引いた人口。
出所：United States Department of Labor Bureau of Labor Statistics Labor Force Statistics from the Current Population Survey（http://www.bls.gov/cps/tables.htm,2016.4.5）

（2）高年齢者の労働人口動態

　ここまで，全世代の労働力人口をみてきたが，ここからは特に高年齢期の労働力に注目してみたい。米国連邦労働省労働統計局（Department of Labor, Bureau of Labor Statistics）によると，2014年には，55歳以上64歳以下の総人口（全人口から15歳以下，軍人，施設収容者を差し引いた人口）は3,976万人であり，2,550万人が労働力人口である（表11-2）。総人口の64.1％は就労中であり，4.3％は失業

第11章 就労形態の変化と多様な支援プログラム

図11-1 就業者数と失業者数・失業率の推移（1995〜2014年）

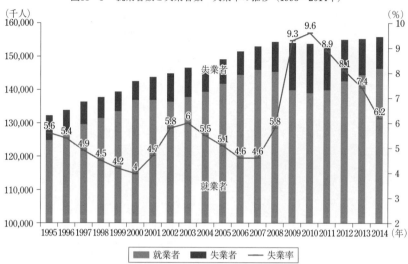

出所：United States Department of Labor, Bureau of Labor Statistics：Labor Force Statistics from the Current Population Survey を基に筆者作成（http://www.bls.gov/cps/tables.htm,2016.4.5）

表11-2 年齢別労働人口（2014年） （千人）

年齢	総人口※	労働力人口	労働力人口割合	就業者数	就業者数割合	失業者数	失業率	非労働人口
16-19	16,633	5,654	34.0%	4,548	27.3%	1,106	19.6%	10,979
20-24	22,079	15,641	70.8%	13,894	62.9%	1,747	11.2%	6,438
25-54	124,511	100,767	80.9%	95,497	76.7%	5,270	5.2%	23,744
55-64	39,764	25,502	64.1%	24,395	61.4%	1,107	4.3%	14,262
65以上	44,959	8,358	18.6%	7,971	17.7%	387	4.6%	36,602

注：※全人口から，15歳以下，軍人，施設収容者を差し引いた人口。
出所：United States Department of Labor, Bureau of Labor Statistics：Labor Force Statistics from the Current Population Survey を基に筆者作成（http://www.bls.gov/cps/tables.htm,2016.4.5）

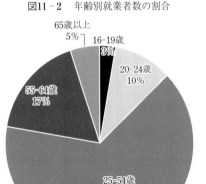

図11-2 年齢別就業者数の割合

出所：表11-2と同じ。

状態であった。また，65歳以上に関しては，およそ4,500万人の総人口のうち，約835万人が労働人口であり，65歳以上総人口の18.6％を占めている。2002年には65歳以上の13.2％程度が労働人口であったものが，2012年には18.5％，さらに2022年には23％に達することが予測されている（Coleman 2015）。こうした背景には，最初のベビーブーマーが65歳になった2011年以降，毎日1万人が65歳になり続けており，この状況は2011年から19年間続くとされている（Cohn & Taylor 2010）。

こうした状況は高年齢期の中での労働者が増えていると同時に，全労働人口における高年齢者の労働者の割合の増加にもつながっている。

高齢期の就業人口数を全年齢層の中での割合でみると，図11-2のとおり，25-54歳は65％，55-64歳は17％，65歳以上の就業者は5％を占めている。日本の65歳以上の就業者数は，15歳以上の全就業者数の10.7％を占めていることから，全世代の中における高齢者の就業割合は，日本と比較すると低いといえる。日本では，農業や漁業や小売業に従事する高齢者が多いことが起因していると考えられる。

(3) 中高年齢者の失業者の動態

1）高年齢者の失業動態

失業に関しては，前述の表11-2でも示したとおり，中高年齢の失業率は，約4％台である。さらに失業の実態をより正確に把握するには，失業し，求職している期間がどのくらい長いのかを示す失業期間にも注目する必要がある。

表11-3は，各年齢層の失業期間を週単位で示したものである。16歳以上の

第11章　就労形態の変化と多様な支援プログラム

表11-3　平均失業期間（2011-2015年）　　　　　　　（週）

	2011年	2012年	2013年	2014年	2015年
男女計					
16歳以上合計	39.3	39.4	36.5	33.7	29.2
16-19	20.6	19.4	17.2	16.7	14.5
20-24	30.4	30.3	28.5	25.0	21.8
25-34	36.7	36.4	35.5	31.9	27.4
35-44	43.2	42.0	39.8	36.9	32.2
45-54	47.1	47.9	44.7	41.6	35.5
55-64	51.9	54.6	49.7	47.1	40.7
65歳以上	52.4	56.8	46.6	50.6	44.9
男　性					
16歳以上合計	40.0	39.9	37.3	34.3	30.3
55-64	52.6	56.0	52.1	48.0	40.6
65歳以上	57.1	56.6	46.7	56.8	51.9
女　性					
16歳以上合計	38.5	38.9	35.6	33.0	27.8
55-64	51.0	52.8	46.7	46.0	40.8
65歳以上	46.3	57.0	46.5	43.0	36.4

出所：表11-2と同じ。

　年齢全体を見ると，2015年以前の5年間で，2012年をピークに，失業期間が徐々に短くなっている。2012年から2015年にかけては，男女合わせた平均失業期間は約10週間短くなっており，この間のアメリカ経済の好調との関係がうかがえる。長期失業を示す離職中や求職中の期間が27週間を超えた状況については，2015年，65歳以上のおよそ36％がこれに該当し，2007年12月以降どこかの時点で，高齢者の求職者のおよそ半分は長期失業期間を経験している（Rix 2015）。

　高齢男女間の差については，同じく表11-3の示すとおり，2012年では，65歳以上の平均失業期間は同等であったものの，2015年では，65歳以上男性が，約52週，女性が約36週と大きな開きが出ている。1950年以降男女の就業人口割合の差は縮まっており，女性の就業率は向上し続けている。これは，女性の社

会的経済的な役割の向上や,婚姻や出産時期の遅れ,少子化や,子どもの預かりなど家庭外でのサポートの充実や,教育レベルの向上などさまざまな要因がある（Lee & Mather 2008）。こうした要因に加え,男女の失業時期の差が女性に関しては好転し,男女間で近年差が開いている傾向があるのは,経済が好転するにつれて,男性はより条件の良い仕事を求める傾向や,男性の方がそうしたより良い条件の仕事を探す間の経済的な安定（十分な貯蓄等）が,女性の比べて高いのではないかと考えられる。女性は,男性に比べてより早急に仕事に就かなければならない社会経済的な動機が強く,必ずしも希望した職ではない場合でもその職につかなければならないことが,短い失業期間につながっている一因と考えられる。

2）高年齢者の失業と若い世代の失業

リーマンショックによる不況は,全世代の就労に大きな影響を与えた。2007年12月から2010年12月の3年間に,それぞれの世代の失業はどのような状況だったのか。この3年間,アメリカでは約750万の仕事がなくなり,就業割合は,2007年12月と2010年12月を比較すると,16-24歳では,4.5ポイント,25-54歳では1.3ポイント下がった（Fogg & Harrington 2011）。

一方,同時期において,55歳以上の就業割合は1.2ポイント上昇している。失業率においても,16-24歳では11.7％から18.1％に上昇した一方,55歳以上では,3.2％から6.9％と失業率が高まってはいるものの,若い世代ほど大きな影響を受けてはいない。この期間において,高年齢者の雇用は約200万人増加したといわれ,16-24歳の雇用は約260万,24-54歳では約650万の雇用が失われたことから,この不況において高年齢者が労働市場に参入しただけではなく,若い世代の雇用の代替として高年齢者が雇用主により求められたことが指摘されている（Fogg & Harrington 2011）。高年齢者の雇用が若者の職を奪っているという指摘がある一方,そうした事実はないという報告もあるが,少なくとも不況下において,高年齢層が若い世代以上に就業しやすい状況にあったことは,企業の雇用方針等になんらかの変化があったことが推測される。

第11章　就労形態の変化と多様な支援プログラム

3　高年齢労働者に関する政策

(1) 社会保障年金

アメリカにおける社会保障年金の公的な名称は，Old-Age, Survivors and Disability Insurance Program (OASDI)，老齢・遺族・障害年金制度と呼ばれている。OASDIは，連邦政府による社会保障年金制度であり，退職者，障害者，その遺族に年金が支給される。この社会保障年金制度は，大恐慌の真只中であった1935年8月14日，フランクリン・ルーズベルト大統領により承認された，社会保障法 (Social Security Act) により制度化されたものである。その5年後の1940年，3,500万ドルであった総受給額は，2015年には約8,700億ドルと増加している。

社会保障年金の財源となる社会保障税の税率は，給与の12.4％となっており，事業主と折半して半分を負担する仕組みとなっている。また，自営業者は全額を負担することになっている。給付の開始年齢は，原則65歳であったが，2003年から2027年までの間に段階的に67歳に引き上げられており，現時点では66歳である（厚生労働省 2016）。これは，1983年の議会で通過した法令により徐々に引き上げられており，現在，1943年から1954年生まれの人々の年金受給開始年齢は66歳に引き上げられ，1960年以降に生まれた者は段階的に67歳に引き上げられている過程にある。

また，早期退職による社会保障年金の受給が62歳から可能であることは法改正後も維持されているものの，受給額は大きく減額される。今後，受給開始年齢が67歳に引き上げられる時には，62歳で年金の受給を開始した場合の受給額は，67歳から受給した場合の全額受給の70％にまで引き下げられ，65歳で受給を開始した場合は，86.7％まで引き下げられる。一方，受給開始年齢を遅らせた場合は，逆に受給額の増額の特典がある。2015年に受給年齢の66歳に達する者が，1年遅らせる毎に8％の追加受給を受けることができる。もし，70歳まで受給開始を遅らせた場合，受給額は32％の増額となる。これは額に換算する

と，70歳まで受給を待った高齢者は，2015年時点で，約3,500ドルを受給する計算である。

　公的な社会保障年金に対して，企業年金も退職後の安定的な生活を維持する上で重要な役割をもっている。企業年金には，確定給付型企業年金プラン（Defined Benefit Plan）と，確定拠出型企業年金プラン（Defined Contribution Plan）があり，給付型企業年金は，米国において伝統的な企業年金であり，勤続年数や給与額などから算出された給付額を加入者に対して保障するものである。一方，拠出型年金プランはいわゆる，401（k）と呼ばれ，日本においても2001年から始まった確定拠出年金（日本版401kとも呼ばれる）は，これを参考にしたものである。拠出型年金プランは，加入者と企業が拠出する，運用方法を加入が選択する等，個人が年金運用に関して主体的に関わる年金プランである。いずれの年金においても，株式市場に影響を受け，特に2000年以降，米国においては年金の積み立て不足が問題となりその後さまざまな法改正がされている。所得格差の問題などもあり，こうした企業年金の恩恵を受けられない層や，運用の失敗により十分な年金を受け取れなかった労働者も多く，公的な社会保障年金制度の確保や拡張による安定した老後の生活保障は，現在のアメリカ大統領候選においても重要なテーマの一つとなっている。

（2）高齢者を対象とした労働政策

　2014年7月22日，オバマ大統領により署名され，2015年に施行されたWIOA（Workforce Innovation and Opportunity Act）は，労働省（Department of Labor），教育省（Department of Education），保健福祉省（Department of Health and Human Services）の連携により運営される労働政策として位置づけられている。

　WIOAは，求職中の人や就労中の人々が，労働市場において希望に沿った就労ができ，さらには雇用主がグローバル経済の中で求める能力や資質を備えた労働者を雇用できるように，就職の紹介，教育，職業訓練などの支援サービスを利用することができるようにするものである。

　WIOAは，1998年に制定された労働力投資法（Workforce Investment Act）や1933

第11章　就労形態の変化と多様な支援プログラム

年に制定されたワグナー・ペイザー法（Wagner-Peyser Act）等，それまで雇用制度や支援の中心的役割を果たしてきたいくつかの法令を修正，またはとって代わるものであり，15年ぶりの一般市民のための公的な雇用や訓練に関する新法令である（Department of Labor Employment and Training Administration 2016）。

　また，全米各地に設置されているAmerican Job Center（以前はOne-Stop Career Centerと呼ばれていた）といわれる職業支援センターは，求職活動をさまざまな形で支援する，総合支援センターである。労働力投資法（Workforce Investment Act）によって設立されたWIB（Workforce Investment Board）により管理され，職業訓練，カウンセリング，求人紹介等を行っている（Department of Labor 2016）。前述のとおり現在根拠となるWIAはWIOA法に移行されている。

　求職者や就労中の市民は，最寄りのセンターにて直接サービスを受けたり，またオンラインでのサービスも提供をしている。2016年4月現在，およそ2,500のセンターが開設されており，1648のComprehensive（総合センター）と，820のAffiliate（提携センター）の2つのタイプのセンターがある（Careeronestop 2016）。総合型のセンターでは，雇用と職業訓練に関するさまざまなサービスが提供されており，提携型のセンターは，総合型の一部のサービスを提供するセンターである。

　このようなセンターは全世代に対応したものであるが，高齢者に対しての就労支援は十分でないという指摘もある。2010年の利用者のうち55歳以上は11.6％であり，特に技術や学歴の低い高齢者に対して十分な職業訓練や就労先の紹介を提供できていないことが指摘されている（Harootyan & Sarmiento 2011）。今後，高齢者人口が増え，高齢者の就労人口も増加する中，こうした就労支援に関する仕組みが，より細かな高齢者のニーズに合った訓練プログラムや就労先を提供することが重要になってくると考えられる。

（3）高齢労働者に対する公的支援

　高齢者地域社会サービス雇用事業（Senior Community Service Employment Program：SCSEP）は，就労や就労訓練を求める高齢者を対象とした唯一の連邦政

府のプログラムである。このプログラムは OAA (Older American Act) の Title Vに基づき承認されたもので，SCSEPは，1965年，経済機会局(Office of Economic Opportunity) により助成を受けた試験的な取り組みとしてスタートした経緯がある。SCEPのミッションは，助成金によりコミュニティサービスの訓練を提供し，民間雇用につなげることと，参加者自身と彼らが支援するコミュニティをより良くすることである (Cummins et al. 2015)。

　SCSEPの参加者は，地元の非営利団体や，地域のさまざまな支援サービスを提供する公共団体において，最低賃金でパートタイムの仕事をしている。この体験をもとに多くの高齢参加者は，その後の就労先を見つけるために必要な準備を可能にしている。2010年において，約12万7,000人の参加者が，約6,000万時間の地域貢献サービスに従事したとされている。その合計の32万5,000人の参加者が，1,500万時間分の賃金を，高齢者のための栄養プログラムや，高齢者施設他の団体で高齢者を支援する作業に従事することによって得たとされている (Senior Service America Inc. 2016)。

　米国労働省は，SCSEPのプログラムを管理運営しており，15の非営利団体に助成金を出し，それら団体が56の州においてSCSEPを運営している。

　SCSEPに参加するには，55歳以上であること，アメリカにて合法的に働くことができること，また連邦政府が定めた貧困レベルの125％を超えない世帯収入であることが条件となっている。このような世帯収入の制限は，他の連邦政府プログラムや助成をしている活動にもみられ，アメリカの特徴の一つであるといえる。つまり，裕福な高齢者に対するプログラムではなく，日々の生活に困窮している状態にある高齢者を対象としたものであり，単なる就労支援ではなく，生活困窮高齢者対策の一つであるといえる。2013年の参加者では，19％が高校卒ではなく，88％が連邦政府が定める貧困レベルかそれ以下の世帯収入しかなく，87％は就労に関する見込みや展望が低く，19％が低い識字力であったという報告がある (Cummins et al. 2015)。2016年の連邦政府が定めた貧困レベル基準は，世帯人員が一人の場合，年間収入が1万1,880ドル以下の場合，また世帯人員が4人の場合は2万4,300ドル以下が貧困に該当するとされてい

る（Department of Health and Human Services 2016）。

　このSSCEPの運用は，前述のように非営利団体等に運用が委託され，全米各地でプログラムが展開されている。その運用団体の一つであるSSAI（Senior Service America Inc.）は，SCSEPの他にもさまざまな高齢者向けのプログラムを運営している非営利団体の一つである。SSAIは，低所得者と支援を必要とする高齢者が自身の生活と住む地域に関しての将来について完全に決定できることを可能にすることに貢献することを目的とした団体である。SSAIは，ワシントンDCにある非営利団体として活動しており，1961年に発足した全米高齢者協議会をきっかけに設立した組織である。

　現在，SSAIは，最も中核の活動として実施しているSCSEPのほか，Digital Inclusion Initiative, The Senior Environmental Employment Program, The Agriculture Conservative Experienced Services Program等を実施している。

　Senior Environmental Employment Programは，米国環境保護庁（Environment Protection Agency : EPA）によるプログラムで，SSCEPと同様にNPO団体等に委託され管理運用されている，高齢者がEPAによる環境保護の活動に有償で参加するプログラムである。仕事の内容としては，各地域のEPAの事務的業務から，化学物質を扱うエンジニア，環境保護の査察官など多様な仕事に就いている。業務の内容によって4つに分けられた賃金体系があり，レベル1の1時間当たり7.27ドルからレベル4の1時間当たり12.72ドルの報酬を受ける。

　Agriculture Conservation Experienced Services（ACES）Programは，55歳以上の高年齢者に対して，米国農務省（US Department of Agriculture）により実施されているプログラムである。農地の保全計画や，相談業務，保全業務の計画や実施等の支援を週16時間から40時間の間で行っている。前述のSEEPと同様に，業務の内容により賃金体系が決められており，レベル1の基礎的な仕事は11.33ドルから，レベル4の専門的な仕事の場合は1時間30.80ドルの報酬となっている。

　このように，SCSEPを中心とした高齢者の就業プログラムが，長年連邦政府からの委託により，地域の非営利団体などが運用にあたっている。事例に挙

げた Senior Service America Inc.のような非営利団体は，こうした高齢者のプログラムを各地で運用しているが，特に近年格差の問題は高齢層でも広がっており，これまで以上の財政的支援を必要としている。SCSEPの運用については，若い世代はより専門的な職業訓練を受ける傾向が高齢者に比べてあり，また高齢者の職業訓練の参加割合が低いことから，特にこうした職業訓練が本当に必要な高齢者層，特に貧困層や教育レベルが低い層が必ずしもプログラムに参加していないという指摘もある（Cummins et al. 2015）。

　地域社会に元気でいつまでも働き続けたいと願う高齢労働者が増加する中で，十分な社会保障や年金をもたず貧困に苦しむ高齢者が増加している。こうした，同じ年齢層の中でも大きな格差に直面するアメリカにおいて，政府が援助するさまざまなプログラムが財政難に直面している。生活が不安定な人口が急増することはさまざまな社会的な問題の原因になることからも，より効果的な支援プログラムが求められる。高齢者の雇用そのものに対する偏見や世代間意識の格差，人材と仕事のミスマッチングなど，労働環境においては，若い世代の経営者や管理者の十分な意識改革や，高齢者を活かす新しい経営管理の構築が課題であると考える。次節では，こうした課題に対する視点について紹介する。

4　高齢労働者を活かす職場づくり

　Coleman（2015）は，日米を含めさまざまな国の高齢労働者をインタビューした調査に基づいた彼の著書 *Unfinished Work* の中で，「高齢労働者にとって良い条件とは，つまり全ての人にとって良い条件である。なぜなら，高齢労働者とは我々全てのことだから」と指摘している。これまでのように高齢労働者vs若い労働者という視点ではなく，高齢労働者が増えている現状に対してどのように企業や社会が向き合っていくのか。また，どのような研修やマネジメントが高齢労働者を含めた職場環境に必要なのかを考えていくことが必要である。高齢労働者が増えている現状は，高齢者の健康寿命が延びているということも合わせると，これまでにはない新しい職場環境や経営上の価値観の創造が

必要である。こうした過程において重要なことは，若い世代の経営者や管理職が，高齢者をどのように活かしていくべきなのか，「自身のこと」として考えることが問われていると思われる。

　高齢労働者は，求職から職場での仕事においてさまざまな課題にぶつかることが多い。若い労働者が面接においては，高齢者より優遇されていたり，働く中で様々なエイジズムや不当な扱いを受けていると感じる高齢労働者は多い。しかし，こうした状況は，高齢者がより適切にその能力を活かせるようにするマネジメントによって好転させることができる。高齢労働者は若い労働者と比べて決してコストが高いわけでもなく，仕事のさまざまな面で若い労働者よりも高い能力を示すことができる（Cappelli & Novelli 2010）。

　近年，アメリカにおいては，増加する高齢労働者をどのようにマネジメントすべきかという視点でさまざまな著書や文献が登場している。日本の労働市場においても，高齢者雇用が増加する中で経営者や管理者にとって有意義な示唆も多いので紹介したい。

（1）高齢労働者を雇用するメリット

　高齢労働者については，職場でのマネジメントの観点から近年さまざまなメリットが指摘されている。Giang（2013）は，高齢者を採用すること，雇用を維持することは，以下の点において利点があるとしている。第1に，高齢労働者は，リーダーシップスキルに優れているとされている。これは，高齢労働者は，一般的にコミュニケーション力が若者よりも高く，職場でもリーダーに求められる周りや上司とのコミュニケーションが円滑になり，結果的に作業もより効率的になることが考えられる。

　第2に，高齢者はすでにそれまで長年にわたり働いているため，若い労働者ほど，条件の良い転職先を求めていないことが指摘されている。ピューリサーチセンターの調べでは，65歳以上の高齢労働者の約54％は，お金のためではなく，働きたいから働いているとされている。高齢労働者は，働きたいという気持ちそのものが動機になっていることから，若い労働者のように転職し続けた

りはしないだろうと Giang（2013）は指摘している。ピューリサーチセンターによると、アメリカの65歳以上の54％が、現在の仕事に満足していると回答している。一方、16歳から64歳では29％にとどまっている。

　日本の内閣府は、2010（平成22）年まで5年おきに高齢者に関する国際比較調査を実施している。この中で、働いている理由についても聞いているが、日本の高齢者はアメリカ、韓国等の他の国と同じように、「収入を得るため」が最も回答としては多い。しかし、2010年の調査まで、アメリカの高齢者は、2番目に「仕事そのものが面白いから、自分の活力になるから」とした回答が日本と比較しても常に高く、2010年調査ではアメリカ34.3％、日本20.7％という結果が出ている（内閣府 2010）。一方、日本の傾向として、高齢者が働いている理由とし「働くのは体によいから、老化を防ぐから」と回答した割合が高く、2010年では日本25.8％、アメリカ13.7％という結果である。

　第3に、高齢労働者は、仕事に満足している傾向が高いため、長く同じ仕事に就く傾向がある。つまり、高齢労働者は、会社に対して忠実な傾向がある。高齢労働者の現雇用主との契約期間は、10.2年と高いことが報告されており、55歳から64歳では、9.9年、45歳から54歳では7.6年とされている。

　第4に、高齢労働者は、労働倫理が高い。同じくピューリサーチセンターの調査によると、10の回答のうち6の割合で、若い労働者と高齢労働者の間で、労働倫理が最も大きな違いがあるものとして挙げられたとしている。高齢労働者の大きな特徴として、高い倫理観が指摘されている。

　最後に、高齢労働者は、強いネットワークをもっているとされている。ボストンカレッジの Center on Aging and Work によると、46.3％の雇用主は、高齢労働者は仕事関連の強いネットワークを保有していると回答しており、若い労働者に関しては、こうしたネットワークをもっていると回答した雇用主は30％にとどまる。

（2）高齢労働者のマネジメントに求められるポイント

　Cappelli & Novelli(2010)は、高齢労働者の管理におけるいつくかのミスマッ

チを指摘している。第1に，高齢労働者は，昇進のための競争に関して，若い労働者ほど関心がないにもかかわらず，昇進を働く動機づけにした管理をしようとしている風潮がある指摘する。すでに管理職としてさまざまな経験をした高齢労働者からしてみると，そうした昇進に対する競争やその管理でいやな経験をこれまでしている。また，そうした管理職の経験がない高齢者にとってみると，その年齢における昇進のための競争への参画は全く優先順位として低いことである。

第2に，高齢者に対する報酬による働きの動機づけである。高齢者にとっても当然収入は重要なことではあるが，若い労働者ほど，そうした報酬に動機づけは効果的ではないということを管理職は理解すべきであるとしている。家のローンや，子どもの大学の資金など，人生における大きな支出を終えた高齢労働者にとって，報酬をちらつかせた管理方法は，必ずしも良い生産性や結果をもたらさない。

最後に，解雇されるかもしれないという恐怖心をあおる管理方法も間違っていると指摘している。高齢労働者は，こうした解雇に対する恐怖心は少なく，どちらにしても長く働く意思が若い労働者ほどないので，こうした管理方法も効果的なものとはいえない。

このように，高齢労働者に対しては，若い労働者に対して通じるかもしれない管理方法は有効ではないにもかかわらず，多くの経営者や管理者は間違った手法をとっているのが実態である。

高齢労働者にとって重要なことは，その企業や団体の明確な目的を示し，またそれが社会や地域にとってどのような意味をもつか伝えることであったり，同僚や社外の顧客などとの社会的な関係性を重視した仕事の与え方をすること，さらには生活と仕事をうまくバランスがとれるようなスケジュールなどの配慮することである（Cappelli & Novelli 2010）。

5　就労の選択肢増加の可能性

　アメリカの高年齢労働者は，男女ともに着実に増加している。その背景には，ベビーブーマー世代というこれまでアメリカ社会を牽引してきた大きな人口層の存在もさることながら，健康的にもそれまでの高年齢者にはない，元気でいつまでも働き続けたい動機を強くもっている人たちが増えていることがある。しかしながら，日本と同様，今後増大する社会保障に関するコストの増加や，景気に大きく左右される年金制度，また教育格差による経済格差の問題など，さまざまな課題を抱えている。現在進行中の大統領選においてもこうした格差の問題は大きなテーマでもあるが，社会保障を充実させよという声と，より小さな政府と個人による自由の拡大に，大きく二分されている現状もあり，結果によってはより格差は拡大する可能性を秘めている。

　近年，労働に関する法改正や制度改革がさまざまな形で進展しており，よりICT化したサービスや，きめ細やかなサービスがAmerican Job Centersをはじめ地域で提供されれば，高齢者に多様な就労への選択肢が増えるであろう。

参考文献

厚生労働省（2016）「2015 海外情勢報告」Retrieved from http：//www.mhlw.go.jp/wp/hakusyo/kaigai/16/（Date Accessed March 20）。

内閣府（2010）「平成22年度第7回高齢者の生活と意識に関する国際比較調査（全体版）PDF形式」。Retrieved from http://www8.cao.go.jp/kourei/ishiki/h22/kiso/zentai/index.html（Date Accessed April）。

Cappelli, P., & Novelli, W. D.（2010）*Managing the older worker : how to prepare for the new organizational order*, Harvard Business Review Press.

Careeronestop（2016）American Job Center Info. Retrieved from.（http://www.careeronestop.org/localhelp/local-help.aspx, Date Accessed April 5）

Cohn, D. V. & Taylor, P.（2010）Baby Boomers Approach 65-Glumly（Date Accessed April 15）.

Coleman, J.（2015）*Unfinished work : the struggle to build an aging American work-*

force, Oxford University Press.

Cummins, P., Harootyan, B. & Kunkel, S.（2015）"Workforce Development in the United States : Facilitating Opportunities to Work at Older Ages" *Public Policy & Aging Report* 25(4), pp.150-154. doi : 10.1093/ppar/prv023

Department of Health and Human Services（DOHHS）（2016）Poverty guidelines. Retrieved from https://aspe.hhs.gov/poverty-guidelines（Date Accessed April 5）

Department of Labor Employment and Training Administration（DOLETA）（2016）Administration WIOF Overview. Retrieved from https://www.doleta.gov/WIOA/Overview.cfm（Date Accessed April 5）.

Department of Labor（DOL）.（2016）American Job Centers（One-Stop Centers）. Retrieved from http://www.dol.gov/general/topic/training/onestop（Date Accessed April 5）.

Fogg, N. P. & Harrington, P. E.（2011）"Rising Demand for Older Workers Despite the Economic Recession : Accommodation and Universal Design for the New American Workforce" *Public Policy & Aging Report* 21(1), pp.11-17. doi : 10.1093/ppar/21.1.11

Giang, V.（2013）5 Good reasons to hire older workers. Retrieved from https://www.americanexpress.com/us/small-business/openforum/articles/5-good-reasons-to-hire-older-workers/（Date Accessed April 15）.

Harootyan, B. & Sarmiento, T.（2011）"The Future for Older Workers : Good News or Bad?" *Public Policy & Aging Report* 21(1), pp.3-10. doi : 10.1093/ppar/21.1.3

Lee, M. A. & Mather, M.（2008）U.S. Labor force trends. *Population Bulletin*. Retrieved from http://www.prb.org/pdf08/63.2uslabor.pdf（Date Accessed April 15）.

Rix, S.（2015）The employment situation, March 2015 : Employment Growth Slows. *Fact Sheet*. Retrieved from http://www.aarp.org/content/dam/aarp/ppi/2015/the-employment-situation-march-2015.pdf（Date Accessed April 15）.

Senior Service America Inc.（2016）Senior Service America Our program. Retrieved from http://www.seniorserviceamerica.org/our-programs/（Date Accessed April 5）.

（倉岡正高）

第12章 シームレスな社会参加における就労
——地域包括ケア時代の働き方とは

1　地域包括ケアシステムの実現へ向けて

　日本は，諸外国に比類ないスピードで少子超高齢化が進行している。65歳以上の人口は，現在，人口の約4分の1にあたる3,000万人を超えており，2042年の約3,900万人でピークを迎え，その後も，75歳以上の人口割合は増加し続けることが予想されている。

　このような状況の中，約800万人を占める団塊の世代が75歳以上となる2025年以降は，国民の医療や介護の需要が，さらに増加することが見込まれている。

　このため，厚生労働省においては，2025年を目途に，高齢者の尊厳の保持と自立生活の支援の目的のもとで，可能な限り住み慣れた地域で，人生の最期まで自分らしく暮らし続けることができるよう，地域の包括的な支援・サービス提供体制「地域包括ケアシステム」の構築を推進している。

　地域包括ケアシステムにおいては以下の5つの構成要素が明示されている。つまり，「介護」「医療」「予防」という専門的なサービスと，その前提としての「住まい」と「生活支援・福祉サービス」が相互に関係し，連携しながら在宅の生活を支えるというものである。

(1) すまいとすまい方

　生活の基盤として必要な住まいが整備され，本人の希望と経済力にかなった住まい方が確保されていることが，地域包括ケアシステムの前提である。また，高齢者のプライバシーと尊厳が十分に守られた住環境が必要とされている。

（2）生活支援・福祉サービス

　心身機能の低下，経済的理由，単身・高齢者のみ世帯の増加など家族関係の変化といった高齢者が直面する現状においても尊厳ある生活が継続できるよう，日常生活の支援を行う。生活支援には，食事の準備や掃除等，サービス化できる支援から，近隣住民の声かけや見守り等のインフォーマルな支援まで幅広く，担い手も多様である。生活困窮者等には，福祉サービスの提供も行う。

（3）介護・医療・予防

　個々人の抱える課題に合わせて「介護・リハビリテーション」「医療・看護」「保健・予防」が専門職の連携によって一体的に提供される。ケアマネジメントに基づき，必要に応じて生活支援と一体的に提供される。

（4）本人・家族の選択と心構え

　単身・高齢者のみの世帯が主流になる中で，在宅生活を選択することは，本人らしさという自主・自由が約される一方で，責任やリスクを伴うことも事実である。こうした在宅生活の正負両面を本人や家族が理解し，在宅生活への心構えをもつことが重要である。以上の地域包括ケアシステムの5つの構成要素に加えて，厚生労働省は，「自助・互助・共助・公助」の支援の必要性を明示している。

　費用負担による区分の観点から，「公助」は行政サービスなど税による公の負担，「共助」は介護保険などリスクを共有する人同士（被保険者）の負担であり，「自助」には「自分のことを自己責任の下で行う」ことに加え，市場サービスの購入も含まれる。これに対し，「互助」は相互に支え合っているという意味で「共助」と共通点があるが，費用負担が制度的に裏づけられていない自発的なものとされる。

　次に，時代や地域による違いの観点から，2025年までは，全国的に高齢者の一人暮らしや高齢者のみの世帯がより一層増加する。それに伴い，「自助」「互助」の概念や求められる範囲，役割が新しい形になる。たとえば，都市部では，

第Ⅲ部　高齢者の就労支援を支える体制

図12-1　「自助・互助・共助・公助」からみた地域包括ケアシステム

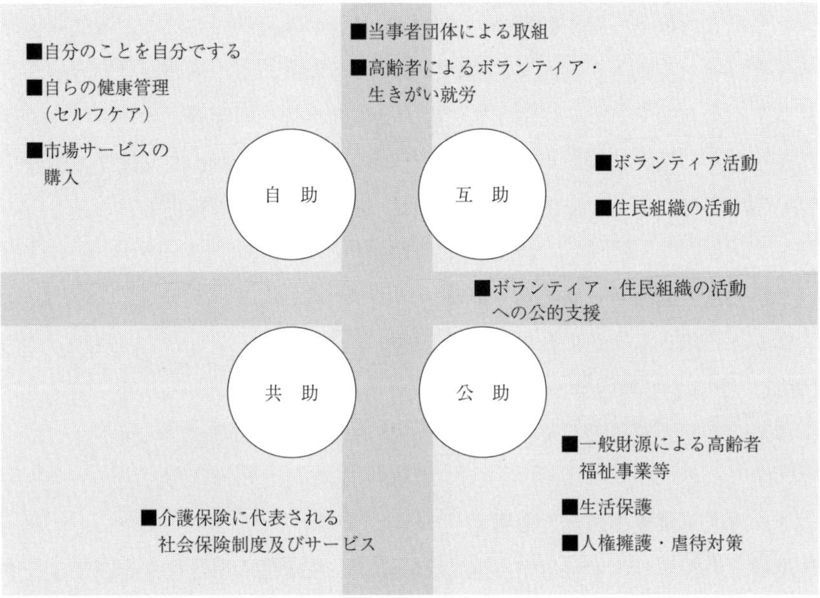

自助
- ■自分のことを自分でする
- ■自らの健康管理（セルフケア）
- ■市場サービスの購入

互助
- ■当事者団体による取組
- ■高齢者によるボランティア・生きがい就労
- ■ボランティア活動
- ■住民組織の活動

共助
- ■介護保険に代表される社会保険制度及びサービス

公助
- ■ボランティア・住民組織の活動への公的支援
- ■一般財源による高齢者福祉事業等
- ■生活保護
- ■人権擁護・虐待対策

出所：厚生労働省HP（http://www.mhlw.go.jp/seisakunitsuite/bunya/hukushi_kaigo/kaigo_koureisha/chiiki-houkatsu/dl/link1-3.pdf, 2016年7月20日アクセス）。

　強い「互助」を期待することが難しい一方，民間サービス市場が大きく「自助」によるサービス購入が可能であろう。一方，都市部以外の地域は，民間市場が限定的だが「互助」の役割が大きくなるであろう。いずれにせよ，少子高齢化や財政状況から，「共助」「公助」の大幅な拡充を期待することは難しく，「自助」「互助」の果たす役割が大きくなることを意識した取り組みが必要である（図12-1参照）。

　特に，「自助」「互助」に加えて，介護福祉業界を含む労働力人口の減少への対応という側面から，「共助」「公助」においても高齢者の就労は期待される。

図12−2　日本型生きがいの概念図

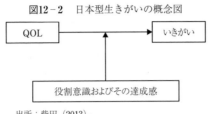

出所：柴田（2013）。

2　就労についての日本人の価値観と退職後サラリーマン層の活用

　いずれにせよ，地域包括ケアシステムを構築する上で，サービスの受け手及び担い手ともに地域住民の最大多数を占める高齢者がその中心的役割を担うことになる。さらには，1950年代以降，激増したいわゆるサラリーマンをはじめとする退職後ホワイトカラー層は社会貢献活動においては有償の活動を志向することが先行研究から示されている（小林・深谷 2005）。今後，超高齢化が著しく進む大都市部において，社会貢献の中心を担うべきこれらホワイトカラー層を社会貢献プログラムへと勧奨する方策を考える上で，まずは就労を含む有償活動のあり方について検討すべきである。
　少子高齢社会に向けた老年学の流れの中でいち早く「これからの研究はQOL（生活の質）の研究からProductivity（社会貢献）の研究に舵を切り直していくべきである」ことを強調したシバタ（Shibata 1997：5）は，欧米社会においてはQOLと社会貢献が容易には融合せず，各々独立した概念として扱われてきたことに関心を抱いていた。日本における「生きがい」ではQOLとProductivityの概念が融合していることを指摘している（表12−1，図12−2）。
　さらに，柴田の仮説によると，「欧米人の文化は罪の文化であり，日本文化は恥の文化である」ことに論拠を示している。ここでいう罪は旧約聖書の創世記における原罪のことである。旧約聖書はユダヤ教，キリスト教，イスラム教といった旧約聖書の影響を受けた国民の中には，有償労働は人生の手段あるいは必要悪であり，本当の幸せは休息や祈りの中にあるという精神文化が潜在す

表12-1　Productive な活動の分類

1	有償労働（自営も被雇用もふくむ）
2	無償労働（家内工業や農業への従事の他，家事労働や育児もふくむ）
3	組織的なボランティア活動（教育，労働組合，地域組織の一員としての無償労働）
4	相互扶助（組織，グループ，個人レベルでの無償互助）
5	保健行動（self-care）

出所：柴田（2013）。

る。一方，日本人をはじめ旧約聖書の影響を受けていないアジアやアフリカ諸国の文化には，有償労働に対する罪悪感はなく，むしろ，有償労働に生きがいを見出しても不思議ではない。

また，内閣府（2015）が行った高齢者（60歳以上）の意識の比較についての「2015年度第8回高齢者の生活と意識に関する国際比較調査結果」において「就労の継続を希望する理由」が尋ねられている。日本の高齢者は「働くのは体によいから，老化を防ぐから」とする割合が24.8％と，アメリカ14.9％，ドイツ14.8％，スウェーデン16.9％と比較して高い。

就労が健康に及ぼす影響に関する先行研究のレビューは南・藤原（2015）に譲るが，就労を高齢者の社会貢献の一つの柱と位置づけることは，とりわけ，日本をはじめとする東アジア諸国における高齢者施策を論じる上で必要不可欠と考えられる。

少子高齢社会が進行する日本では，高齢者は健康や社会経済的側面から最大多数の弱者となり得る。一方で，円滑な多世代共生社会の実現を目指す上では，就労やボランティアといった有償・無償の社会貢献の担い手としても期待される。シュロック（Schrock 1980：1-17）は，高齢者の健康度を生活機能の側面からみた分布を示した。高齢期における健康度の推移は加齢に伴うライフコースといえる。そこで，筆者はその分布図をもとに，ライフコースに応じた社会参加活動の枠組みを体系的に示した（図12-3）。これまで社会参加・社会貢献に関する研究の大半は，多様な社会参加・社会貢献プログラムの効果を，介入前後の数日ないし，数カ月間評価するにとどまることが多い。

本来，社会参加・社会貢献とは長い人生の中で徐々に対象や形態を変えながら

図12-3　高齢者の生活機能（＝健康度）による分布と社会参加・社会貢献活動の枠組み

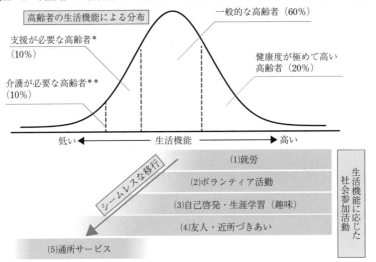

注：*, **は生活機能による一般的な分布であり介護保険における要介護認定基準の「要支援」「要介護」とは異なる。
出所：藤原（2014：17）。

らシームレスに継続されていくべきものである。本章では，社会参加・社会貢献について単一のプログラム評価に終始することなく，ライフコースに応じた研究のあり方について整理してみたい。

3　高齢者の多重役割と社会参加・社会貢献のステージ

　社会参加・社会貢献活動とは，本来多種多様であり，一元的に価値づけされるべきものではない。また，私たちは単一の社会参加・社会貢献活動のみに従事しているわけではなく，重層的に参画している。たとえば，定年退職後に，非常勤職員として，元の職場に週3日勤務し，後輩の育成に励むとともに，週2日は，地元小学校の周辺で通学児童の見守りボランティア，日曜日の朝は，地域の剣道教室に参加して，子どもから長老まで幅広い年代の剣士と汗を流すといったアクティブシニアもいる。

このように，一人の人間が多くの社会的な役割を担うことについての概念は，社会学領域においては多重役割理論として知られる。多重役割理論においては，従来は現役世代である青壮年層が仕事や家事・育児といった家庭の内外で複数の役割を担うことの心身の負荷・ストレスの多寡が議論された。この中で，60歳以上の世代に着目した研究は，アメリカにおける全国調査が有名である。この研究においては，就労，ボランティア，家事，家族としての役割が多いほど生活満足度，自己効力感や抑うつに対して好影響がみられることが示された（Adelman 1994：277-285）。

さらに近年では，老年学領域において，退職後世代の社会参加のあり方や，町会や自治会などの地域組織が空洞化する中で，地域活動の担い手として，また，人口減少社会における労働力として，高齢者こそが多重役割研究の対象となるにふさわしいと考えられるようになってきている。

高齢期の望ましい生き方を「サクセスフル・エイジング」と呼び，柴田（2002：152-154）はその条件を，①長寿，②高い生活の質，③社会貢献としている。

特に，第3の条件である社会参加・社会貢献は，生産性の側面からとらえて前述のとおり productivity（社会貢献）と称される（Rowe & Kahn 1997：433-440）。

日本では，前述の通り，安息よりも仕事をもつことが美徳であり，健康の源とする文化的背景が根強い。そして，仕事など何らかの社会的役割をもって，それを果たす達成感こそが，いわゆる「生きがい」であると考える傾向がある。したがって，社会的役割を喪失し，社会的に孤立することは，高齢者の心身の健康までも蝕むのではないかと危惧される。

本章では，まず高齢者の社会参加・社会貢献を，productivity の理論に基づき操作的に①就労，②ボランティア活動，③自己啓発（趣味・学習・保健）活動，④友人・隣人等とのインフォーマルな交流，⑤要介護期のデイ（通所）サービス利用の5つのステージを定義する。

高齢者の社会参加・社会貢献のステージは重層的であり，求められる生活機能により高次から低次へと階層構造をなす。たとえば，金銭的報酬による責任

が伴う就労を第1ステージとすると，就労が困難になった者の主な社会参加のステージは，次に原則として無償の社会貢献である第2ステージのボランティアへ移行する。他者への直接的な貢献に負担を感じるようになると，第3のステージである自己啓発（趣味・生涯学習）活動へと移行する。趣味・稽古ごとといった自己啓発活動は，原則として団体・グループ活動である。さらに，生活機能が低下すると，これらの制約に縛られない第4ステージの友人・知人などとの私的な交流や近所づきあいへと移行することが望ましい。さらに，要支援・要介護状態に進むと，受動的な社会参加も可能である第5ステージの通所サービス（デイサービス）や地域のサロン，カフェの利用へと移行する。

　こうした移行のプロセスは，社会的責任とそれに伴う活動継続における難易度という視点からも妥当であると考えられる。ここで，③自己啓発における保健行動についてであるが，本来，自分自身のための健康づくりや疾病予防の活動が，なぜ社会参加・社会貢献活動と位置づけられるのか，若干の違和感をもつ読者も少なくないと推察される。しかし，高齢者が可能な限り元気で自立生活を延長すること，つまり健康寿命を延伸することは，一つにはその家族にとって，看病や介護の負担を強いられることなく家族の productivity を後押しできるという直接のメリットがある（Kahn 1983：750-757）。公的介護保険が適応される日本においても，子ども世代が介護のために早期退職をせざるを得ないニュースが散見される世情を鑑みると，高齢者が元気でいてくれることの意義は実感されよう。

　一方，社会保障費の世代間格差についての論争は，小泉内閣下の2001（平成13）年に「改革なくして成長なし」と題した年次経済財政報告において，個人の生涯を通じた受益と負担（世代会計）の観点から，60歳以上の世代が5,700万円の受益超過であるのに対して，40歳代以下の世代は負担超過であると発表されたことに端を発する。

　その後の推計からも，年齢が低くなるにつれて支払い超過の傾向にあることが指摘された（鈴木ら 2012）。このように，社会保障を通じた世代間の不均衡は，国民の間で無視できないことが明らかとなっている。ともすれば世代間対

立を招きかねない状況を少しでも打破するためにも，高齢者が健康寿命を伸ばすことにより productivity を維持することが期待されている。

4 社会貢献活動の新規参画・引退——その実態と予測因子

現実には，円滑に次の社会参加のステージへ移行することは容易ではなく，社会的役割の喪失や孤立・閉じこもりに陥る人も少なくない。本章の目的は，高齢者の社会貢献活動（就労・ボランティア）の新規参画・引退の実態とその予測因子を明らかにすることである。

そこで，私たちは首都圏の自治体A市と協働している追跡研究「CAPITAL-study」（初回調査T1：2008〔平成20〕年A市在住65歳以上高齢者2,427人を対象）において，T1時の性，年齢，就学年数，就労有無，ボランティア活動有無，年間収入，健康度自己評価，手段的日常生活動作能力，抑うつ度の評価尺度である Geriatric depression scale 短縮版（GDS-15）を郵送調査した。

次いで，4年後の追跡調査T2に回答した1,617人について，社会貢献活動からの引退・新規参画の状況とその予測因子について調べた。

その結果，就労引退群はT1時「就労あり」（n=468）の内，T2時「就労せず」（n=183, 39.1%），新規就労群はT1時「就労せず」（n=1149）の内，T2時「就労あり」（n=25, 2.2%）であった。同様に，ボランティア引退群はT1時「ボランティア活動あり」（n=241）の内，T2時「ボランティア活動せず」（n=156, 64.7%），新規ボランティア群はT1時「ボランティア活動せず」（n=1333）の内，T2時「ボランティア活動あり」（n=34, 2.6%）であった。さらに，多重ロジスティック回帰分析（交絡要因調整済）により，各群へと移行する予測因子を分析した結果は各々，年収300万円以上，年齢が1歳上がる度に，ボランティア活動への参加ありの人ほど就労引退しやすいことがわかった。また，女性に比べて男性の方が，年齢が1歳下がる度に新規に就労しやすかった。同様に，年齢が1歳上がる度に，抑うつ尺度（GDS-15）が1点悪化する度にボランティア活動を引退しやすく，男性に比べて女性の方が，抑うつ尺度が1点改善する

度に新規にボランティア活動に参加しやすいことがわかった。

　以上の結果を考察すると，高齢者の社会貢献の参画・引退要因として，性，年齢に加えて，就労については経済状況と次なる社会貢献の機会であるボランティア活動を行っていることが抽出された。さらに，ボランティア活動については，精神的健康の関与が示唆された。ライフコースに沿った高齢者の社会参加・社会貢献という視点から見ると，経済的にゆとりがなく，次なる社会貢献活動の受け皿といえるボランティア活動に参加していない人は，就労を継続しやすいことが示された。この種の人にとっては，就労を継続することは，家計の安定のみならず，社会参加の機会の維持，ひいては社会的孤立を予防する点で重要であると考えられる。

5　社会的孤立予防の三層の防御網

　高齢者の安心・安全な生活を守るには，地域において孤立化を防ぐ重層的な支援体制を構築することが重要である（藤原 2011b）。

　とりわけ，地域社会が希薄とされる大都市郊外の新興住宅地を中心に，独居や高齢者世帯を対象とした孤立予防の取り組みが推進されている。その柱として，①頻回かつ定期的な外出・社会活動への参加の促進によるフォーマルなネットワークづくり，②近隣や友人，別居家族との交流を通じたインフォーマルなサポート・ネットワークによる声かけ，見守り訪問活動による安否確認，③行政や民間サービスによる異変察知・緊急通報システムなど，ハード面の整備が強調されている。筆者は①から③を，それぞれ孤立の一次，二次，三次予防と操作的に定義し，孤立予防の三層の防御網（ディフェンスライン）とした（図12-4）。

　しかし現実には，これら孤立予防のはたらきかけに対して，個人情報保護や住民の無関心が障壁となる場合が増加しており，住民相互の信頼，規範，社会的サポート・ネットワーク，つまりソーシャル・キャピタルの醸成を基盤とする戦略・戦術が望まれるものの，画期的な成果は得られていないのが実情であ

図12-4 社会的孤立を予防する三層の守り

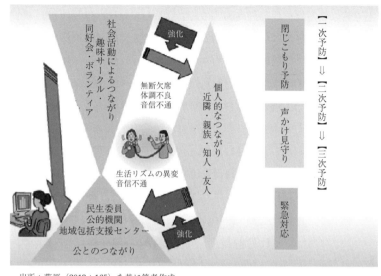

出所：藤原（2013：165）を基に筆者作成。

る。その結果，以下に述べるような孤立死の発生に至る事例もみられる。

（1）社会的孤立の終末像——孤立死

　近年，地域社会の抱える問題として，高齢者の孤立死が注目されている。孤立死とは，社会から孤立した結果，死後，長期間放置されるような死を意味する。人の尊厳を傷つけるような悲惨な終末像であるとともに，孤立死に至る背景には，貧困，健康問題をはじめ失業や離婚等，社会的な孤立を余儀なくされる状況を経ている場合が多いことから，公衆衛生上の深刻な問題ともいえる。孤立死とは，死亡から発見まである一定期間が経過している死亡を指すが，その期間について確立した定義は存在しない。したがって，全国における孤立死の発生確率あるいは発生件数についての正確な統計も存在しない。参考となるデータとして，東京都監察医務院が公表している資料によれば，東京23区内における一人暮らしで65歳以上の人の自宅での死亡者数は，2007（平成19）年以降2,000人を超えている（内閣府 2011）。ニッセイ基礎研究所の研究によると，

法医学的,社会経済的観点から死後の経過期間が「2日以上（上位推計）」「4日以上（中位推計）」「8日以上（下位推計）」という3段階の幅を用いて「孤立死」を操作的に定義している。同先行研究によると，2日以上の場合には，65歳以上の孤立死の発生確率2.95%，全国推計数2万6,821.3人であり，8日以上の場合には，発生確率0.97%，全国推計数8,604.9人である（ニッセイ基礎研究所 2011）。

　一方，孤立死のリスクを抱えていても支援を拒否する一人暮らし高齢者に対しては，行政サービスにも限界がある。また，1件の孤立死の発生により，その事後処理の経済的・人的負担，近隣住民相互に生まれる不信感や亀裂，集合住宅の場合には周囲の資産価値が下落する等，コミュニティ全体に及ぼす負の影響は大きい。さらに，東京都監察医務院の資料によれば，東京23区内における65歳以上高齢者が自宅で死亡している際の発見者として家族以外に，隣人，通行人，知人等が増加してきた（藤原 2009：図8-2）（図12-5）。

　よって，孤立死は地域生活を送る上で住民にとってより身近な事象であるといえる。こうした背景から，国も地方公共団体とともに総合的な取り組みに着手し，2007（平成19）年度から孤立死防止推進事業（「孤立死ゼロ・プロジェクト」）を推進してきた。その成果・指針は，2008（平成20）年3月には「高齢者等が一人でも安心して暮らせるコミュニティづくり推進会議（「孤立死」ゼロを目指して）」により報告されている（高齢者等が一人でも安心して暮らせるコミュニティづくり推進会議 2008）。その中で，日本においては，単身高齢者世帯や高齢者夫婦のみ世帯が急増しており，「孤立生活」はもはや特別な生活形態ではなく標準的な生活形態であることを認識すべきとしている。

（2）孤立死予防の戦略

　一方，孤立死の予防戦略の基本はコミュニティづくりであることはいうまでもない。前述の報告書においても，全国各地の先進事例を挙げながら，気軽に人との関わりやあいさつができる地域づくり，人が集まれる拠点づくり，適度な世話焼き（おせっかい）が可能な人間関係づくりを推奨している。また，予

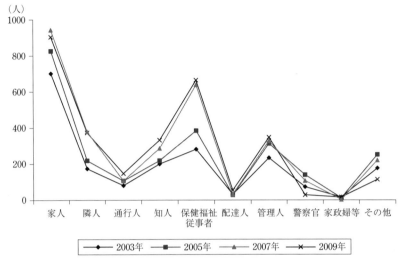

図12-5　65歳以上の独居高齢者の死亡発見者

出所：東京都監察医務院データ。

防的視点の重要性として，孤立死が発生する前に発見する高感度のコミュニティづくり，起こっても迅速に対応できるネットワークづくりを進めることが強調されている。

　つまり，孤立死の予防に向けた高齢者の安心・安全な生活を守るには，地域における重層的な支援が必須である。とりわけ，孤立死の前段階である社会的孤立状態をできる限り早期に発見し対処する上では，図12-4の「社会活動によるつながり」と「公とのつながり」をつなぐラインの強化に注力すべきである。「社会活動によるつながり」とは，ボランティア活動や趣味活動のサークルやグループのみならず，就業における職場のつながりやシルバー人材センターにおけるつながりや，さらには頻回に相談に訪れるアクティブシニア就業支援センター（第10章参照）等の求職紹介窓口も意味する。社会参加・社会貢献活動を行っている，ないし，行おうとしている高齢者であるから，原則として心身ともに健康であるはずだが，高齢者は本人のみならず，家族の健康・社会経済的問題など何らかのネガティブライフイベントに見舞われると，容易に

社会的孤立に陥る可能性がある。一方，就業やボランティアといった明確な目的をもつ集団が，このようなリスクに陥りそうな高齢者に対して，個別にケアし対応するには限界がある。つまり，職場の同僚や上司であれ，ボランティア仲間であれ，リスクをもつ高齢者が安心して本業に専念するためには，地域包括支援センター等公的機関と顔の見える関係でつながっていたいものである。逆に，地域包括支援センターは，地域のハイリスク高齢者を早期に発見したり，介護予防・孤立予防の啓発を行う上で，膨大な地域の高齢住民に個別にアプローチすることは不可能であり，社会活動の団体を対象に定例会やグループワークなどへアウトリーチすることにより，十人や数十人単位でアプローチする方が効率的であることはいうまでもない。

中でも，就業者や求職者の集団へのアプローチは，地域包括支援センターが日常に関係をもちやすい介護予防・健康づくりのボランティア団体が女性中心であるのに対して，男性とつながりをもちやすい点できわめて有効と考える。

6 地域包括支援センターは住民団体や地域資源と連携しているか

筆者は，地域包括ケアシステムにおける住民や地域資源との連携について解説する際に，城（地域）を守るための堅固な内堀と広大な外堀にたとえている。比較的，平易で一般的な地域の課題については，住民組織や地域資源とのネットワーク（外堀）で可能な限り対応してもらい，他領域にわたり専門性の必要な複合事例や困難事例への対応や，全体の情勢を見極め適切な戦術を繰り出す役割として，専門職や役所などの公的機関（内堀）が位置づけられる。果たして，この外堀，内堀ともにソーシャル・キャピタルを活かした戦術が機能しているであろうか。

そこで，筆者らは，地域包括ケアシステムにおける最重要案件であるとともに，就業もしくは求職高齢者においても重要な課題である認知症高齢者対策に着目した。認知症高齢者を支える地域のネットワーク（以下，NW）づくりは，地域包括支援センター（以下，センター）の喫緊の課題である。私たちの研究で

は，自治体によるセンターの NW 構築業務への支援のあり方に着目し，NW構築促進に有効な支援のあり方を検討した。

2015（平成27）年2月，東京都特別区の全センター事業所（直営を除く）の管理者を対象に質問紙を郵送し，188人（回収率65％）から回答を得た。主な調査項目は，認知症高齢者（疑いを含む）の把握と対応（以下，認知症支援業務）において，26の関連機関・人材からの協力の得やすさ（0＝協力関係なし，1＝非常に協力を得にくい～6＝非常に協力を得やすい）である。26機関・人材との連携状況の関連については，認知症高齢者の生活に特に密着していると思われる医療介護関連機関に加えて，市民後見人，弁護士・司法書士・行政書士，消費者センター（以下，権利擁護関連機関），早期把握に有効な情報提供や日常生活支援（買い物時の支払い支援等）が期待できるコンビニエンスストア，商店街，金融機関・郵便局，薬局（以下，地域の見守り・支援機関）との連携に着目した。各センターの権利擁護関連機関との連携得点，および地域の見守り・支援機関との連携得点のそれぞれの合計点を算出した。その結果，センターとの連携が最も進んでいる機関・人材は，居宅介護支援事業所をはじめとした医療介護関連事業所であり，高齢者の職場やシルバー人材センターを含め，日常生活により身近な団体・人材との連携が進んでいないことがわかった（野中ら 2015）。

7　高齢者雇用企業に対する訪問調査

高齢者の職場環境は，地域包括支援センターと直接つながることは，その重要性に反して，未だ想定されていない現状が明らかになった。それでは，地域包括ケアシステムの目標である，高齢者が住み慣れた地域でできる限り長く自立生活を営む上で，職場はどのような役割をもつのであろうか？

そこで，アクティブシニア就業支援センターで求人票を出している企業の内，13社に直接訪問し，高齢者雇用の状況，雇用している理由，課題などについて人事担当者に対するインタビューを実施した。以下に特徴的な3つの事例を紹介する。

第12章　シームレスな社会参加における就労

（1）企業からみた高齢者雇用の状況

1）A社（ホテル・マンション清掃業，従業員数約1,000名）

従業員全体の3割弱が60歳以上で構成され，待遇は基本的に若者と違いを設けていない。さらに国籍，障害の有無も関係なく採用している。それぞれに必要な特別な配慮については現場にすべて任せており，基本的に定められた仕事がこなせれば構わない。健康面がすべてだが，高齢者の中には，前職からの気持ちの切り替えができず現場に溶け込めない人もいる。

2）B社（高齢者向けデイサービス，従業員数約30名）

経営者自身も高齢（70歳）であり，高齢者の立場に理解がある。全体の3割が60歳以上で，雇用にあたって積極的に補助金を受けるよう試みている。看護・調理に関しては女性を，ドライバーでは男性を採用している。高齢者雇用の利点は，利用者との年代が近いため会話がはずみやすく，たとえば階段の上り下りのペースなども同じぐらいなので丁度いいと考えている。出勤状況も安定していて使いやすい。

3）C社（障害をもつ留学生の寮母，従業員数6名）

30代の事務局員一名以外すべて60歳以上。日本に来て間もない留学生のために寮で食事の準備や清掃を行っている。専門性を問わないが，自然な振る舞いや家庭の雰囲気づくりにより「日本のお母さん」としての役割を期待しているため，高齢者の方が望ましいと考えている。ただし週3日程度，泊まり込み勤務に対応ができないといけない。

（2）生きがいにつながる可能性──高齢者雇用企業に対する訪問調査から

A社は条件に適う作業労働の担い手を探した結果，高齢者に行きついた例であり，もし同じ条件でより作業能力の高い若者が応募していれば，高齢者は採用されない可能性が高い。こうした企業では，期待される労働が体力面でこなせなくなれば，雇用は継続されないということになる。しかし，警備やマンション管理などを手掛ける多くの企業は，こうした方針で採用を行っていると思われ，この就労支援施設における高齢者雇用企業の標準的な態度だと考えられる。

一方，採用数は少ないながら，B社，C社ではそれぞれ高齢者のメリットを考慮した採用になっている。共通する点は，小規模事業者であること，高齢者・障害者を対象とした福祉業務であること，経営者が高齢であり高齢者の良さをよく理解していることが挙げられる。賃金としては相対的にどちらも高いとはいえないが，これまで経験してこなかった福祉や社会的交流の現場に参画できれば，高齢者にとっても生きがいにつながる可能性がある。

8　地域包括ケアシステム時代における高齢者就労の方向性

　第10章のアクティブシニア就業支援センターにおける調査の結果，高齢求職者には孤立傾向があり，経済的にも困窮しており，精神的健康も低い人が含まれていることが知られている。日本では，生活保護受給者の中で高齢者の割合が最も高い。またそうした人は，年齢，経済状態，周囲の支援者の乏しさからいってさらに孤立傾向が高くなり，ついには孤立死へと至る可能性がある。そのため，こうした高齢者向けの求職支援施設では，仕事の紹介だけでなく生活一般に対する相談窓口であることが期待される。そうした人々にとって，就業支援施設の窓口は社会との重要な接点になるからである。これらの施設職員においては，そうした高齢者の孤立予防のゲートキーパーとなることが期待される。しかし，彼らに，限られた窓口接遇時間内で高齢者の福祉的専門対応を求めるのは厳しい。それには，孤立のハイリスク高齢者を接遇した際には，地域包括支援センターを直ちに紹介するといった連携，あるいは合同就職斡旋会等のイベントへ地域包括支援センターもアウトリーチして，求職者の生活の諸相談に応じるといった策も有効かもしれない。

　一方，高齢求職者の中でも比較的若く教育歴が高い集団において，適した仕事が見つけられないというミスマッチが生じている。同時にこうした高齢者には，オフィスワークや賃金だけでなく社会貢献や地域共生の価値を再認識してもらうことが本人の早期就業のためのみならず，地域包括ケアシステムの構築の側面からも期待される。たとえば高齢者にとって，競争環境の厳しい職場よ

りも社会福祉法人やNPOで働くことの方が受け入れやすい。実際、そうした職場では人員が慢性的に不足している。

たとえば、筆者らは、東京都内2区のアクティブシニア就業支援センター（第10章参照）を利用する高齢求職者を対象に希望職種と実際に就職した職種の差異の実態を調べた。2013年1月以降、同センターの初回来所者に対して、初回調査では基本属性、生活状況、社会活動、健康状態、求職理由・状況、希望職種等を尋ねた。その後、1年間に6回（2週後、6週後、14週後、26週後、38週後、50週後）の郵送自記式縦断調査を行った。研究協力者235名（男62.1％、平均年齢63.7歳）の内、初来所時に完全に無職の人は170名（男性107名、女性63名、平均年齢63.3歳、SD5.4）であった。その中で、38週以内に就職が決まったのは133名（全体78.2％、男性74.5％、女性85.7％）であった。男性の希望割合が高い職種は清掃（28.3％）、製造（24.8％）、管理的業務（22.1％）であったのに対し、実際に就職した職種は清掃（22.8％）、製造（16.5％）、保安職（警備員・誘導員等）、運輸・通信（共に11.4％）であった。女性の希望割合が高い職種は、調理（43.8％）、一般事務（31.5％）に対し、実際に就職した職種は調理（25.9％）、清掃（13.0％）であった。

一方、求人数と希望者数の関係をみてみると、保安職に加えて、介護職、家事代行、保育・寮母・見守りの求人数に比べて、希望数が極めて少ないことがわかった。地域生活や福祉に密着した職種が希望されにくい状況の背景を探るとともに、その啓発策を検討する必要がある。なぜなら、少子高齢化・人口減少が進行する中で、高齢者がこうした職種へ参画することが時代の要請を受けているからである。

2015（平成27）年4月に開始された厚生労働省による第6期介護保険制度改定に伴い生じる生活支援や介護予防事業の領域では、今後多くの雇用機会があることが見込まれている。こうした職場では働く高齢者は周囲から尊敬を得ることができ、また近い将来自分自身が頼らなければならない福祉サービスとのつながりを得ることができることも、メリットとなりうる。同時に、社会全体としてそうした領域に従事する高齢者を尊敬する気運をつくることも必要であ

ろう。子育て支援や日常生活支援は，間接的に現役世代の就労を支援することでもある。それはたとえば若年世代が高齢者となった時に，その時の若年世代を支援するといったように，長期的な観点で世代間の助け合いによる持続的な好循環ともなりうるだろう。

参考文献

高齢者等が一人でも安心して暮らせるコミュニティづくり推進会議 (2008)『「孤立死」ゼロを目指して──報告書』厚生労働省老健局計画課。

小林江里香・深谷太郎（2005）「都市部の中高年者におけるボランティア活動のニーズの分析」『老年社会科学』27(3)，314-326頁。

柴田博（2002）「サクセスフル・エイジングの条件」『日本老年医学雑誌』39，152-154頁。

柴田博（2013）『肉を食べる人は長生きする──健康長寿を伸ばす本当の生活習慣』PHP研究所。

鈴木亘・増島稔・白石浩介・森重彰浩（2012）「社会保障を通じた世代別の受益と負担」『ESRI Discussion Paper Series No.281』内閣府経済社会総合研究所（http://www.esri.go.jp/jp/archive/e_dis/e_dis281/e_dis281.html，2016年9月4日アクセス）。

生活・福祉環境づくり21・日本応用老年学会（2013）『ジェロントロジー入門──「生・活」知識検定試験公式テキスト　高齢社会の道案内』社会保険出版社。

内閣府共生社会政策統括官（2011）『高齢社会白書　平成23年版』内閣府。

ニッセイ基礎研究所（2011）『平成22年度老人保健健康増進等事業　セルフ・ネグレクトと孤立死に関する実態把握と地域支援のありかたに関する調査研究報告書』。

野中久美子・長谷部雅美・村山洋史・藤原佳典（2015）「認知症高齢者を支える地域づくりに向けた業務環境改善に関する調査報告書」（http://www2.tmig.or.jp/spch/，2016年9月4日アクセス）。

藤原佳典（2009）「連載　孤立をくじき，地域をたすく，ネットワークのエビデンス──孤立死予防に必要な三層のディフェンスライン　その1」『公衆衛生情報』39(7)，38-40頁。

藤原佳典（2011a）「高齢者の社会的孤立とその予防戦略」『公衆衛生』75,281-284頁。

藤原佳典（2011b）『厚生労働科学研究費補助金・政策科学総合研究事業「行政と住民ネットワークの連携による孤立予防戦略の検証」（研究代表者：藤原佳典）平成23年度総合・総括・分担研究報告書』。

藤原佳典（2013）「高齢者の安否確認と孤立死予防策」稲葉陽二・藤原佳典編著『ソー

シャル・キャピタルで解く社会的孤立――重層的予防策とソーシャルビジネスへの展望』ミネルヴァ書房，164-180頁。
藤原佳典（2014）「高齢者のシームレスな社会参加と世代間交流――ライフコースに応じた重層的な支援とは」『日本世代間交流学会誌』4(1)，17-24頁。
南潮・藤原佳典（2015）「高齢者就労に関する先行研究　その1――高齢者の就労が健康に与える影響」『公衆衛生』555-558頁。
Adelmann, P.K.（1994）"Multiple Roles and Psychological Well-being in a National Sample of Older Adults" *J Gerontol Soc Sci* 49(6), ss.277-285.
Kahn, R.（1983）"Productive behavior: assessment, determinants, and effects" *J Am Geriat Soc* 31, pp.750-757.
Rowe, J. W & Kahn, R. L.（1997）"Successful aging" *Gerontologist* 37, pp.433-440.
Schrock, M. M.（1980）*Holistic assessment of the healthy aged*, John Wiley & Sons, pp.1-17.
Shibata, H.（1997）"Editorial. From quality of life to productivity" in Shibata, H., Suzuki, T., Shimonaka, Y.（eds.）*Longitudinal interdisciplinary study on aging*, Serdi Publisher, p.5.

（藤原佳典）

あ と が き

　日本の高齢者の就労率は65〜69歳では3人に1人，70〜74歳でも4人に1人とOECD加盟国の中でも高い水準である。しかしながら，70歳くらいまで，あるいは働けるうちは働きたいと考える人は2人に1人といわれており，実際には就労を希望していても諸事情から就労していない高齢者が多数潜在していると考えられる。

　そもそも高齢者の就労は，高齢者の経済的自立とソーシャル・ネットワークという2つの側面から議論されている。そして，高齢者の就労を支援する策も，前者は貧困対策というハイリスクアプローチであり，後者は生きがいづくり対策というポピュレーションアプローチであるといった，一見，両極端に位置するようにみられる2者は共に高齢者の社会参加の促進策である。

　1980年代以降，雇用労働でも自営業でもなく，経済的報酬よりもむしろ理念や精神的報酬を重視する「第三の働き方」が登場した。これは，シルバー人材センターでの取り組みが知られている。シルバー人材センターの事業目的は「就業を通じて高齢者の社会参加や生きがいを支援すること」であり，その後の高齢者の就労のあり方に大きな影響を与えている。一方，働き方の多様性という点では，派遣労働が高齢者においても増加し，派遣労働者総数の約8％を占めている。派遣労働は就業期間，日数，時間帯といった労働形態の自由度が大きく，高齢者自身の心身機能や家族などの背景要因に合わせた就労形態が選びやすい点では，今後，さらに増加が予想される。

　さらに，1990年代以降，ほとんどの産業分野においてICT（情報通信技術）が導入されたことにより，雇用の機会が減少した。さらに，今後は，人工知能やロボットの開発により，近い将来，これらの科学技術は人間の労働の形態や内容，いや，あり方そのものも激変する可能性がある。こうした時代の潮流の

中で，効率性を追求する市場の原理にのみ，高齢者の労働価値を見出すことは困難である。むしろ，高齢者にとって社会参加や生きがいを実現しやすいNPOや市民団体といった，いわゆるサードセクターが高齢者の就業の受け皿として期待される。

　一方では，就労を継続しようとする社会活動性の高い高齢者であっても，加齢に伴う心身機能の低下は避けがたい。特に，就業中の事故やケガといったリスクへの認識が十分でない高齢者を雇用する場合は，労働衛生管理体制を徹底したリスクマネジメントが求められる。

　2025年に向けた地域包括ケアシステム構築の名の下に，高齢者は有償無償の各種サービスの受け手であると同時に担い手にもなる存在である。また，同システムを下支えすべく「一億総活躍」や「地方創生」といったスローガンも打ち出されている。今，高齢者が就業を通して社会を支える土壌は整いつつある。高齢者が心身・社会的に健康に就労し，それにより次世代と共生・共創できる持続可能なコミュニティが生まれる一助に本書がなることを切に願う。

　2016年10月

編者を代表して
藤原佳典

索　引

あ　行

愛の欲求　204
アクティブシニア就業支援センター　179,
　232, 278
アセスメント　237
新しい公共社会　37, 39, 48, 51, 52
安全就業　105
安全の欲求　203
生きがい　33, 38, 44, 204, 269
　──活動　150
　──就業　43, 45, 100
　──事業　154
　──を求めて働く高齢者　196
意識転換　187
委託方式　104
一般定期健康診断　219
一般労働者派遣事業　105
いのちの電話相談　244
彩事業　20
請負事業者　58
請負方式　104, 231
運動機能　84
エスピン-アンデルセン，G.　36
大河内一男　34, 171

か　行

介護　207
介護事業所　157
介護保険事業　146
介護保険指定事業者　133
介護保険法　121
介護予防　113, 283
　──・日常生活支援総合事業　113, 140, 165

介護離職　245
概日リズム　86
外部経済　6
外部性　4
外部不経済　6
学校支援地域本部　130
加入率　101
カプランマイヤー法　235
上勝町（徳島県）　20
感覚器系　82
がん検診　223
期間制限（派遣期間及び受入期間）の上限（3年間）　71
企業　110
　──との協働事業　193
規制緩和　65
機能型組織　134
規範　5
キャリアカウンセリング　67
求職支援施設　282
共助　267
協働関係団体　193
協同組合　165
　──的運営　153
協働事業　193
筋骨格機能　214
グループ会社への派遣労働時間80％制限　71
グローバル化　42
ケアワーカー　150, 163, 164, 166
ケアワーク　161
継続雇用制度の導入　205
ケースワーク　240
血液系　84
ゲートキーパー　244

289

限界労働力　30
健康管理　218
健康指標（高齢者の）　94
健康寿命　78
後期高齢者　114
公助　267
交替制勤務　218
高年齢者雇用安定助成金制度　206
高年齢者雇用安定法　→高年齢者の雇用の安定
　等に関する法律
　──改正に関する調査　230
高年齢者雇用確保措置　205
高年齢者就業実態調査　230
高年齢者の雇用の安定等に関する法律　32,
　100, 139, 200, 230
高年齢者労働能力活用事業　38
効力感　113
高齢化率　230
高齢期の就労価値　197
高齢社会対策大綱　139
高齢者協同組合　145
高齢者事業団　32, 170
　──構想　171
高齢者就業システム　175
　──検討協議会　176
高齢者就業総合推進センター構想　175
高齢者就業率　2
高齢者就労　2, 47
　──センター　130
　──の機会　163
高齢者職業相談所　177
高齢者地域社会サービス雇用事業　257
高齢者の仕事　173
高齢者の生活と意識に関する国際比較調査結果
　（2015年度第8回）　270
高齢者保健福祉　229
高齢者無料職業紹介所　177
国際協力機構　125
国勢調査　229

国民の社会福祉に関する活動への参加の促進を
　図るための措置に関する基本的な指針
　　128
互酬性　137
　一般化──　11
　特定化──　11
互助　125, 267
　──活動　135
コックス比例ハザード回帰分析　235
孤独　19
コミュニティビジネス　131
雇用延長終了　187
雇用柔軟化　41
雇用対策基本計画（第4次）　38
雇用ポートフォリオ　41
孤立　19
孤立死　276
　──ゼロ・プロジェクト　277
　──防止推進事業　277
コンパクトシティ　215
コンプライアンス　158

さ　行

再就職支援セミナー　189
在宅福祉サービス　120
　住民参加型──　132
　ワーカーズコレクティブ型──　132
採用選考対策　189
作業環境管理　213
作業管理　217
サクセスフル・エイジング　272
サード・セクター　49
サロン　167
参画　115
時間委託　136
視機能　213
指揮命令　59
事業仕分け　102
事故（就業中）　105

索引

自己啓発（趣味・学習・保健）活動　272
自己実現　204, 227
仕事起こし　146, 155
仕事に就けない理由　205
自己理解　187
自主・自立・共働・共助　112
自助　267
市場の失敗　4
失業対策事業　31
指定管理者制度　147, 159
シニアコーナー　180
市民後見人　280
市民参加型組織　36, 48
市民事業　158
事務所衛生基準規則　215
事務所内請負　57
社会活動によるつながり　278
社会関係　30, 51
　──資本　→ソーシャル・キャピタル
社会的効用　48
社会的サポート・ネットワーク　275
社会的自治　51
社会的包摂　→ソーシャルインクルージョン
社会的労働　39, 42, 44, 52
社会福祉協議会　120, 241
　地区──　140
社会福祉法第4条　123
社会保障　4
　──費　273
社会欲求　204
就業日数　108
就業の程度　108
就職者　180
集団就職　239
住民主体　124
就労形態　46
就労の社会的側面　33
受益　273
主観的健康　15

──感　236
需給調整システム　56
出資・利用・経営　153
循環器系　86
生涯現役起業支援助成金　206
紹介予定派遣制度　60
消費者センター　280
情報の非対称性　4
職業観の再形成　191
職業訓練プログラム　231
職業能力評価　223
　──基準　224
職種理解　190
職務経歴書　189
シルバー人材センター　35, 38, 44, 46, 123, 170, 231
　──・高齢者事業団　172
　──運営補助金　102
　──が提供する仕事の内容　102
　──事務局　101
　──の会員構成　106
　──会員への指揮命令権　104
　──の事業実績　110
　──登録者の出身職業　107
　──の退会理由　109
　──の平均年齢　107
　──への政府の対応　110
　──への入会動機　109
　──理事会　101
　──連合　172
新規求職者登録者　180
神経系　82
身体介護　162
身体機能　82
身体構造　80
身体障害者手帳　240
新地域支援構想会議　122
身長　80
信頼　5

291

一般的―― 11
　　特定化―― 11
睡眠-覚醒リズム　217
住まい　266
スラム　230
生活援助　162
生活機能　270
生活困窮者自立支援　241
生活支援　135, 240, 283
　　――・福祉サービス　266
　　――コーディネーター　122
　　――事業　159
生活上の孤立　15
生活展開過程　47
生活の質　→QOL
生活保護　229
生活満足度　15
精神的健康　236
生体リズム　86
生理的欲求　202
世代会計　273
世代間格差　273
全国シルバー人材センター事業協会　100
全国ボランティア・市民活動振興センター　126, 129
全米退職者協会　248
専門援助第三部門　184
専門特化型（高齢者派遣）　69
相互連携　112
贈与　137
ソーシャルインクルージョン　34, 37, 123
ソーシャル・キャピタル　275
　　構造的――　8
　　認知的――　11
ソーシャルビジネス　133

　　　　　　た　行

体格　79
　　――指数　80

第三者の考えを聞く　190
第三の働き方　35
体重　81
退職後ホワイトカラー層　269
多重役割理論　272
多世代共生社会　270
多層的労働システム　50
団塊の世代　75
地域活動　154
地域貢献活動　115
地域支援活動　167
地域支援事業　121
地域資源　241
地域センター　167
地域班　116
地域福祉活動計画　124
地域包括ケアシステム　138, 160, 266
地域包括支援センター　122, 208, 239, 279
地域連携　244
地縁型組織　134
通所サービス　273
定年制の廃止　205
定年の引き上げ　205
電話交換手　240
同一賃金　203
同一労働　203
東京高齢者協同組合　146, 152
東京しごと財団　169
東京しごとセンター　169
　　――多摩　179
東京都高年齢者就業センター　178
東京都高年齢者就業相談所　178
東京都高齢者事業振興財団　169, 242
東京都高齢者事業団　34, 172
　　――設立準備会　171
登録型（派遣労働）　61
特定求職者雇用開発助成金　206
特定非営利活動促進法　128
トライアル雇用奨励金　205

索　引

な 行

内分泌系　84
日本型福祉社会　36
日本高齢者生活協同組合連合会　145
日本ボランティアコーディネーター協会
　　136
任意就労　35
乳児院　241
人間　5
認知機能　89
認知症高齢者　279
認知症サポーター　130
認定NPO法人　129
ネガティブライフイベント　278
熱中症　214
ネットワーク　5
脳性まひ　241
ノーマライゼーション　124

は 行

配分金　104
派遣業務　231
派遣対象業務　66
派遣労働者総数　62
派生需要　4
パーソナリティ　91
働き続ける自分　196
働く高齢者　174
　　──の会　242
発達課題　97
バランス機能　84, 214
ハローワーク　231
非正規雇用　43
非典型労働　37, 39, 42, 45
日雇派遣の禁止　71
疲労　88
複合協同組合　151
福祉的就労　32, 45

負担　273
プロボノ　136
分配金　232
ペア就業　207
平均寿命　75
平均余命　75
ベースライン調査　234
ベビーブーマー世代　249
ヘルニア　241
訪問介護　157
　　──員　138
ポスト工業化　40
ホームヘルパー2級　238
ホームヘルパー講座　149, 156
ボラバイト　136
ボランタリズム　126
ボランティア　125, 166
　　──・市民活動センター強化方策2015
　　131
　　──活動　272, 274
　　──活動の性格　127
　　──コーディネーター　141
　　──センター　127
ボラントピア事業　128

ま 行

マズローの自己実現理論　202
マッチング　115
見える化　116
未経験職種への就職　195
ミレニアル世代　249
民主的市民社会　51
民生行政　31
無料職業紹介所　232
モチベーション　67
問題解決　115

や 行

夜勤　218

293

有期労働契約の無期転換ルール　71
有資格者　61
有償サービス　141
有償ボランティア　134, 240
郵送式縦断追跡調査　233
有料職業紹介制度　56
要介護　135
抑うつ度　15

ら・わ行

ライフコース　270
離職後1年以内の労働者派遣の禁止　71
離職する理由　208
リスクマネジメント　97
リフキン，J.　49
リーマンショック　249
履歴書　189
臨・短・軽　102
労働安全衛生管理体制　226
労働安全衛生法　212
労働移動支援助成金制度　211
労働衛生教育　224
労働基準法　138
労働行政　31
労働災害　211
労働者協同組合　145

労働者健康状況調査　220
労働者性　30, 39, 40, 52
労働者派遣契約　58
労働者派遣事業の適正な運営の確保及び派遣労働者の保護等に関する法律　58
労働者派遣法　→労働者派遣事業の適正な運営の確保及び派遣労働者の保護等に関する法律
労働能力　95
労働力調査　212
労働力余命　78
労働力率　78
65歳の境界線　183
ログランク検定　235
ワークシェアリング　207

欧　文

AARP　→全米退職者協会
American Job Center　257
BMI　→体格指数
K6値　15
NPO法　→特定非営利活動促進法
Productivity（社会貢献）　269, 272
QOL　6
SCSEP　→高齢者地域社会サービス雇用事業
SRH　→主観的健康
WAI　224

執筆者紹介 （所属，執筆分担，執筆順，＊は編者）

＊藤原佳典（編者紹介参照：まえがき，第12章，あとがき）

稲葉陽二（日本大学法学部教授：第1章）

塚本成美（城西大学経営学部教授：第2章）

河邉彰男（日本人材派遣協会統括研究員：第3章）

渡辺修一郎（桜美林大学大学院老年学研究科教授：第4章1・2・4・5，第9章）

鈴木宏幸（東京都健康長寿医療センター研究所社会参加と地域保健研究チーム研究員：第4章3）

石橋智昭（ダイヤ高齢社会研究財団研究部長：第5章）

佐藤陽（十文字学園女子大学人間生活学部教授・21世紀教育創生部ボランティアセンター長：第6章）

田尻孝二（生活協同組合・東京高齢協理事長：第7章）

渡辺吉靖（東京しごと財団しごとセンター課高齢就業支援係長：第8章）

＊南潮（編著者紹介参照：第10章）

倉岡正高（東京都健康長寿医療センター研究所社会参加と地域保健研究チーム研究員：第11章）

編著者紹介

藤原佳典（ふじわら・よしのり）
 1962年生まれ。
 2000年　京都大学大学院医学研究科博士課程修了。
 現　在　東京都健康長寿医療センター研究所社会参加と地域保健研究チーム研究部長。
 主　著　『世代間交流学の創造——無縁社会から多世代間交流型社会実現のために』（共編著）あけび書房，2010年。
    『ソーシャル・キャピタルで解く社会的孤立——重層的予防策とソーシャルビジネスへの展望』（共編著）ミネルヴァ書房，2013年。
    『コーディネーター必携 シニアボランティアハンドブック——シニアの力を引き出し活かす知識と技術』（共編著）大修館書店，2016年。

南　　潮（みなみ・うしお）
 1969年生まれ。
 2016年　兵庫県立大学大学院環境人間学研究科博士後期課程修了。
 現　在　鳥取短期大学幼児教育保育学科助教。
 主　著　Minami U, et al.（2016）"Older Adults Looking for a Job through Employment Support System in Tokyo." *PLoS ONE* 11(7): e0159713. doi: 10.1371/journal.pone.0159713
    Minami U, et al.（2015）"Effects of the Change in Working Status on the Health of Older People in Japan." *PLoS ONE* 10(12): e0144069. doi: 10.1371/journal.pone.0144069

就労支援で高齢者の社会的孤立を防ぐ
——社会参加の促進とQOLの向上——

2016年11月10日　初版第1刷発行	〈検印省略〉
	定価はカバーに表示しています

編著者	藤　原　佳　典
	南　　　　　潮
発行者	杉　田　啓　三
印刷者	藤　森　英　夫

発行所　株式会社　ミネルヴァ書房
607-8494　京都市山科区日ノ岡堤谷町1
電話代表(075)581-5191
振替口座 01020-0-8076

© 藤原佳典・南潮ほか，2016　　　亜細亜印刷

ISBN978-4-623-07745-8
Printed in Japan

ソーシャル・キャピタルの世界
――学術的有効性・政策的含意と統計・解析手法の検証――

稲葉陽二・吉野諒三 著

A5判／306頁／本体3500円

高齢者の働き方

橘木俊詔・佐藤博樹監修／清家篤 編著

A5判／280頁／本体3500円

ソーシャルデザインで社会的孤立を防ぐ
――政策連携と公私協働――

藤本健太郎 編著

A5判／272頁／本体3200円

人が集まるボランティア組織をどうつくるのか
――「双方向の学び」を活かしたマネジメント――

長沼豊 著

A5判／228頁／本体2800円

孤独死を防ぐ
――支援の実際と政策の動向――

中沢卓実・結城康博 編著

四六判／258頁／本体1800円

――― ミネルヴァ書房 ―――

http://www.minervashobo.co.jp/